KB058061

기쁨에 접속하라

Google 천재의 15초 마음 습관

기쁨에 접속하라

차드 멩 탄 지음 | 유정은 옮김

알키

나는 더 나은 삶을 위해
유쾌해지는 법을 배웠다

내 이야기로 이 책을 시작해보겠다. 옛날 옛적 영리하고 행복한 소년이 살았다. 그 소년은 자라서 스물한 살의 유쾌하고 자신감 넘치고 책임감 있는 젊은 청년이 되었다. 사실 그 청년은 내가 아니다.

나는 1970년 싱가포르에서 태어났다. 아주 작은 나라인 싱가포르는 그 당시 아무 자원도 없는 가난한 개발도상국에 불과했다. 하지만 내가 스물한 살이 되던 해, 세계에서 가장 높은 GDP를 가진 나라 중 하나로 성장했다. 가히 '싱가포르의 기적'이라 할 만했다.

우리 가족의 부富도 싱가포르의 기적에 발맞춰 늘어갔다. 나의 아버지는 열 살 때 싱가포르 번화가의 길거리 행상으로 일을 시작했고, 내가 태어나기 불과 몇 년 전 지긋지긋한 가난에서 벗어나기 위해 입대했다. 내가 갓난아기였을 때 우리 집은 너무 가난해서 어머니가 겨우 하루에 한 끼 정도를 마련할 수 있었다고 한다. 그로부터 빠르게 시간이 흘러 21년이 지나 아버지는 군대에서 높은 계급의 장교로 은퇴한 후 사업가가 되었고, 부를 이루게 되었다.

열두 살 무렵 나는 컴퓨터 프로그래밍을 혼자 공부했다. 그때가 1982년인 것을 감안하면 참 대단한 일이었다. 열다섯 살이 되었을 때는 처음으로 전국대회에서 상을 받았다. 그로부터 약 15년이 흘러 스물아홉 살이 되었을 때는 프로그래밍 실력을 인정받아 당시 막 시작한 작은 스타트업인 '구글'이라는 회사에 초기 엔지니어 중 하나로 입사했다. 구글에서 나는 유쾌한 성격과 유머감각으로 소문이 자자하게 돼 공식적인 직함이 구글의 '(아무도 부인할 수 없는) 아주 유쾌한 친구^{Jolly Good Fellow (which nobody can deny)}(미국 결혼식이나 축하 행사에서 가장 많이 부르는 노래 가사에서 따온 말–옮긴이)'였을 정도였다. 이는 농담으로 시작한 말이었지만, 이 말이 나중에 〈뉴욕타임스〉 1면에 대문짝만하게 나온 뒤부터는 모두들 나를 그렇게 부르게 되었다.[1]

나는 또한 구글에서 엔지니어가 했다고 하기에 획기적으로 느껴질 만한 일을 하기도 했는데, 바로 '내면검색 프로그램^{Search Inside Yourself}'이라는 마음챙김 명상에 기반한 정서 지능 향상 교육 프로그램을 만든 것이었다. 이 프로그램은 곧 구글의 가장 유명한 교육 프로그램 중 하나가 되었고, 달라이 라마와 지미 카터 전 대통령의 추천사를 받은 베스트셀러인 나의 전작 《너의 내면을 검색하라^{Search Inside Yourself}》의 기반이 되었다. 이로써 나는 하루아침에 동양의 괴짜 엔지니어와는 어울리지 않는 분야, 그러니까 정서 지능이라든지 마음챙김이라든지 자비나 내면의 기쁨이라든지 하는 분야의 전문가로 알려지기 시작했다. 나는 곧 '더 친절해지는 법'에 대해 백악관에서 연설을 하게 됐고, '자비'에 대해 UN에서 TED 강연을 하기도 했다.[2] 저명한 시사 프로그램 〈60분 *60 Minutes*〉에서는 마음챙김 명상에 관한 특집을 다루며 나를 인터뷰했고,[3] CNN은 '행복을 위한 알고리듬'이라는 제목으로 내 이야기를 다루었다.[4]

지금까지의 이야기를 읽으며 아마 여러분은 내가 평생 행복했을 거라고 생각할지 모른다. 하지만 사실, 전혀 그렇지 않다. 나는 어린 시절의 대부분을 행복의 반대편에 머물러 있었다. 스물한 살이 되기 전까지 나는 정말 비참했다. 비참함은 나의 영원한 동반자였고, 이 영원한 동반자는 몇십 년 동안 샤워라곤 하지 않은 것처럼 고약한 냄새까지 풍겼다. 행복은 나에게 자연스럽게 찾아오는 그 무언가가 아니었다. 그것은 내가 배우고 익혀야 할 '능력'이었다.

행복은 훈련으로 얻을 수 있는 것

옛날 옛적 한 중국 남자가 점쟁이를 찾아갔다. 점쟁이는 그의 손금을 주의 깊게 살펴보고 나서 "당신은 지금 절망적인 상황이네요. 마흔 살이 될 때까지는 계속 고통스러워할 겁니다"라고 말했다. 이 말을 들은 남자는 신이 나서 "마흔 살이 되면 무슨 일이 일어나나요? 나의 절망이 사라지나요?"라고 물었다. 그러자 점쟁이는 말했다.

"아니요. 마흔 살 이후에는 절망에 익숙해져서 더는 고통스럽다고 느끼지 않을 겁니다."

다행히 이 남자 역시 내가 아니다. 나의 이야기는 해피엔딩이기 때문이다.

나는 스물한 살 때까지 절망에 빠져 살았다. 그러다 그해, 훈련을 통해 기쁨을 느끼는 능력을 얻을 수 있음을 알게 되었다. 그 후 기쁨에 다가가는 법을 훈련했고, 점점 더 행복해졌다. 이 책에는 바로 그런 능력을 기르는 법이 담겨 있다. 여러분도 그런 능력을 익힐 수 있을 것이고, 곧 행복해질 것이다.

많은 연구들이 사람에게는 행운이나 불행에 대한 놀랄 만한 적응력이 있음을 밝혀냈다. 아주 좋은 일이 생겨도 혹은 나쁜 일이 생겨도, 결국에는 우리가 원래 가지고 있던 행복 수준으로 돌아간다. 1978년의 어느 유명한 연구에서, 복권에 당첨되어 엄청난 돈을 번 사람들이나 사고를 당해 몸이 마비된 사람들 모두 시간이 지나면 원래 그들이 가지고 있던 행복 수준으로 돌아갔다.[5] 1996년의 쌍둥이 연구에서는 행복 수준의 절반 정도가 유전적 조합에 의해 결정된다는 사실이 밝혀졌다.[6] 사회적·경제적 지위나 교육 수준, 집안 수준, 결혼 유무, 종교 유무 등 그 어떤 요소도 개인 간의 행복도 차이를 3퍼센트 이상 설명해주지 못했다.

즉, 인간은 유전적 요소에 의해 이미 결정된 행복 수준을 가지고 태어나는 셈이다. 이렇듯 우리의 행복 수준이 유전자의 제비뽑기에 의해 결정되는 것이라면, 나는 참 운이 없던 편이었다. 나는 정말 행복 수준이 낮았다. 신이 나를 내려보낼 때 내 유전자 차트를 보면서 "미안하네, 친구. 자네로 태어난다는 것은 참 끔찍한 일이겠군"이라고 말했을 것 같을 정도로.

그렇다. 나는 그 정도로 끔찍한 유년을 보냈다. 내가 무엇을 할 수 있었겠는가?

다행히도, 나는 해결책을 찾았다. 내가 알아낸 것은 운동을 하면 육체적으로 더 건강해지고 민첩해지듯이, 훈련을 하면 기쁨이나 안정감 같은 정신적 자질도 개발될 수 있다는 것이었다.

여러분이 운동에 대한 개념이 전혀 없는 사람이라고 가정해보자. 내가 한 팔로 무거운 아령을 들고 팔을 굽혔다 폈다 하면서 '이렇게 하면 근육이 생기니, 당신도 한번 해보라'라고 한다면, 아마 여러분은 내가 멍청하거나 미쳤다고 생각할 것이다. 그리고 이렇게 반문할지 모른다.

"도대체 내가 왜 이 무거운 것을 들고 팔을 굽혔다 폈다 하면서 시간을 낭비해야 하는 거죠?"

그러나 일단 여러분이 운동의 원리를 알게 되면 아령 운동이 이두박근을 만든다는 게 말이 된다는 것을 이해할 것이다. 여러분이 아령을 들어 올리고 내릴 때마다 여러분의 근육이 조금씩 단련된다는 사실 말이다. 만약 여러분이 아령 운동을 꾸준히 하고 다른 근력 운동도 병행한다면, 더 강해질 것이다. 그 힘으로 옛날에는 생각도 할 수 없던 일들을 할 수 있게 될지도 모른다(꽉 닫힌 통조림 병뚜껑을 열 수 있게 되거나, 못된 남자친구를 집어던질 수도 있다!).

사실 여러분은 힘이 세질 뿐만 아니라 더 중요한 것들을 개발하게 된다. 바로 '신체적 건강'과 '활력'이다. 신체적 건강과 활력이 생기면, 삶의 모든 부분이 더 나아진다. 에너지가 넘치고, 아파서 드러눕는 날이 줄어들 것이며, 이로 인해 회사에서 인정받을 확률도 더 높아진다. 거울을 봐도 자신감이 넘칠 것이며, 스스로가 근사하다고 느낄 것이다.

자, 이제 다시 여러분이 육체적 운동의 개념을 하나도 모르는 상태에서 방금 전에 했던 말들을 막 들었다고 상상해보라. 아마도 여러분은 정말 멋지다고 생각할 것이다. 단순히 무거운 물건을 들었다 내렸다를 반복하는 것 같은 간단한 신체적 동작만으로, 인생의 모든 면을 바꿀 만한 생리학적 변화를 이끌어낼 수 있다니, 이 얼마나 놀라운 일인가?

정말 지긋지긋했던 비참함과의 긴 싸움 끝에, 나는 육체적 운동에 버금갈 만한 정신적 운동법을 알아냈다. 아령을 매일 들었다 내렸다 하는 것처럼 아주 간단한 방법으로 삶 전체를 바꿀 만한 정신적 변화를 가져올 수 있는 방법 말이다. 우리는 원하는 즉시 기쁨에 접속하는 능력을 가질 수 있고, 이로써 삶의 모든 면에서 더 나은 경험을 할 수 있게 된다. 눈치 챘는가? 그렇다. 이 운동법은 명상이다.

내가 명상을
시작한 이유

　　명상은 곧 '마음 훈련'이다. 명상에 대한 과학적 정의는 '어떤 특정한 사고 과정에 익숙해지도록 하는 정신 훈련법'[7]이다. 명상을 하기 위해 여러분에게 필요한 것은 단지 '마음'이다. 명상 연습은 기쁨을 더 잘 느끼게 되는 등 어떤 일을 더 잘 하기 위해 마음을 훈련시키는 것이다. 많은 명상 훈련 방법들이 있는데, 그중에서도 우리가 이 책에서 주로 연습해볼 것은 '마음챙김 명상' 훈련법이다. 마치 조깅이 여러 운동 방법 중 하나이듯 마음챙김 명상도 많은 형태의 명상법 중 하나라고 보면 된다. 마음챙김의 정의는 '판단하지 않고 현재의 순간에 의도적으로 주의를 기울이는 상태'[8]이다. 즉 마음챙김은 주의를 기울이는 특정한 방식이고 마음챙김 명상은 특정한 방식으로 주의를 기울이는 방법을 연습하는 것이다.

　나는 앞서 말한 대로 늘 불행했기 때문에, 지푸라기라도 붙잡는 심정으로 명상을 시작했다. 내가 싱가포르에 있을 때만 해도 명상을 한다는 것은 그렇게 폼 나는 일이 아니었다. 오히려 고리타분하거나 이상해 보이는 일이었다. 내가 자랄 때 싱가포르에서 도를 닦거나 명상을 하는 부류의 사람들은 늘 가족들이 모이면 수군대고 부끄러워하는, 그런 기피 대상이었다. 사실 지금도 상황이 많이 나아지지는 않았지만 예전에는 더했다. 절이나 불교 관련 학교에 가야만 명상을 배울 수 있었고, 종교와 관계없는 일반 명상 선생님에게서 명상을 배우는 것은 거의 불가능했으니 말이다(이는 내가 명상을 불교도가 아닌 일반인들도 친숙하게 접할 수 있도록 해 더 많은 사람들에게 그 효용을 전파하려고 마음먹은 이유이기도 하다). 심지어 싱가포르를 포함한 많은 아시아 국가에서는 불교 자체가 고리타분하고, 뜬구름 잡고, 지겹고, 폼 나지 않는 것으로 받아들여졌다. 지금도 그런 부분이 없지 않다. 그러니 친구들에게 폼 나게 보이고 싶어 애쓰는 마르고 볼품없고 소심한 젊은 남자가 그때 명상을 시작했다는 것은, 그가 정말 절망적이었다는 것을 의미한다. 이번에는 그 젊은 남자가 바로 나다.

그때도 명상이 내 절망에 대한 해답이라는 것을 어렴풋이 알고 있었던 것 같다. 그러나 정확히 왜, 어떻게 그렇게 될 수 있는지에 대해서는 몰랐다.

내 인생을 바꾼 그 일은 1991년 9월에 일어났다. 싱가포르 난양공과대학의 신입생이던 나는 미국 여성으로서 티베트 불교의 여승이 된 캐슬린 맥도널드Kathleen MacDonald (법명은 상계 칼로Sangye Khadro)의 강연에 참석했다. 그녀의 서고 걷고 앉고 말하는 모든 행동에서 위엄 있고 기품 있는 태도, 유쾌함이 느껴졌다. 그녀는 강연 중간에 이런 말을 던졌다.

그것은 모두 마음을 어떻게 길들이는가에 관한 것이다.

그 말을 듣는 즉시, 내 삶에서 일어났던 모든 일이 이해가 되었다. 모든 것이 말이다. 그때 나는 내 삶을 송두리째 바꾼 두 가지 결심을 했다. 첫 번째는 "바로 지금부터 나는 불교도"라는 것, 두 번째는 "아무리 어렵더라도 명상을 배우겠다"는 것이었다.

명상을 배우겠다고 결심한 지 얼마 지나지 않아 첫 번째 명상 선생님을 만날 수 있었다. 명상하는 사람들 사이에서는 아주 유명한 말이 하나 있는데, 바로 "학생이 준비가 되면, 선생은 저절로 나타난다"는 것이다. 내가 정말 운이 좋았던 건지 아니면 정말로 준비가 되었던 건지는 알 수 없지만, 나는 나를 비롯해 수많은 사람들이 존경해 마지않는 스리랑카의 명상 스승인 고드윈 사마라라트네Godwin Samararatne를 만날 수 있었다. 그는 심오한 지혜를 갖고 있었지만, 나 같은 사람도 이해할 수 있는 간단한 방식으로 명상을 가르쳐주었다. 그는 훈련으로 행복을 얻을 수 있으며 한 순간 한 순간의 기쁨이 중요하다는 것을 가르쳐준, 내 첫 번째 스승이었다.9

이제 나는 명상이 실제 삶에 행복을 가져다준다는 것을 믿어 의심치 않는다. 내가 직접 겪어봤기 때문이다. 앞서 말했듯이 나의 행복 수준은 거의 밑바닥에 가까웠다. 그 말은 좋은 일이 일어나지 않으면 내 기분은 늘 비참했다는 것이고, 설사 좋은 일이 일어났다 하더라도 그때 잠깐만 좋을 뿐 곧 비참한 기분으로 되돌아갔다는 것을 의미한다. 나는 주변에서 어느 정도 성공을 거두었다고 인정받고 있었음에도 전혀 행복하지 않았다. 하지만 내가 마음 훈련, 즉 명상을 시작하고 몇 년이 지나자 나의 행복 수준은 점점 올라가기 시작했다. 심지어 좋은 일이 일어나지 않아도 행복했다. 고통스러운 일이 일어나면 고통스럽다고 느꼈지만, 그때 잠깐만 그렇게 느낄 뿐 곧 다시 행복한 상태로 돌아왔다.

와우.

사람들은 자신의 행복 수준이 바뀌지 않을 거라고 말한다. 하지만 나 자신이 불과 몇 년의 연습으로 행복의 밑바닥에서 최고점까지 오를 수 있다는 것을 보여주는 살아 있는 증거다. 나뿐만이 아니다. '행복의 대가'라 할 수 있는 많은 스승들도 현재의 행복 수준에 이르기까지 많은 훈련을 했다. 달라이 라마를 예로 들어보자. 늘 행복할 것 같은 그이지만 한 기자가 인생에서 언제가 가장 행복했던 순간이었느냐고 묻자, 그는 약간 짓궂은 표정으로 "바로 지금"이라고 대답했다. 달라이 라마조차 항상 행복하진 않다. 그 역시 '바로 지금' 행복하기 위해 마음을 훈련하고 또 매일 연습해야만 한다.

2007년 행복에 관한 연구에 참여해 행복도를 측정한 이래 '세상에서 제일 행복한 사나이'로 알려진 티베트 스님 마티유 리카르Matthieu Ricard**10**도 태어날 때부터 행복 수준이 높았던 것은 아니라고 고백한다. 그는 많은 영적 스승들에게 영감을 받아 평생 훈련을 한 덕분에 그 스스로 겸손하게 "일정 수준의 내면의 자유와 자비"라 부르는 지속적인 평화와 행복 수준을 유지하게 되었다. 그는 이것이 소수의 영적이고 특별한 사람들만 겪는 일이 아니라고 강조했다. 그와 그의 친구들이 실제로 경험한, 누구나 비슷한 효과를 거둘 수 있는 실제 훈련이라는 것이다. 행복에 관해 이야기할 때 빠질 수 없는 위스콘신매디슨대학의 뇌신경과학자 리처드 데이비드슨Richard Davidson의 연구에서 높은 행복도를 기록한 밍규르 린포체Mingyur Rinpoche도 어렸을 때 심각한 공황장애로 고통받았고, 명상 연습을 통해 이를 극복했다고 말하곤 한다.[11]

나는 이것이 결코 우연이 아니라고 생각한다. 오히려 정교하게 고안된 일이다. 기원전 5세기, 붓다 생전에 한 인도의 왕은 붓다 주위의 스님들이 늘 평화로워 보이고 행복해 보인다는 사실에 주목했다. 나의 경우, 내가 만든 내면검색 교육 프로그램에 참가했던 대부분의 수강생들이 교육 전에는 명상에 대해 전혀 모르거나 아주 조금 알고 있었음에도 불구하고 단지 며칠 혹은 몇 주간의 훈련만으로 행복 수준이 상당히 올라갔음을 보고 더욱 확신할 수 있었다. 2003년의 한 연구에서도 비슷한 결과가 나왔다. 단지 8주간의 마음챙김 명상 훈련으로 뇌에서 행복을 느끼는 것에 관여하는 부위에 의미 있는 변화가 일어난 것이다.[12]

요즘 나는 행복 수준을 나타내는 축이 늘 비참하고 불행한 상태를 뜻하는 밑바닥부터 달라이 라마나 다른 스승들의 행복 수준을 뜻하는 최고점까지 있다면, 나의 행복 수준은 아마 그 중간쯤 어딘가에 있지 않을까 생각한다. 최근 내가 그 어떤 순간에도 유머 감각을 잃지 않았다는 것을 깨달았기 때문이다. 데스몬드 투투_{Desmond Tutu} 대주교는 "여러분이 변화의 중심이 되고 싶다면, 유머 감각을 지켜야 한다는 것을 기억해야만 한다"라고 말한 적이 있다. 전적으로 동의한다. 유쾌함은 그 자체로 엄청나게 강한 자원이다.

나는 24시간, 1주일 내내 지속되는 기쁨에 도달하기까지 겨우 4분의 1 지점에 와 있는지도 모른다. 하지만 중요한 것은 이 여정이 현재진행형이라는 것이다. 기쁨과 행복은 훈련을 통해 얻을 수 있다. 그것이 달라이 라마나 정말 행복하다고 알려진 다른 사람들에게 즉각적으로 기쁨과 행복이 찾아올 수 있는 이유다. 그분들은 그것을 평생토록 연습했기 때문이다. 그렇다고 여러분이 정말로 행복해지기 위해 80대의 스님이 될 필요는 없다. 여러분이 행복을 마스터하기 오래 전에 여러분의 인생의 모든 일들이 더 나아질 것이기 때문이다. 우리는 이 책에서 그 과정을 차례로 살펴볼 것이다.

진정한 기쁨에 접속하는 길

늘 가려움에 시달리는 한 남자가 있었다. 매번 간지러울 때마다 그는 그 부위를 긁었고 시원하다고 느꼈다. 그러던 어느 날, 솜씨 좋은 의사가 그를 치료해주어 더는 피부를 긁어댈 일이 없어졌다. 그는 간지러운 피부를 긁을 때도 시원해서 좋았지만, 간지럽다는 느낌 자체가 사라진 지금이 훨씬 좋다는 것을 깨달았다.

우리는 간지러움을 느끼게 하는 두 가지 마음 상태, 즉 '감각의 기쁨'과 '자기도취적 기쁨'을 갖고 있다. 무언가 맛있는 것을 먹을 때는 '감각'이 기분 좋게 자극을 받는다. 한편 칭찬을 받을 때는 '자아'가 기분 좋게 반응해 마음속에 기쁨이 일어난다. 모두 좋다. 하지만 더 좋은 일은 우리가 감각과 자기도취적 쾌락에 상관없이 기쁨을 느낄 수 있다는 것이다. 예를 들어, 초콜릿을 먹을 때 우리는 기쁨을 경험한다. 하지만 초콜릿을 먹지 않고 그냥 앉아 있을 때조차 기쁨을 경험할 수 있다. 그러려면 외부 자극과 무관하게 기쁨에 접속할 수 있도록 마음을 훈련시켜야 한다. 이것이 바로 행복 수준을 올리는 비결이다.

외부 자극 없이도 내면의 기쁨에 접속하도록 마음을 훈련하기 위해서는 기쁨이 일어나는 방식과 어떻게 그러한 능력을 기를 수 있는지를 이해해야 한다. 거기에는 3단계가 필요하다. 바로 '마음 편안하게 하기-마음 기울이기-마음 고양시키기'가 그것이다.

1단계_ 마음 편안하게 하기

가장 먼저 길러야 할 능력은 마음을 편안히 쉬게 하는 것이다. 마음이 편한 상태에서는 기쁨에 더 가까이 다가갈 수 있다. 즉, 편안히 기쁨을 느끼는 것 자체가 연습의 일부이며, 그 상태에서 기쁨을 느끼는 것으로 마음은 다시 편안해질 수 있다. 나는 이 상태를 어떤 감각적·자기도취적 쾌락이 필요 없는 '편안한 기쁨' '무공해 기쁨'이라고 부른다. 이러한 내면의 기쁨을 기르면 감각적·자기도취적 쾌락에 대한 지나친 의존에서 벗어날 수 있다. 이로써 언제 어디서든 기쁨을 더 많이 느낄 수 있게 된다.

2단계 _ 마음 기울이기

다음으로 필요한 것은 마음에 기쁨이 일어난 것을 알아차리고 그것에 전적으로 주의를 기울이는 능력이다. 이 단계에서는 미처 알아차리지 못했지만 늘 우리에게 주어져 있던 기쁨을 알아채고 느끼기 위해 어디를 들여다봐야 하는지를 배운다. 이에 따라 일상적으로 늘 하던 일들 안에서 그리고 평온한 숨결 안에서 기쁨을 찾을 수 있게 된다. 기쁨을 초대할 수 있는 것이다. 매 순간 기쁨을 초대하고 느끼는 것이 일상의 습관처럼 명상 연습의 일부가 된다. 연습을 통해 얼마 지나지 않아 기쁨을 더 잘 알게 되고, 그것에 익숙해진다. 우리가 사랑하는 가족에게 의지하듯, 기쁨에 익숙해질수록 마음은 기쁨을 더 잘 불러일으키고 별다른 노력 없이도 있는 그대로 기쁨을 느낄 수 있게 될 것이다.

3단계 _ 마음 고양시키기

이 단계에서는 선함과 관대함, 사랑과 친절, 자비심 같은 감정으로부터 일어나는 건강한 기쁨을 통해 마음을 고양시키는 법을 배운다. 영양소가 풍부한 좋은 음식이 육체적 건강에 큰 도움이 되는 것처럼, 건강한 기쁨은 정신 건강에 좋은 영향을 끼친다. 기쁨은 마음을 좀 더 안정적이고 수렴된 상태로 이끄는데, 이는 기쁨을 알면 과거에 대한 후회나 누군가에 대한 질투심과 더는 다툴 필요가 없어지기 때문이다. 일단 마음이 안정적이고 수렴된 상태가 되면 건전한 기쁨을 느끼기 쉬운 상태가 되고, 이는 기쁨의 선순환을 일으킨다.

마음을 편안하게 하고 기울이고 고양시키는 연습을 하게 되면, 마음은 대부분의 일상생활(사랑하는 누군가를 잃거나 하는 큰 슬픔과 고통이 없는 상태)에서 즉각적으로 기쁨에 접속하는 능력을 기르게 된다. 구글 임원인 조나단 베렌트Jonathan Berent는 이러한 스킬들을 연습한 후에 그의 삶에 심오한 변화가 있었음을 깨달았다.

나는 언제 어디서라도 의식적으로 한 호흡을 쉴 수 있다는 것과, 곧 기쁨에 접속할 수 있다는 사실을 깨달았다. 이것은 내게 큰 도움이 된다. 그래서 한 시간에 한 번씩 현재로 돌아와 적어도 한 호흡에 온전히 집중하려고 한다. 몇 년 전의 나라면, 이 모든 것이 아마 쓸모없는 행동이라고 했을 것이다. 기쁨에 접속하라? 말도 안 되는 얘기라고 말이다. 하지만 지금 내게 그것은 현실이다. 그것이 언제든 가능하다는 것을 알게 된 것이다.

실제로 내가 아는 한 사람도 이 책에서 나오는 간단한 연습으로 변화를 경험했다. 재니Janie는 몇 년 동안 잠을 잘 이루지 못했다. 하지만 앞으로 5장에서 설명할 '사랑과 친절의 기쁨에 집중하기' 연습을 단 2분간 한 날 밤, 그녀는 잠을 푹 잘 수 있었다. 그 이후로 그녀는 매일 밤 이 연습을 했고, 지금은 예전보다 훨씬 잘 잠들 수 있게 됐다.

잠깐, 사실 더 있다. 마음을 고양시키고 기쁨에 기울이고 기쁨 속에 편안히 머무르도록 훈련하는 데 필요한 마음의 힘은 우리가 어려운 상황이나 감정적 고통을 다루는 데 필요한 힘도 함께 준다. 나는 이 책을 다 읽고 덮을 때쯤 혹은 오랜 훈련 끝에 아니면 정말 한 호흡만에, 여러분 삶에 오직 기쁨만이 가득할 것이라고 약속할 수는 없다. 다만 언제라도 이 세 가지 연습, 즉 마음 편안하게 하기, 마음 기울이기, 마음 고양시키기를 한다면, 고통스럽게 보였던 것이 덜 고통스러워질 것이고, 덤덤했던 것은 기쁨을 불러일으킬 것이며, 기쁨을 불러일으켰던 것은 심지어 더 큰 기쁨을 불러일으킬 것이라는 사실만큼은 약속할 수 있다(그렇다. 지금이 바로 "와우!"라고 외칠 순간이다).

지금까지 불행했거나, 불행하진 않지만 더 행복해지고 싶은 사람이라면, 자신의 행복 수준이 업그레이드될 수 있음을 알게 될 것이다. 내가 그랬고, 내가 구글에서 가르친 마음 훈련을 받은 이들 역시 그렇게 되었다. 그 효과를 입증한 많은 연구 결과들도 있다. 물론 수천 년 동안 불교 승려들과 많은 영적 스승들이 해온 훈련도 빠질 수 없다. 다만 이 훈련은 꼭 히말라야의 호숫가에서 해야 하는 그런 것이 아니다. 언제 어디서든 자신이 있는 곳에서 할 수 있다.

　아마 여러분은 이렇게 물어볼 것이다. 지속적이고 안정적인 기쁨을 느끼는 것이 가능하다면, 왜 더 많은 사람들이 아직 그것을 발견해내지 못했을까? 왜 그것은 마치 환상처럼 느껴질까? 가장 큰 이유는 대부분의 사람들이 감각적·자기도취적 쾌락을 강화하는 데서 오는 것 외의 다른 기쁨에 대해 잘 알지 못하기 때문인 것 같다. 혹 그런 것에 대해 들어봤더라도 대부분은 자신이 그렇게 할 수 있다는 생각조차 하지 못하고, 시도도 하지 않는다. 마음만 먹으면 그것이 누구나 배울 수 있는 것이란 사실을 모르는 것이다. 누군가는 기쁨을 경험하려면 아주 돈이 많아야 한다고 믿고, 다른 누군가는 모든 것을 내려놓고 산속 암자로 들어가야만 행복을 찾을 수 있다고 생각한다. 아마 여러분도 명상을 통해 기쁨에 도달하려면 아주 오래 명상을 연습해야만 한다고 생각할지도 모른다. 하지만 2장에서 얘기하겠지만, 단지 한 호흡만으로도 즉각적인 효과를 경험할 수 있다.

　기쁨이 오로지 물건을 사고, 그것을 소비하고, 추잡한 재계의 거물이 되는 것(혹은 추잡한 재계의 거물이 된 뒤에 대통령이 되는 것)에서만 온다고 생각한다면, 아마도 기쁨은 잡을 수 없는 것이 될 것이다.

　현대의 다양한 기술은 그 어느 때보다 우리의 감각적 쾌락을 충족시키고 있다. 우리에게 기쁨이 부족한 것은 확실히 감각적·자기도취적 쾌락을 만족시킬 수 있는 방법이 없어서가 아니다. 다만 외부적 요소들에서 온 기쁨은 우리가 그것을 통제할 수 없다는 데서 태생적인 문제를 안고 있다(음, 유튜브 재생 목록은 전적으로 우리의 통제 하에 있다. 인터넷 접속이 끊기기 전까지는).

반면 우리 내부에서 오는 기쁨, 즉 몇 번의 심호흡 후 오는 고요한 마음에서 우러나온 기쁨이나 다른 사람을 친절하게 대한 데서 오는 기쁨(다른 사람이 관여하긴 했어도 그들에게 의존적이지는 않은), 우리 내부의 관대함에서 오는 기쁨, 옳은 일을 하는 데서 오는 기쁨 같은 것은 상황에 따라 변하지 않는다는 점에서 바로 우리 내부로부터 오는 우리의 것이라 할 수 있다. 어떤 나쁜 일을 겪게 되어 이런 기쁨을 잃어버린다 해도, 여전히 우리가 이러한 기쁨을 되찾을 수 있다는 것을 아는 데서 오는 기쁨이 있다. 어떤 어려움이 닥치더라도 이를 해결할 수 있는 마르지 않는 자원, 그 자원이 바로 기쁨이다. 그것을 어디서, 어떻게 찾을 수 있는지 알 수만 있다면, 우리는 기쁨을 쉽게 잡을 수 있는 것이다.

기쁨은 성공을 불러온다

삶은 참 아리송하다. 무언가를 찾길 포기했을 때 그것이 찾아온다. 언젠가 나는 컴퓨터에 맞는 특정한 케이블을 찾아 온 집안을 헤집고 다녔지만, 찾을 수가 없었다. 몇 시간을 뒤진 끝에 포기한 나는 결국 내일 새 케이블을 사야겠다고 생각했다. 그리고 나서 채 몇 분이 지나기도 전에, 내가 있는 자리에서 고작 1미터 정도 떨어진 선반 위에 있는 그 케이블을 발견했다.

성공도 마찬가지였다. 감각적·자기도취적 쾌락이 아닌 순수한 기쁨에 접속하는 능력이 향상되자, 나는 더욱 행복해졌을 뿐만 아니라 필사적으로 성공해서 남에게 인정받으려는 욕구가 사라지기 시작했다. 부자든 부자가 아니든, 세상으로부터 인정받는 사람이든 아니든, 행복해지자 성공에 집착하는 것이 무의미해졌다. 나는 내가 세상 사람들에게 더 인정받고자 하는 마음을 포기하면 '타이거맘tiger moms (아이들 교육에 극성인 미국의 동양계 엄마들 – 옮긴이)'들이 아이에게 "너 공부 안 하면 저렇게 된다"라고 말할 법한 실패 사례가 될 줄 알았다. 하지만 그 반대의 일이 일어났다! 나는 심지어 좀 더 성공한 사람이 되었다!

나는 그 이유를 나중에야 알 수 있었다. 기쁨은 행복을 낳고 행복은 성공을 불러온다. 그런데 잠깐, 그렇다면 기쁨과 행복의 차이는 무엇인가? 나는 여기서 세상에서 가장 행복한 사나이로 불리는 마티유 리카르의 행복에 대한 정의를 인용하겠다. 마티유는 행복을 "아주 건강한 마음에서 일어나는 풍요와 번영의 상태, 단순히 기쁜 느낌이나 들뜬 마음 혹은 그런 기분이 아니라 존재 그 자체로 느끼는 최적의 상태"[13]라고 말했다. 즉, 행복이 개인의 번영이나 정신적 건강에서 오는, 시간의 흐름 속에서 축적된 내면의 상태라면, 기쁨은 기쁜 느낌 혹은 순간순간의 감정이라는 것이다. 기쁨은 행복이란 집을 짓는 하나하나의 벽돌이며, 행복한 삶이란 기쁨의 순간들로 구성되는 셈이다.

물론 행복한 삶이라고 해서 모든 순간 순수한 기쁨만을 느낀다는 것을 의미하지는 않는다. 그러나 기쁨 없는 행복은 존재하지 않는다. 따라서 언제 어느 때고 기쁨에 접속할 수 있는 능력은 내가 행복한 삶을 사는 데 큰 도움이 된다. 기쁨이 행복을 불러오는 것이다.

그렇다면 행복과 성공은 대체 무슨 관계일까? 나 또한 동양 문화권에서 자라났기 때문에 성공이 행복을 가져온다고 생각했고 언젠가 성공하면 행복해질 것이라고 생각했다. 하지만 그 반대가 옳은 생각이었다. 성공이 행복을 가져오는 것이 아니라 행복이 성공을 불러온다. 이러한 성공과 행복의 관계는 많은 학자들에 의해 광범위하게 연구되었다. 내 친구 숀 아처Shawn Achor는 기발하게도 그것을 '행복의 특권The Happiness Advantage' (이는 그의 책 제목이기도 하다)이라고 부른다.[14] 수십 년간 발표된 수백 개의 논문을 인용하여 그는 성공하는 데 행복이 대단히 중요하게 작용한다고 말한다. 2011년 〈하버드 비즈니스 리뷰Harvard Business Review〉에서 그는 "현대의 경제 상황에서 기업이 가질 수 있는 단 하나의 가장 유리한 점은 행복하고 몰입하는 직원들"[15]이라고 결론지었다. 직원들의 행복도는 매출을 37퍼센트, 생산성을 31퍼센트, 업무 정확도를 19퍼센트나 올렸다. 행복은 또한 사람들이 회사나 학교에서 더 인정받고 더 높은 성과를 올리게 했을 뿐 아니라, 더 건강하게 해주고, 삶의 질도 여러 면에서 높여주었다. 행복은 심지어 창의성도 키워주는데, 이는 다음 장에서 더 자세히 살펴볼 것이다.

행복이 우리가 어떻게 할 수 있는 것이 아니라 순전히 운에 달린 것이라면, 이 모든 것은 좋은 소식이 아닐 것이다. 하지만 기쁨과 행복은 충분히 훈련으로 얻을 수 있는 것이므로, 이 모든 것은 대단한 사실이 아닐 수 없다.

성공하고 싶다면, 나는 행복해지는 법을 먼저 배우라고 추천한다. 먼저 행복해지는 법을 배우지 않는다고 해도 성공할 수는 있다. 하지만 성공하기 전에 행복하지 않다면, 성공한 뒤에는 더 행복하지 않을 가능성이 크다. 이제 금전적으로 풍족해진 나나 내 주변의 부자 친구들만 봐도 알 수 있다. 부자가 되면 성격이 더욱 강해진다. 원래 무례하고 잔인한 사람은 부자가 되고 나면 더욱 무례하고 잔인해질 가능성이 크다. 더는 주변 사람들의 눈치를 보며 그들에게 잘해줄 이유를 찾지 못하기 때문이다. 그러나 원래 친절하고 관대한 사람은 부자가 됐을 때 더 친절하고 관대해진다. 그만큼 베풀 수 있는 기회가 더 많아지니 말이다.

부는 이렇게 사람의 '성격' 뿐 아니라 '경험'도 강화한다. 중산층인 자기 처지에 만족하지 못하는 사람들은 부자가 되고 나서도 만족하지 못할 확률이 높다. 자신을 괴롭혔던 모든 정신적 요소들, 즉 탐욕, 편집증적 성향, 내적 부침, 잔인함 같은 요소들 역시 강화되기 때문이다. 반대로, 중산층일 때 행복했던 사람은 부자가 되고 나서 더욱 행복해질 것이다. 그가 행복했던 내적 이유, 즉 관대함이나 친절, 내면의 평화 같은 요소들이 강화되기 때문이다.

따라서 어느 경우에라도 행복해지는 방법을 배우는 것은 좋은 일이다. 특히 성공하기 전에 먼저 배워놓는다면, 아주 유용할 것이다. 행복해지는 법을 배우면 더 성공할 수 있을 뿐 아니라 성공 그 자체를 충분히 즐길 수 있게 되기 때문이다.

기쁨과 명상의 선순환 현상

사실 이 책을 쓰게 된 동기는 나의 첫 책인 《너의 내면을 검색하라》를 읽은 독자들 반응에서 나왔다. 많은 독자들은 그 책을 읽고 마음챙김 명상 훈련이 가져다주는 수많은 놀라운 효과들에 주목했지만, 그것이 어려운 일처럼 느껴진다고 말했다. 매일 한 시간씩 명상을 하지 않으면 효과(이를테면 '기쁨')를 누릴 수 없다고 생각하고 미리 기가 죽곤 했다. 하지만 그럴 필요 없다. 누구나 할 수 있는 아주 간단하고 효과적인 관점 전환과 쉬운 연습만으로 삶에 중요한 변화를 불러올 수 있는 힘을 기를 수 있다.

나는 아주 게으른 명상가지만, 다행히도 내가 《너의 내면을 검색하라》에 썼던 간단한 연습들보다 더 쉽게 명상하는 법을 알고 있다. 그것의 핵심은 바로 연습 자체가 기쁨이 되게 하는 것이다.

공자는 "같은 가격으로 두 개를 살 수 있는데, 하나만 사지 말라"라고 말했다. 농담이다. 공자는 이런 말을 한 적이 없다. 하지만 공자같이 현명하고 지혜로운 사람이라면, 아마도 분명히 그렇게 말했을 것이다.

인생에는 자연스럽게 서로를 강화하며 선순환 구조를 이루는 것들이 있다. 예를 들어, 여러분이 서핑을 한다거나 악기를 다루는 등 일정 수준의 훈련을 요구하는 어떤 것을 좋아한다고 해보자. 아마 그것을 하면 할수록 실력이 늘고, 실력이 늘면 늘수록 그것이 더 재미있어질 것이다. 재미있으면 더 할 것이고, 더 하면 더 잘하게 된다. 이 경우, 무언가를 잘하는 것과 그것에서 재미를 느끼는 것은 서로를 강화하는 선순환을 이룬다. 내가 만들어낸 공자의 말처럼 하나 가격으로 두 개를 얻는 셈이다.

기쁨과 명상 역시 서로를 강화하는 선순환을 이루는 정말 좋은 짝이다. 명상은 마음을 훈련하는 것이고, 기쁨은 마음이 훈련될수록 더 많이 느낄 수 있는 상태다. 마음을 훈련함으로써 마음은 기쁨에 더 쉽게 접속할 수 있게 된다. 동시에 기쁜 마음은 평화로운 마음이 되고, 평화로운 마음은 좀 더 집중된 마음이 되며, 집중된 마음은 좀 더 훈련하기 쉬운 마음이 된다. 따라서 명상 훈련이 더 효과적으로 이루어지고, 이것이 기쁨의 선순환을 강화한다. 이러한 선순환 연결고리에 한번 빠져들면, 명상과 기쁨이 일상의 중요한 부분을 차지하게 될 것이다.

이 책에서는 명상과 기쁨의 관계, 기쁨이 넘치는 강력한 선순환 구조를 작동시키는 법을 탐색할 것이다. 이를 통해 행복의 달인들이 늘 도달해 있는 상태, 즉 '모든 순간이 삶에서 가장 행복한 상태'에 도달할 수 있을 것이다. 언제 어디서든 기쁨에 접속할 수 있도록.

우리 삶에 찾아올 놀라운 변화들

기쁨의 첫 번째 이점이 기쁨이라는 것은 두말하면 잔소리다. 연습을 거듭할수록 여러분의 하루하루는 순간적인 기쁨은 물론 꽤 오랫동안 지속되는 기쁨으로 가득 찰 것이다. 물론 항상 기쁠 수야 없겠지만, 기쁨을 언제든 불러낼 수 있고 늘릴 수 있다는 것을 아는 것만으로, 기분이 전반적으로 좋아질 것이다.

내면의 기쁨은 내면의 평화에 달려 있다. 따라서 이 책에서는 내면의 평화를 먼저 다룰 것이다. 2장과 3장에서는 마음을 편안하게 하는 법을 배운다. 이렇게 정신없이 돌아가는 세상에서 마음을 고요히 하고 내면의 평화를 찾는 법, 그 안에서 기쁨을 찾는 법을 밝힌다.

4장에서는 기쁨을 향해 마음 기울이는 법을 이야기한다. 만약 여러분이 이 책을 집어든 이유가 여러분 인생과 기쁨은 어울리지 않다고 여겨서라면, 내면의 기쁨과 이 세상의 기쁨 모두를 발견하게 해줄 이 4장을 꼭 읽으라고 권하고 싶다. 이 연습을 하며 여러분의 마음은 점점 더 기쁨을 향해 기울고 기쁨에 익숙해질 것이며, 궁극적으로 그것은 습관이 될 것이다.

자비와 친절은 내면의 평화와 기쁨에서 솟아난다. 자비는 기쁨의 결실이자 기쁨 증폭기다. 선의도 빼놓을 수 없다. 기쁨이 여러분을 친절하게 하고, 더 자비로운 사람으로 만들며, 친절과 자비가 여러분을 더 기쁜 사람으로 만들 것이다! 5장에서는 이런 순환 관계에 대해 더 자세히 다루며, 여러분이 실제 연습을 해보도록 도울 것이다. 이것이 바로 마음 고양시키기 연습이다.

내면의 평화와 기쁨, 자비로 인해 우리는 자신감과 카리스마, 창의성과 혁신성, 자기 인식, 웰빙과 회복탄력성, 행복, 유머, 인기, 용기 그리고 성공이라는 종합선물세트뿐 아니라 내면의 자유와 세계 평화까지 얻을 수 있다. 기쁨은 모든 좋은 것의 원천이다. 행운 또한 마찬가지다. 1장과 7장에서 좀 더 자세하게 다룰 이런 효과들을 곧 체험할 수 있을 것이다.

6장에서는 고통에 대해 다룬다. 우리는 늘 기쁨에 차 있기를 바라지만, 사실 인생에는 고통스러운 일이 늘 일어난다. 때때로 우리는 정말로 엉망인 날들을 보낸다. 세상에는 늘 고통이 있다. 우리를 둘러싼 모든 환경이 기쁨을 찾기 힘들 정도로 가혹해져, 할 수 있는 일이라곤 쪼그리고 앉아 그 상황을 견뎌내는 수밖에 없을 때도 있다. 이 장에서는 앞 장에서 평상시 해온 수행을 어떻게 감정적으로 고통스러운 순간에 적용할 수 있을지에 대해 다룬다. 이때 여러분을 깜

짝 놀라게 할 고통의 비밀을 폭로할 것이다. 스포일러가 될 수 있겠지만, 미리 말하면 "고통과 기쁨은 공존할 수 있다."

고통 속에 있다고 해서, 기쁨에 다가갈 수 없는 것이 아니다. 걱정하지 말자. 연습을 통해 분명히 나아질 수 있다. 바로 이것이 고통의 긍정적인 측면이다. 어떤 고통이든 그것을 잘 다루는 연습의 기회로 삼을 수 있다. 이를 통해 원래 기뻤던 것은 더욱 기뻐질 것이며, 기쁘지도 고통스럽지도 않았던 것도 기뻐질 것이며, 고통스러웠던 것은 덜 고통스러워질 것이다.

독자들이여, 우리는 정말 운이 좋다. 우리는 전례 없는 기회를 가지고 있다. 이 시대는 과거에 과학적으로 밝혀질 것이라 생각도 못 했던 행복, 친절, 마음챙김, 평화 등을 과학적으로 다루기 시작한 시대다. 과학적으로 측정할 도구와 기술이 생겼기 때문이다. 수천 년 동안 인류의 고통은 질적으로 나아지지 않았다. 그러나 이제 과학과 고대의 지혜가 만나면서 어느 때고 기쁨에 다가갈 수 있는 강력한 연습이 과학적으로 널리 이해되는 것은 물론, 널리 퍼지고 있다.

나는 이 책을 통해 여러분이 기쁨에 즉시 접속하는 법을 이해하고 실제로 삶에 적용할 수 있게 되기를 바란다. 그리고 무엇보다 그것을 즐기게 되기를.

차드 멩 탄

차례

당신에게는
기쁨이 어울려요

—— 마음 훈련의 놀라운 성과 ——

"명상으로
안 되는 것도 있나요?"

공자는 "여러 좋은 선택지들을 놓고, 선택하기 힘들면 모두 취하라"라고 말했다.

아니지. 공자는 사실 이 말도 하지 않았다. 이 말도 내가 지어낸 것이지만, 다시 한 번 말하자면 그는 현명하기 때문에 분명 이 말도 했을 수 있다.

흔히 좋은 것은 하나만 골라야 한다는 오해가 있다. 일례로, 여러분은 월스트리트의 수많은 성공한 사람들이 '자비는 바보나 갖는 것'이라 치부하는 것을 보고서, 역시 성공하는 데 자비 따위는 필요 없다고 생각할 수도 있다. 혹은 차분함과 카리스마가 공존할 수 없다고 생각하는 사람도 있다. 그들은 카리스마가 거친 열정과 남자다운 미소로 나타난다고 생각하며, 차분함은 따분함과 연결된다고 여긴다. 그러나 앞으로도 보게 될 테지만, 자비와 성공, 차분함과 카리스마, 창의력에서부터 회복탄력성까지 삶의 많은 좋은 측면들은 상호 강화될 수 있다.

무엇보다 이러한 힘은 모두 기쁨에서 온다. 기쁨이 그 근원이 되지 않더라도, 결국 이는 기쁨을 얻기 위한 훈련의 결과로 나타난다.

원할 때 기쁨에 접근하는 방법을 배우면, 그 영향은 기쁨을 느끼는 특정 순간을 초월해 나타날 수 있다. 기쁨은 삶의 모든 측면을 개선 시킨다. 기쁨은 개인의 행복 수준을 재설정하며, 불행한 사람을 유쾌한 사람으로 바꾸기도 한다. 충분히 연습하면, 기쁨은 성격이자 삶 그 자체가 될 수 있다. 이것으로도 충분하지만, 기쁨은 심지어 여러분을 더 매력적으로 만들기까지 한다. 기쁨이 여러분 자체가 되고, 여러분에게 어울리는 가치가 될 수 있다.

기쁨은 마치 세트 메뉴와도 같다. 공자도 그렇게 생각할 것이다. 소스를 잔뜩 뿌리고 기쁨을 올린 엔칠라다(옥수수 빵인 토르티야에 고기, 채소 등 다양한 재료를 넣어 먹는 멕시코 요리-옮긴이)를 맛보게 된 것을 환영한다!

마음 훈련에는
삶을 바꾸는 힘이 있다

기쁨에 접근하는 가장 확실한 방법은 마음 훈련에서 시작된다. 명상을 처음 시작할 때, 나는 명상이 너무 어려웠다(기억하자. 여기서 말하는 명상이 바로 마음 훈련이다. 내가 정좌 명상과 같이 특정한 명상 훈련을 언급하게 되면, 따로 이야기하겠다). 명상은 기쁨과 관계없는 것처럼 보였다. 그러나 명상하는 법을 익히자, 명상이 내 삶을 바꾸기 시작하기까지는 얼마 걸리지 않았다(기껏해야 몇 달 정도였다). 그리고 지금은 마음 훈련이 기쁨과 모든 측면에서 관계가 있다는 것을 깨닫게 됐다. 이 책과 함께라면, 여러분은 내가 어렵게 알아낸 방법을 배워 더 짧은 시간 안에, 더 쉽게, 더 많은 기쁨을 느낄 수 있게 될 것이다. 감사 인사는 접어두시라!

마음 훈련의 가장 기본적이면서도 가장 중요한 이점은 필요에 따라 마음을 차분하게 하는 능력을 얻게 된다는 것이다. 연습을 해가며 여러분은 명상하는 내내 자신이 고요함 속에 앉아 있을 수 있다는 사실을 발견하게 될 것이다. 나아가 정좌 명상을 할 때는 물론 실생활에서도 이 기술을 적용할 수 있을 것이다. 이것 하나만도 삶을 바꿀 법한 기술이다. 일례로, 내 수업을 듣는 한 학생은 훈련을 시작한 지 몇 주 만에 자신의 장모에게 못된 말을 하는 것을 참을 수 있게 됐다. 분명히 이것만으로도 그의 삶은 바뀌었다.

필요에 따라 마음을 차분하게 만드는 능력은 리더십에도 엄청난 영향을 미친다. 상상해보라. 회사가 위기 상황일 때 회의실에 동료들과 앉아 있다. 모두가 당황한 가운데 오직 나만이 차분히 앉아 생각을 할 수 있다. 필요한 순간 마음을 진정시키도록 훈련한 사람은 나뿐일 테니까. 이제 무슨 일이 일어날까? 회의실에 있는 모든 사람이 나를 쳐다보며 이렇게 생각할 것이다.

"이 사람이야말로 리더군."

그들의 판단이 아마 맞을 것이다. 그런 것이 리더십이기 때문이다. 리더십의 가장 중요한 요소 중 하나가 바로 위기 상황에서도 차분하고 정확하게 생각하는 것이다. 이처럼 마음을 차분하게 만드는 훈련은 좋은 리더가 되게 해준다.

마음 훈련의 두 번째 이점은 마음이 명료해진다는 것이다. 마음이 차분해지면, 그때부터 정신이 맑아진다. 정말 그럴까? 아니다, 사실 초보에게는 마음이 차분해진 다음 졸음이 몰려온다. 그러나 졸지 않고 차분해지는 능력을 개발하기만 하면, 차분한 동시에 정신이 명료해지는 달콤한 상태에 이를 수 있다. 마치 뿌연 흙탕물이 담긴 그릇을 오랫동안 가만히 두면, 흙이 바닥으로 가라앉으며 물이 맑아지는 것처럼 말이다. 명료한 마음의 가장 눈에 띄는 영향은 자기 지각이 향상된다는 것이다. 마음이 명료해지면 감정이 일어나는 과정, 인지의 과정, 스스로를 보는 과정에 대한 인식 역시 명료해진다. 이로써 감정 자각과 자기 평가 등 자아의식의 두 가지 측면이 강화된다. 감정 자각을 통해 순간의 미묘한 감정 경험들이 점점 뚜렷해지고, 자기 평가를 통해 스스로의 정체성, 경향성, 강점, 약점 등을 더 객관적으로 보게 되는 것이다.

마음 훈련의 세 번째 이점은 감정적 고통에 대응하는 회복탄력성이 향상된다는 것이다. 6장에서 다시 다루겠지만, 회복탄력성은 '주의attentional—정서affective—인지cognitive'의 3단계로 작용한다.

감정적 고통을 느낄 때는 일단 주의 전략을 적용해, 일시적으로 주의를 호흡과 몸으로 돌리면서 마음을 차분하게 가라앉힌다. 차분해지는 것만으로도 그 자리에서 문제의 반은 해결될 수 있다. 그러나 이것은 첫 단계일 뿐이다.

두 번째 단계에서는 상황에 관련된 감정들을 다룬다. 이 단계에서는 감정이 몸에서 일어나는 순간 곧바로 알아차린다. 잠시 후 이 괴로운 감정들이 그저 몸의 한 감각에 지나지 않으며, 시간이 지남에 따라 계속 변한다는 것, 그 순간 생겨났다가 사라진다는 것을 깨닫는다. 그러면 우리는 이러한 감정에 가능한 한 친절하게 대응하게 되며, 그럴 수 없을 때조차 평온한 상태에서 이들과 함께 앉아 있을 수 있게 된다. 이쯤 되면 우리는 어느 정도 평정에 이를 수 있다.

세 번째, 인지 단계에서는 더 넓고, 현명하며, 자비로운 관점을 얻게 된다. 평정심을 지닌 채, 자신에게 일어나는 여러 일들을 다른 관점에서 보게 된다는 것이다. 이에 따라 어떤 상황을 나 자신에 대한 이해와 성장의 기회로 삼을 수도 있다. 만약 타인이 관련된 상황에서 감정적 고통이 발생한다면, 우리는 이 상황을 그들의 존재와 고통을 이해하는 기회로 활용할 수 있다. 중국어로 '위기'는 '위험'과 '기회'를 의미한다. 이처럼 실패에서 감정적 고통이 느껴질 때마다 이 경험을 어떻게 미래의 성공을 쌓기 위한 벽돌로 활용할지 배울 수 있다. 인지 단계를 통해 최대한 지혜와 자비심을 확대하면서, 장차 경험할 고통의 근원을 줄일 수 있는 것이다.

마음 훈련은 회복탄력성을 키워준다. 마음 훈련을 통해 우리는 어려운 상황에서 마음을 고요하게 하고, 마음에서 일어나는 일들을 상세히 알아차리고, 자비와 객관성을 키울 수 있다. 이로써 감정적 고통에 직면했을 때 이 세 단계를 밟아나가는 능력을 강화할 수 있다.

위에서 언급된 마음 훈련의 기본 이점, 즉 '차분한 상태' '명료한 정신' '회복탄력성'은 그 자체로 삶을 바꿀 힘을 가지고 있으며, 연습만으로도 이 모두를 취할 수 있다. 단언컨대, 명상은 내 삶을 바꿔놓았다. 나는 차분함, 명료함, 회복탄력성이 향상되면서 삶의 고통을 더 능숙하게 극복하게 됐다. 명상은 내 불행에 대한 해결책이었다. 진짜로, 그것은 통했다. 그리고 이런 경험을 한 사람은 나뿐만이 아니었다.

스타트업인 로켓Locket의 창업자 겸 CEO 김윤하는 스타트업 운영 당시를 회상하며 가장 기본적인 마음 훈련의 이점들이 자신의 삶을 어떻게 변화시켰는지에 대해 이렇게 이야기했다.

나는 큰 압박감에 시달렸다. 회사가 투자를 더 많이 유치할수록, 내가 느끼는 부담은 더 커졌다. 이 부담은 회사의 성공에 대한 부담이기도 했고 어린 초보 사업가이자 리더인 내 성과에 대한 부담이기도 했다. 나중에는 회사의 제품 방향을 바꿔야 했고, 같이 살다시피 하며 일해온 팀의 절반을 해고해야 했다. 이때 얼마나 스트레스가 심하고 비참했는지 말로 다 설명하기 힘들다. 나는 잠도, 식사도 부족했다. 회사의 불투명한 미래가 나를 좀먹고 있었다. 상황이 이러한데도 나는 대외적으로 행복하고 자신감 넘치는 CEO의 얼굴을 하고 있어야 했다.

나는 상담을 받기로 했고, 치료사는 나를 마음챙김과 명상의 세계로 이끌어줬다. 명상이 히피나 스님만 하는 것이라 여겼던 나는 이에 대해 회의적이었다. 나는 어릴 때부터 기독교인이었으며, 다른 종교와 관련된 것은 무엇이든 해보기를 꺼렸다. 그러나 명상을 몇 차례 해본 결과, 마음과 정신이 맑아진 것을 경험하고 매우 놀랐다. 결국 매일 아침 10분씩 명상을 시작했고, 그로부터 몇 년 후 삶에 큰 변화가 찾아왔다. 처음에는 명상으로 생각이 맑아지는 것을 즐겼는데, 시간이 지나면서 마음이 차분해지는 것을 느낀 것이다!

별다른 이유 없이 마음이 불안하고 짜증이 날 때가 있다. 이런 기분은 몸에서도 느껴진다. 숨이 더 짧고 얕아지며, 손발이 떨린다. 명상은 그 원인을 찾아준다. 한번은 내가 직장에서 불안했던 것이 전날 어머니와 결론 없는 말다툼을 벌였기 때문임을 알게 되기도 했다. 어떤 때는 친구와 저녁식사 도중 계속 불안했던 적이 있는데, 이는 내가 동료로부터 받기로 했던 이메일 때문이었다. 내 마음이 작은 논쟁이나 받지 못한 이메일 따위를 얼마나 큰 일로 부풀리는지 알고 보니 놀라울 지경이었다. 명상으로 모든 문제를 해결하지는 못했지만, 매일의 연습으로 마음속의 크고 작은 문제들이 해결되면서 내 인생은 훨씬 단순해졌다."[1]

잠깐, 이게 끝이 아니다. 차분함, 명료함, 회복탄력성 이외에도 내가 명상을 시작할 때 기대하지 못했던 이점이 더 나타났다.

창의성: 이건 오류가 아니다, 기본 기능이다!

마음이 고요하고 명료해진 상황에서 내면의 기쁨이 함께하게 되면, 깨어 있으면서도 동시에 이완된 상태가 된다. 이렇게 마음이 깨어 있으면서 이완된 상태는 바로 창의성을 이끌어낸다.

나는 사실 이것을 상당히 귀찮은 방식으로 깨달았다. 나는 명상을 할 때마다 좋은 아이디어와 통찰이 떠올랐다. 해결할 수 없는 문제에 부딪쳤거나, 무슨 말을 해야 할지 감도 오지 않는 자리에 연사로 초대받았을 때, 나는 이에 대한 대답을 명상 중에 찾았다. 처음에는 이것이 정말 거슬렸다. 호흡으로 주의를 돌리려고 온갖 노력을 다하는데 갑자기 굉장한 아이디어가 떠오르다 보니, 극도로 흥분하게 되어 명상이 자연스럽게 끝나버렸던 것이다. 한동안 나는 "잘했군. 이번 명상도 망했어"라며 스스로를 꾸짖곤 했다. 그러나 시간이 지나면서 나는 이것을 마음의 자연스러운 과정으로 받아들이고 활용하기 시작했다.

깨어 있고 이완된 마음은 종종 독창적으로 변화하는데, 그때 나는 다시 마음을 고요하게 해서 명상 대상으로 주의를 돌리려 한다. 이러한 노력이 실패하면, 창의성이 내 마음속에서 날뛰도록 놔두며, 이 경험을 차분하게 관찰한다. 그 과정이 끝나면 새로운 아이디어는 물론 흥분 속에서도 평정심을 수련한 경험이 남게 된다.

실력 좋은 소프트웨어 엔지니어라면 이렇게 말할 것이다.

"그건 오류(버그)가 아니야. 그건 기본 기능이야."

사실, 이 책의 큰 틀에 대한 아이디어는 바로 명상 중에 떠올랐다. 내 출판 담당자인 스테파니에게 두 번째 책을 쓰기로 약속한 지 몇 달이 지난 후에도, 나는 스테파니에게 여전히 책 내용이 떠오르길 기다리고 있다고 말했다. 그리고 새 책에 대해 아는 건 단 두 가지뿐이라고 말했다. 하나는, 책이 저절로 쓰일 것이라는 점, 다른 하나는 책을 쓸 때가 되면 내가 그때를 알 것이라는 점. 이런 식의 약속은 스테파니의 수면에 질적으로나 양적으로 전혀 도움이 되지 않았다. 왜 그런지는 모르겠지만.

그러던 어느 날, 아침 명상 도중 마음이 깊은 차분함의 상태로 들어가면서, 갑자기 두 가지 생각이 떠올랐다. 첫 번째는 "책이 쓰일 때가 됐군"이었으며, 두 번째는 첫 번째 생각이 떠오른 직후에 떠올랐으나 형상화가 되기까지 약 2~3분이 걸렸는데, 바로 이 책의 큰 틀이었다. 짜잔!

깨어 있으면서도 이완된 마음이 창의력에 어떻게 영향을 끼치는지 깨닫자, 나 스스로에게 한 첫 질문은 "나만 이런 것인가?"였다. 명상 중에 창의적인 경험을 한 것이 나 하나일 수도 있고, 내가 이상한 사람일 수도 있다. 확실히 선禪, Zen의 대가가 정좌 명상 도중 벌떡 일어나 "유레카! 유레카!"를 외치는 걸 본 적은 없으니까. 그러나 시간이 지나면서, 나는 이러한 효과가 분명히 존재한다는 것을 믿게 됐다. 첫 증거는 내 수업을 듣는 학생들이었는데, 이들은 구글의 내면 검색 수업의 초기 참가자들이었다. 이 학생들은 점점 창의적으로 문제를 해결하게 됐으며, 특히 정좌 명상 중이나 직후에 이런 현상이 나타난다고 말했다. 한 엔지니어는 심지어 2개의 가장 어려운 엔지니어링 문제에 대한 해결책이 마음챙김 명상 중에 떠올랐다고 고백하기도 했다. 그는 그 덕분에 승진했다.

이것이 어떻게 가능할까? 조약돌 비유를 사용해 설명해보겠다. 바람이 세게 불고 파도가 심한 호수에 조약돌을 던지면 물결이 생겨도 파도가 세기 때문에, 이 물결을 자세히 볼 수 없다. 그러나 잔잔한 호수에 조약돌을 던지면, 조약돌은 아름답고 둥그런, 잘 보이는 물결을 만들 것이다. 창의력이 발휘되는 순간은 이런저런 생각이 떠오르다가 마음이 이들을 명쾌하게 받아들일 때 찾아온다. 더 중요한 것은 창의력이 이러한 생각들 사이의 새롭거나, 서로 관련 없거나, 기대치 못한 관계를 잡아낼 때 더 잘 발휘된다는 것이다. 마음이 어지럽거나 시끄럽고 동요한 상태일 때는 마치 조약돌을 사나운 물에 던지는 것과 같아서, 아름다운 물결들을 많이 보지 못할뿐더러 물결들이 서로 어떻게 패턴을 형성하는지도 볼 수 없다. 그러나 마음이 안정되어 있으면 무작위로 생각들이 일어나고 활개 칠 수 있는 여유가 생기고, 마음이 깨어 있으면 이 생각들을 보고 그들의 관계를 연결할 수 있게 된다. 마치 고요한 호수에 조약돌을 던지는 것처럼 말이다.

나는 이 경험 이후 '이완된 주의'와 '창의력'의 관계가, 고도의 창의력을 요하는 사람들 사이에서는 이미 잘 알려져 있음을 알게 됐다. 일례로, 스티브 잡스는 이런 말을 했다.

> 앉아서 잘 관찰해보면, 마음이 얼마나 쉴 새 없이 움직이는지 알게 된다. 그 마음을 안정시키려 하면 상황은 더 나빠질 뿐이지만, 시간이 지나면 노력에 따라 마음이 차분해진다. 마음이 차분해지면, 더 미묘한 것들을 들을 여유가 생긴다. 바로 그때가 직감이 피어나면서 더 분명하게 상황을 보고 현재에 더 충실해지는 순간이다. 마음은 그저 속도를 줄이는 것이며, 그 순간 우리의 관점은 광활하게 확대된다. 그전에 볼 수 있던 것보다 훨씬 많은 것을 볼 수 있게 된다. 이는 단련을 통해 얻을 수 있으며, 우리는 이를 위해 연습해야 한다.[2]

세계적 디자인 기업 IDEO의 창업자이자 회장인 데이비드 켈리David Kelly와 그의 동생이자 IDEO의 공동 대표인 톰 켈리Tom Kelly는 "이완된 주의"가 창의성의 기초라는 점을 매우 강하게 주장한다. 나는 켈리 가족이 이 주제에 대해 잘 알 것이라고 생각한다. 데이비드와 톰이 몸담고 있는 IDEO는 창의력과 혁신성으로 전 세계에 잘 알려져 있다.

또한 이 주제는 학문적으로도 연구가 되었다. 예를 들어, 존 커니어스John Kounios, 마크 융 비맨Mark Jung- Beeman, 조이딥 바타차리야

Joydeep Bhattacharya 등 여러 학자들은 신경과학 연구에서 중요한 깨달음의 순간과 알파 뇌파의 관계를 확인했다. 창의적 통찰력은 종종 알파 뇌파와 함께 나타나며, 특히 우뇌에서 나타나는 경향이 있다. 알파 뇌파는 비각성nonarousal, 즉 산책, 따뜻한 샤워, 명상 등 '이완시키는 활동'과 관계가 있다.

일상에서 창의적인 사람들은 본능적으로 깨어 있고 이완된 마음이 창의력을 발현시킨다는 것을 이미 알고 있으며, 그러한 마음 상태를 어떻게 발동시키는지 알고 있다. 그래서 이들은 문제 해결 과정에서 생각이 막히면, 산책을 하거나 게임을 하거나 따뜻한 샤워를 하곤 한다. 그러나 나를 포함한 사람들의 경험에 따르면, 이 과정에 명상이 수반될 경우 더 높은 수준의 깨어 있음과 안정 상태에 도달하는 방법을 배우면서 자연히 더 많은 창의적 돌파구를 얻게 된다. 그리고 이를 원할 때마다 할 수 있게 된다.

존 커니어스는 복합단어 통찰력 실험에 참여했던 선 명상 전문가에 대해 얘기해주었다. 실험 참가자들은 다른 3개의 단어와 같이 쓸 수 있는 단어를 30초간 생각해낸다(예를 들면, '소스sauce' '크랩crab' '파인pine'과 함께 쓸 수 있는 단어는 '애플apple'이다). 이 명상가의 경우 처음에는 집중력이 오히려 방해가 되어, 전혀 퀴즈를 풀 수가 없었다. 그러다가 자신의 인지력을 조절하는 통제력을 발휘해 역으로 집중력을 깨뜨리는 법을 깨달았다. 이후 그의 뇌가 특정 상태에 도달했는데, 커니어스는 이를 우뇌의 해결책 발생에 필요한 연상이라고 주장

한다. 이 상태에 이르자 그는 멈출 수 없었으며, 참가자들이 낸 퀴즈를 모두 풀어냈다.[3]

학문적 연구들은 깨어 있고 이완된 마음뿐만 아니라, 기쁜 마음 역시 창의성에 기여한다는 것을 증명했다.[4] 심지어 한 연구는 기쁜 마음 상태가 발생 후 이틀간 지속되며 창의력에 영향을 미친다는 것을 밝혀내기도 했다.[5] 즉, 여러분이 오늘 기쁘다면, 오늘, 내일, 모레의 마음 상태와는 관계없이 더 창의적일 수 있다는 것이다!

왜 기쁨과 안정이 이토록 창의력에 큰 영향을 미치는 것일까? 다음 장에서 살펴보겠지만, 이것은 기쁜 마음이 곧 이완된 마음이기 때문이다(이것은 역으로도 유효하다). 그래서 유사한 정신적 요인들이 작용하는 듯하다.

나는 명상 연습이 창의성에 영향을 미친다는 것에 놀랐다. 그러나 나에게 마음 훈련의 가장 놀라운 이점은 그다음에 찾아왔다.

놀랍도록
자신감 넘치는

내 인생에서 가장 놀라웠던 사실은, '자신감'이라는 것이 내 엉덩이를 명상 쿠션에 올려놓기만 하면 습득할 수 있다는 점이었다.

나는 어렸을 때 오만을 자신감으로 오해했는데, 나중에 알고 보니 이 둘은 너무나 달랐다. 이 둘의 가장 큰 차이점은, 자신감과 달리 오만은 자만으로 인해 발생한다는 것이었다. 또 다른 점은 취약성이었다. 오만은 너무나 약하다. 어떤 외부적 조건이 자만심에 먹이를 주면 오만은 어지러울 정도로 높이 날아간다. 높이 날아가던 오만은 실패가 찾아오면 즉시 땅으로 곤두박질치는데, 그 정도는 곤두박질치기 전의 높이에 비례한다. 그러나 자신감은 오래 지속되는데, 이는 자신감이 성공이나 실패와는 별개의 것이기 때문이다. 또한 오만은 진짜가 아니다. 건방지게 굴 때, 우리의 외양은 세상에 내가 얼마나 근사한지를 드러낸다. 그러나 같은 순간, 내면에서는 '다음의 실패가 얼마나 고통스러울까' 하는 불안감이 올라온다. 이와 달리 자신감은 사물을 있는 그대로 보는 것에 그 근간을 두기 때문에 그 본성이 가짜와는 양립하기 힘들다.

수년간의 명상 훈련 덕분에 나는 내면에서 자신감이 커지는 것을 느낄 수 있었으며, 나중에는 이 자신감이 오만과 다르다는 것을 깨닫게 되었다. 지난 몇 년간 이 자신감은 성공과 과찬으로 인해 방향 감각을 상실할 가능성이라든지, 실패와 불명예가 찾아오지 않을까 하는 영혼 깊숙이 느껴지는 고통 모두를 씻어내 주었다. 명상이 자신감으로 이어질 수 있다는 것은 나에게 매우 놀라운 발견이었다. 나처럼 단점투성이인 사람이 점차 오만함에서 벗어나 자신감 넘치는 사람이 될 수 있다니, 정말 놀라운 일이었다.

깊은 생각 끝에, 나는 자신감에 다음과 같은 3개의 건전한 원인이 있다는 것을 깨달았다.

앎에서 나오는 자신감

지식이 곧 자신감이다. 무언가를 안다는 것에서 기인하는 자신감에는 세 가지 측면이 있다.

첫 번째는 명상과 별 상관이 없는 것으로, '자신의 분야에 대해 아는 것'이다. 어떤 방에 들어가 자신이 잘 아는 주제에 대해 이야기해야 한다면, 게다가 내가 그 분야의 전문가라면, 심지어 세계 최고의 전문가라면, 나는 그 방에 자신감을 가지고 걸어 들어갈 것이다. 당연하다.

그러나 첫 번째 측면보다 더 강력한, 앎에서 오는 자신감이 있다. 그것은 '스스로를 아는 것'이다. 스스로를 안다는 것은 강한 자각이며, 이것은 감정적 자각(순간순간 몸 안에서 감정을 알아차리는 것)과 자기 평가(자신의 능력, 한계, 자원, 습관 등을 아는 것)의 수준에 들어섰음을 의미한다. 자각이 충분한 상태라면, 자신의 강점을 드러내며 일하는 법은 물론 자신의 약점을 보완하는 방법도 안다. 또 대부분의 상황을 노련하게 헤쳐나갈 수 있고, 자신이 모르는 자신에 관한 비밀 따위는 없으므로 그로 인해 놀랄 일은 아무것도 없는 상태가 될 수 있다. 물론 이따금 나 자신에 대해 한두 가지 뜻밖의 점들을 발견할 수도 있지만, 당황할 정도는 아닐 것이다. 이에 따라 나 자신에 대해 매우 편안한 상태가 될 수 있다. 편안한 상태는 눈에 띄게 마련이다. 어디를 가든 우리에게는 스스로 빛나는 조용한 자신감이 함께 있을 것이다.

이런 자신감은 어디에서 오는 것일까? 대부분은 마음챙김에서 온다. 몸과 감정의 마음챙김을 연습하면, 시간이 지나면서 강력한 자각을 하게 되며, 이것이 스스로를 아는 데서 오는 자신감으로 이어지는 것이다.

만약 알아야 하는 것이 있는데, 모르는 상태라면? 이럴 때 어떻게 자신감을 유지할 수 있을까? 아는 것에서 오는 자신감에는 또 다른 측면이 있다. 그것은 바로 '알 수 있다는 사실을 아는 것'이다. 즉, 알아야 하는 것은 다 배울 수 있는 능력이 우리에게 있다는 것이다. 이러한 명상을 하는 대표적인 인물이 나의 명상 스승 중 한 명인 명상 대가 신젠 영Shinzen Young이다.

신젠이 명상 지도자로서의 명성을 쌓아가고 있을 무렵, 그는 어떤 신념을 가지게 됐다. 나도 전적으로 동의하는 이 신념은 다음과 같다. 그가 동양의 '내면의 과학과 기술'이라고 믿는 명상이 서양의 과학기술과 성공적으로 결합하면, 세계가 훨씬 살기 좋아질 것이라는 믿음이다. 이를 위해 그는 명상 세계와 학문 세계의 지적 토론에 활발하게 참여하기 위해 과학을 배우러 나선다. 단 한 가지, 문제는 신젠이 학교에 다닐 때 수학과 과학을 끔찍하게 못했다는 것이다. 이 점이 어린 그를 매우 괴롭히곤 했으며, 그 이후로도 오랫동안 그에게 정서적인 상처로 작용했다고 한다. 어른이 되고 나서도, 이는 그가 해야 할 가장 중요한 일에 최대 장애물로 작용했다. 이럴 땐 어떻게 해야 할까?

신젠은 많은 생각 끝에 자신이 더는 학교 성적이 끔찍했던 그 어린아이가 아니라는 것을 깨달았다. 그는 여전히 과학과 수학을 못하는 어른이었으나, 어릴 때 갖추지 못했던 중요한 기술 하나를 가지고 있었다. 바로, 마음을 통제할 수 있었다. 그는 마음을 추스르고 자신이 그 무엇이든 배울 수 있다고, 심지어 (꿀꺽) 수학까지도 배울 수 있다고 생각했으며, 수학을 잘하게 되면 과학도 잘할 수 있을 것이라 믿기 시작했다. 그렇게 그는 구구단과 5학년 수학부터 시작해 수학과 과학을 독학했으며, 결국 석사 수준의 수학과 과학까지 마스터했다. 오늘날 그는 명상에 과학을 접목한 개척자로 칭송받는다.

그는 어떻게 이것을 이뤄냈을까? 세 가지가 도움이 되었다고 한다. 첫 번째는 놀라운 집중력이다. 예전에는 수학 교과서에서 이해하기 힘들었던 부분을 두세 번 읽고 포기했지만, 이제 그는 시작할 때와 똑같은 집중력을 가지고 모르는 부분을 이해할 때까지 계속 읽을 수 있었다. 두 번째는 부정적인 혼잣말을 관리할 수 있게 된 것이었다. 이전의 그는 자신이 수학을 할 수 없다고 믿었고, 수학을 배우는 것에 강력한 부정적 감정 반응을 일으키곤 했다. 그의 내면 누군가가 멈추지 않고 이렇게 말했던 것이다.

"누굴 속이나. 이따위 걸 내가 어떻게 해."(그렇다, 칭송받는 명상 대가도 이런 말을 쓴다.)

그는 부정적인 감정을 일단 손쉽게 다룰 수 있는 덩어리로 쪼갰다. 그러고는 6장에서 보게 될 주의, 정서, 인지 전략을 사용해 이 고통스러운 감정들을 다뤘다. 마지막으로, 공감 능력을 활용해 수학자에게 인간적으로 접근, 그들의 통찰력을 얻었다. 이후에는 "수학 괴짜"를 그의 성격으로 내재화시켰다. 그는 스스로가 수학을 할 수 있는 사람이라 느꼈고, 자신을 내면으로부터 수학 괴짜라 정의했다. 더는 수학이 위협적이지 않았다. 시간이 지나면서, 그는 구구단부터 다시 배워야 했던 사람에서 대학원 수준의 수학을 아는 사람으로 거듭났다. 오랜 시간 감정적 고통의 근원이던 수학이 이제 그에게 큰 기쁨이 됐다.[6]

신젠의 일화가 주는 교훈은 다음과 같다. 명상을 하면 마음을 다스릴 수 있고, 마음을 다스릴 수 있으면 그 어떤 분야도 통달할 수 있다. 그 무엇이라도 배울 수 있다는 확신이 자신감을 만들어낸다.

평정심에서 오는 자신감

자신감의 두 번째 근원은 평정심이다. 평정심을 바탕으로 한 자신감은 일정 부분 필요에 따라 마음을 가라앉힐 수 있는 능력에서 온다. 앞서 언급했듯이, 마음을 평온하게 하는 능력은 명상의 가장 기본적인 이점 중 하나다. 충분히 연습만 하면, 요령을 습득할 수 있다. 아무리 상황이 나빠져도 원하기만 하면 오랫동안 마음을 가라앉힐 수 있다. 이렇게 할 수 있음을 알게 되면, 그 어떤 방이든 어느 정도의 자신감을 장착하고 들어갈 수 있다.

이런 조언을 들으면, 자연스럽게 이 말을 한 사람은 그렇게 해낼 수 있는 건지가 궁금해질 것이다. 딱하게도 나는 마음을 평온하게 만드는 법을 상당히 많이 연습하게 되는데, 이는 내가 일 때문에 대중의 스포트라이트를 받는 일이 많기 때문이다(다음의 세 가지 사례가 모두 연설 중 일어난 일이란 점은 우연이 아니다). 대중 앞에 선다는 것은 언제나 신경이 곤두서는 일이다. 실수를 하면 대중에게 곧바로 공개되기 때문이다.

한번은 TV에서 멋지게 망할 기회가 찾아왔다. CNBC에 출연하게 된 나는 뉴욕증권거래소에서 인터뷰를 하게 됐다. 그 생방송 인터뷰는 전국, 전 세계로 방송되었다. 그런데 대사를 까먹은 것이다. 원래 계획은 마음을 안정시키는 세 가지 방법(3장을 참고하시라)에 대해 이야기하는 것이었는데, 두 번째 방법에 이르렀을 때 그것이 뭐였는지 잊어버리고 말았다.

"두 번째 방법은… (멍)."

거의 전前 텍사스 주지사 릭 페리Rick Perry의 "웁스oops" 사건 정도의 대형 사고였다(2011년 미 공화당 경선에서 대선 후보로 나선 릭 페리는 후보 토론에서 자신이 대통령이 되면 없앨 정부 부처 세 곳을 이야기하다 말문이 막혀 구설수에 올랐다-옮긴이). TV 생방송, 그것도 전 세계에 방송되는 인터뷰에서! 이럴 땐 어떻게 해야 할까?

우선 몸으로 당혹감이 올라오는 게 느껴졌다. 그러다 훈련해온 것들이 서서히 발휘되면서, 당혹감이 얼굴에 나타나기 전에 이 감정을 안정시키고 침착한 상태를 유지할 수 있었다. 당혹감에서 회복되는

데 5초가 걸렸는데, 이는 생방송 TV 인터뷰에서는 매우 긴 시간이다. 그러나 내가 너무나 침착해서, 나중에 다시 녹화분을 봤을 때에는 방송 사고처럼 보이지 않았다. 마치 나는 다음에 어떤 말을 할지 심사숙고 중인 것처럼 보였다. 그 인터뷰를 시청한 내 친구들 중 그 누구도 상황이 심각하게 잘못됐다는 것을 알아챈 사람은 없었다. 여러분은 이제 내 비밀을 아는 것이다. 내가 TV에 나와 심사숙고하고 있으면, 나는 사실 당황하고 있는 것일 수도 있다.

평정심에 기인하는 자신감의 다른 측면은 자신의 자아를 매우 가볍게 여길 수 있는 능력이다. 나는 이 능력을 자신의 자아가 산처럼 커지고 동시에 모래알처럼 작아지려는 의지로 묘사하곤 한다. 가끔씩 대중 앞에 나서다 보니, 나는 이것을 원하지 않아도 종종 연습한다. 이런 일은 내가 나보다 훨씬 훌륭한 사람들을 대상으로 연설해야 할 때 일어난다.

한번은 한 아시아 국가에서 불교계 최고의 위치에 있는 리더들에게 현대 불교에 대해 연설해달라고 초대를 받은 적이 있다. 그 자리에는 진지해 보이는 수많은 고위급 스님들과 주요 절들의 주지스님들, 재가 불교 단체의 지도자들과 유수의 학자들이 모여 있었다. 연설자인 나는 누구인가? 내가 아는 한, 나는 그저 캘리포니아에서 온 어느 엔지니어에 불과했다.

여기서도 내가 훈련한 바를 적용할 수 있었다. 청중들을 보자 나는 바로 작아졌는데, 이는 너무 당연하게도 청중들이 나보다 불교에 대해 열 배쯤 잘 알고 있을 것이기 때문이었다. 물론 내가 작아지는 데는 건전한 측면도 있다. 나는 그곳에 전적으로 대중을 섬기러 간 것이므로 나의 자아와 욕심은 불필요했다. 하지만 그와 동시에 이 청중들을 그들이 받아 마땅한 방식으로 섬기기 위해서는, 나 역시 내가 그 자리에 서 있을 자격이 있으며 그들이 모르는 무언가를 내가 안다는 듯한 태도로 연설을 해야 했다. 학문적 지식이나 수행 경험이 청중들의 10분의 1밖에 되지 않은 내가 그럴 수 있는 이유는 내가 현대 환경에 명상 수행을 적용하는 것에 있어서는 세계적인 전문가이며, 그래서 세계적 석학들마저 가치 있다고 여길 만한 통찰력을 공유할 수 있기 때문이니까. 내 머릿속에서는 나 자신에게 하는 이런 말들이 뱅뱅 돌았다.

"나는 이 분야의 전문가다. 난 이곳에 있을 자격이 있다."(그럼 두 번째 목소리는 곧 "나 말이야?"라고 되물었고, 첫 번째 목소리는 "그래, 너 말이야, 익숙해지라고" 하고 대답하는 식이었다.)

이런 방식으로 내 자아는 (거의 창피한 수준으로) 커져 방 하나를 꽉 채울 정도가 되었다. 이는 내 자아가 커지면서 동시에 작아지는 것이다. 그 비밀은 '섬김'과 '유머', 이 두 가지 태도에 집중하는 것이다. 내 앞의 청중들을 섬기는 데 초점을 맞추면서, 자아는 내 앞의 대중을 섬기기 좋은 사이즈로 조절하고, 이런 아이러니한 상황에서도 유머를 유지한다.

강연이 끝나갈 무렵, 앞줄에 앉은 엄한 표정의 한 스님(앞줄 가운데에 앉아 있었고 내가 읽을 수 없는 언어로 그의 자리에 이름표가 붙어 있던 것으로 보아, 매우 고위급으로 추정된다)이 나에게 질문을 했다. 그 질문은 명백한 유도 질문으로, 해석의 여지가 있었다.

"기존 불교가 정의하는 네 가지 선정禪定(완전히 안정된 주의, 집중, 기쁨의 상태) 단계 중에서 당신은 어느 단계에 있습니까?"

그의 질문에 강연장에는 긴장감이 감돌았다. 나는 그를 뚫어지게 쳐다보며 악동 미소를 짓고는 오른손 손가락으로 동그라미를 만들어 보이며 똑똑히 발음했다.

"제-로."

그리곤 웃었다. 질문을 한 스님도 웃기 시작했다. 내 귀에 꽂힌 이어폰을 통해 통역사의 웃음소리도 들려왔다. 동시에 강당에 있던 모두가 웃었다. 웃음이 잦아들자, 나는 설명을 시작했다.

"사실 진정한 불교의 대가는 여러분이지, 저는 한낱 엔지니어일 뿐이에요. 제가 뭘 알겠습니까? 제가 바라는 것은 그저 제가 아는 것이 미약하나마 여러분께 도움이 되는 것뿐이에요."

스님은 미소를 지으며 가볍게 고개를 끄덕였다.

그날 강연은 잘 끝났던 것 같다. 어떻게 아느냐고? 강연이 끝난 후, 스님들이 왁자지껄하게 내 주위에 모여 나와 같이 셀카를 찍으려고 했다면, 내가 제대로 해냈다는 신호 아니겠는가.

돌이켜보면, 나는 그 스님의 질문에 생각도 하지 않고 최대한 능숙하게 대처했던 것 같다. 나는 방어할 수도 있었고, 그의 공격을 감지하거나 화를 내거나 불안해할 수도 있었으며, 매우 미숙하게 대처했을 수도 있었다. 이를 통해 나는 내가 만약 목적과 유머에만 초점을 맞추면, 상황을 망치지 않을 것이라는 점을 배웠다.

마음을 가라앉히는 능력은 명상 훈련 중 주의 집중을 통해 얻을 수 있다. 자신의 에고를 매우 가볍게 여기는 능력은 마음챙김 훈련과 마음챙김을 통한 자기 인식에서 온다. 이것은 5장에서 다룰 자비심 훈련에서 오는, 더 큰 것을 위해 봉사한다는 마음과 고요한 마음에서 나온다. 또한 하루에 한 번씩 자신의 죽음에 대한 마음챙김 훈련을 한다면(4장 참고), 우리의 자아는 더욱 유연해질 것이다.

회복탄력성에서 오는 자신감

지식도, 평정심도 작동하지 않는 날에는 어떤 일이 일어날까? 이럴 때는 자신감의 세 번째 근원인 회복탄력성에 기대야 한다. 회복탄력성에서 오는 자신감의 한 측면은 바로 회복력이다. 이것은 어떤 일을 실패해도 내가 결국 회복할 수 있음을 아는 것이다. 나는 내가 충분히 수행했다는 것을 알기 때문에, 누군가가 나에게 수치를 주거나 나를 공격 혹은 도발할 때, 스스로 잠시 평정심을 잃는다고 느낄 때, 거의 5~10초 내에 원상태를 회복할 수 있다. 이는 내가 낯선 곳에 갈 때도 스스로에게 자신감을 준다. 내가 매우 불쾌한 일에 맞닥뜨릴 때, 예컨대 같은 편이라 여겼던 사람이 나를 공개적으로 망신 주거나, 내가 받아 마땅하다고 생각했던 승진 기회를 놓쳤을 때, 나는

4~5시간 내, 최대 24시간 내에 원 상태로 회복할 수 있다는 점을 안다. 이 점은 내게 일상생활에 대한 자신감을 준다. 나는 아무리 상황이 악화돼도, 내가 모든 것을 잃고 자동차 사고를 당해 장애인이 된다 해도, 한동안 심한 우울증을 겪겠지만 현재 수준의 훈련을 통해 6~12개월 내에 침착함을 되찾을 수 있음을 안다. 그렇게 나는 살아가는 데 필요한 자신감을 얻는다.

단기간 동안의 회복 훈련에 관한, 거의 재미있을 뻔한 일화가 있다. 어느 날, 나는 UN이 주최한 TED 강연을 하게 되었다. 나의 연설 경험 중 최고로 긴장되는 순간이었다. TED 강연은 워낙 시청자가 많고 특히나 이번 강연은 UN이 주최한 것이어서, 나는 말도 안 되게 많은 사람들(어쩌면 100만에 가까운)이 이 강연을 볼 것이라는 사실을 알고 있었다. 14분짜리 TED 강연을 준비하려면 온종일 중국옷을 입고 호텔방 거울 앞에서 연습해야겠다 싶어, 나는 하루 일찍 뉴욕에 도착했다. 그러나 이 정도의 준비마저도 충분하지 않았다.

마침내, TED 강연이 시작되고 중반부쯤 되었을 때, 긴장감에 내 오른쪽 다리가 떨리기 시작했다. 최소한 나는 스스로에게 "너 이 문제를 곧 고치지 않으면, 역사는 너를 TED 강연을 하다가 무대에서 떨어진 남자로 기억할 거야"라고 말할 정도의 정신이 있었다. 명상 훈련 덕분에 나는 마치 아무 일도 없다는 듯이 연설을 이어갈 만큼 마음을 진정시킬 수 있었으나, 떨림은 멈추지 않았다. 잠시 후, 오른쪽 다리의 떨림은 멎었으나 이번에는 왼쪽 다리가 떨리기 시작했다.

나는 체중의 방향을 조절해가며 가까스로 연설을 이어가야 했다.

몇 분이 지나고 나는 겨우 원상태로 돌아왔다. 기쁜 마음으로 고하건대, 나는 TED 무대에서 떨어지지 않았다. 나중에 TED 웹사이트에서 강연을 돌려보며, 나는 무대 위의 남자가 너무나도 자신감 넘치고 긴장한 기색이 전혀 없어 보이는 데 매우 놀랐다. 거기엔 내가 있었다. 그 자신감 넘치는 남자가 나였다! 그가 느꼈던 긴장감을 나는 정확히 알고 있다. 그는 그 긴장감을 안고서도 매우 차분했으며, 자신이 회복될 것이라는 자신감에 차 있었다. 이때 나는 20여 년의 명상 훈련이 시간 낭비가 아니었음을 깨달았다.

회복탄력성에서 오는 자신감의 또 다른 측면은 우리가 이전에 이야기했던 자신감의 측면보다 훨씬 강력하다. 이 강력함이 어느 정도인가 하면, 만약 이 측면만 완벽하게 익힐 수 있다면 평생을 흠잡을 데 없는 자신감을 가지고 살 수 있을 정도다. 이는 바로 스스로의 고통과 실패를 참고, 있는 그대로 보려는 의지다. 뒤틀리고 쓸모없는 자신을 있는 그대로 들여다보는 것, 그럴 의지가 있는 것, 스스로의 고통과 실패와 모든 기쁨에 절박하게 매달리는 모습, 불쾌한 것에 대한 광적인 혐오, 자기 자신의 인간 본성과 관련된 모든 고통, 이 모두를 침착함과 친절함을 유지하며 참고 바라볼 수 있는 것. 이는 자신감의 거대한 근원이다. 나아가 스스로의 고통과 실패를 들여다보고 침착함과 친절함을 유지하며 고통과 실패에도 온화한 기쁨을 불러일으킬 만큼 충분히 강하다면, 우리에게 두려움은 없을 것이며,

바로 여기서 오는 자신감을 갖출 수 있을 것이다. 이것이 우리가 도달할 수 있는 가장 높은 수준의 자신감이다.

몇 년 전, 나는 심각한 감정적 고통을 겪었다. 그 상황에서 겁도 없이 열흘짜리 정식 명상 수행이라는, 말도 안 되는 계획을 세웠다. 일반적으로 명상 수행은 힘든 일이다. 하루에 몇 시간씩 앉아 있어야 해서 등도 아프고, 앉아 있는 동안은 졸음(그리고 죄책감)과 싸워야 한다. 정작 밤이 되면 잠이 오지 않으며, 말도 할 수 없고, 공동 화장실은 방에서 너무 가깝거나 너무 멀다. 무엇보다도 나를 편안하게 해주는 모든 것으로부터 멀어진다. 사랑하는 사람들, 익숙한 일상, 인터넷, 패스트푸드 등등. 이것만으로도 힘든데, 심각한 감정적 고통을 겪고 있는 상황이라면 명상 수행은 훨씬 힘들게 마련이다.

그 열흘 동안, 나는 거의 매일 강렬한 감정적 고통 속에서 시간을 보냈다. 수행하는 동안 나는 내 숨소리에 주의를 집중하려고 노력하는 것 이외에 할 수 있는 것이 없었다. 신체적 불편을 느끼면서, 오직 참을 수 없는 심리적 고통에 직면할 뿐이었다. 온종일 그리고 매일. 놀랍게도, 수행이 중반부로 접어든 약 5일째 되던 날, 25시간가량 별다른 노력 없이 내 호흡에 온전히 주의가 집중되면서, 내 마음이 깊은 안정감과 평정심, 약간의 기쁨으로 채워지는 순간이 찾아왔다. 이 순간은 너무 뜬금없이 나타났으며, 25시간 후에는 완전히 사라졌다. 이 순간 이외에는 내 주의가 대부분 고통 주파수에 맞춰져 있었다. 모든 고통이 종일 지속됐다. 이 수행을 마치며 나는 내 수행의 90

퍼센트가 시간 낭비였다고 생각했다. 진절머리가 났다.

그러나 일상생활로 돌아왔을 때, 나는 갑작스러운 변화를 느꼈다. 설명하기 힘든 이유로 내 내면에는 자신감이 가득했다. 친구들이 나를 보면서 모두 비슷한 말을 던졌다.

"너, 무슨 일 있었어? 좋아 보인다. 너 엄청 자신감 넘쳐 보여."

나의 스승과 이 경험을 반추하면서, 나는 비로소 내게 무슨 일이 생긴 것인지 알게 됐다. 수행을 시작한 지 하루 이틀째 되던 날, 나는 내 감정적 고통들, 감당 안 되는 패배감과 싸우는 것에 피로를 느낀 나머지 이 감정들이 내 몸과 마음 전체를 점령하도록 놔뒀다. 그 후, 나는 이러한 감정들을 외면하지 않겠다고 마음먹었다. 오히려 이들을 똑바로 바라보고 이들이 존재한다는 것을 인정했다. 감정적 고통과 패배감에 관련된 몸속의 모든 불쾌한 감각들, 무가치함에 대한 생각들, 내가 살아 있을 가치조차 없다고 속삭이던 끔찍한 혼잣말들, 앉아서 이 모든 것들의 존재를 인정했다. 나는 이미 노련한 명상가였으니, 이 모든 내면의 현상들을 평정심과 친절함으로 바라봐야 한다는 것을 알고 있었다. 그러나 이때는 내 수행의 깊이가 이 정도의 고통과 실패를 평정심과 친절함으로 대할 만큼에 전혀 미치지 못했으므로, 그저 이들을 인정하는 것밖에 할 수 없었다. 평정심도 친절함도 없이, 그저 인정했다.

더 성숙한 수행자가 된 지금 관점에서 돌아보자면, 당시 내가 겪은 변화의 가장 중요한 요소는 내면의 고통을 인정하려는 의지였다.

그저 그렇게 할 마음이 있다는 것만으로도 그 위력은 대단했다. 나는 모든 나쁜 것들에 직면할 의지를 표현하는 단어가 있음을 깨달았다. 그 단어는 '용기courage'다. 그것을 알지 못했던 당시, 나는 용기를 만들어내느라 그 어려운 나날을 보낸 것이었다. 그 결과, 감정적 고통에 직면했을 때 내가 낼 수 있는 용기는 눈에 보일 정도로 커졌다. 이것이 내 자신감이 급격히 늘어난 것처럼 보이는 이유다. 그것은 용기에서 나온 자신감이었다.

명상은 당신을 매력적으로 만든다

한번은 한 기자가 명상 취재와 관련해 나를 인터뷰한 적이 있다. 그는 나에게 명상의 장점들에 대해 물어봤고, 나는 그에게 많고 많은 명상의 장점을 말해주었다. 건강해지고, 스트레스가 줄어들며, 회복탄력성이 증가하고, 더 효과적인 리더로 거듭난다는 것 등. 기자는 손을 휘저으며 다시 물었다.

"그러면 명상으로 안 되는 것도 있나요?"

나는 스스로를 가리키며 대답했다.

"명상이 여러분을 섹시하게 만들어주지는 않죠."

이 대답에 우리는 둘 다 웃었다. 그러나 나중에 이 말을 곱씹어보니, 내가 전적으로 옳지는 않았다. 명상은 여러분을 매력적으로 만들 수 있다. 어떻게 그럴까? 1995년의 한 연구에서 미국, 러시아, 일본의 남녀 1,500여 명에게 가장 바라는 결혼 상대자의 조건을 물어본 바 있다.[7] 서로 다른 문화권 세 곳의 남녀 모두 대답은 바로 "친절하고 이해심 많은 성격"이었다. 즉, 친절함은 매우 매력적이라는 것이다.

다행히 친절함은 훈련으로 얻을 수 있다. 여러분은 5장에 나올 연습을 통해 매우 매력적인 배우자 후보로 거듭날 수 있다(벌써 이 책을 위한 허접한 TV 광고 아이디어가 떠올랐다. 광고에서 한 남자가 침실에 앉아 씩 웃으며 카메라에 대고 이렇게 말한다. "여자친구가 그러는데, 제가 이 책에 나오는 연습을 하고 완전히 다른 사람이 됐대요!")

매력적인 배우자 후보가 되는 것 이외에도 명상은 카리스마를 키워줘 동료들 사이에서 인기 있는 사람이 되도록 해준다. 나의 친한 친구이자 《카리스마, 상대를 따뜻하게 사로잡는 힘 The Charisma Myth》의 저자 올리비아 폭스 카반 Olivia Fox Cabane에 따르면, 카리스마는 다음과 같은 특정 행동, 즉 '존재감의 행동' '힘의 행동' '따스함의 행동'의 결과라 할 수 있다.[8] 세 가지 모두 매우 중요하다. 힘의 행동은 진정한 자신감에서 오며, 앞서 언급했듯 명상은 그러한 자신감을 키워준다.

내 생각에 존재감의 행동은 이 순간 완전히 이곳에 있는 것 그리고 나와 상호작용하는 사람과 완전히 함께하는 것과 연관된다. 마음챙김 훈련을 통해 우리는 한 순간 어느 지점에 온전히 있을 수 있다. 어떠한 순간에 온전히 존재하는 것에 대해서는 소설가 톨스토이의 단편소설 《세 가지 질문 The Three Questions》에 잘 묘사되어 있다. 소설의 내용을 간략하게 요약하면 다음과 같다.

> 한 왕이 어떤 일을 할 때 다음의 세 가지 질문을 던졌다.
> "가장 중요한 때는 언제인가?" "가장 중요한 사람은 누구인가?" "가장 중요한 일은 무엇인가?"
> 이 질문에 스스로 답할 수 있으면 옳은 방향으로 갈 수 있다고 믿는 것인데, 어느 날 왕은 한 현자를 만나 그로부터 이 질문들에 대한 답을 얻는다. 가장 중요한 때는 '지금'이다. 내가 통제할 수 있는 순간은 지금뿐이므로. 가장 중요한 사람은 지금 '내가 마주하고 있는 사람'이다. 가장 중요한 할 일은 '지금 내가 마주하고 있는 사람을 대함에 최선을 다하는 것'이다. 현자는 왕에게 이것만 명심하면 무슨 일을 하든 옳은 방향을 향할 것이라고 말한다.

강한 존재감을 갖기 위해서는 그 순간에 온전히 존재해야 하며, 내가 마주한 사람을 세상에서 가장 중요한 사람인 것처럼 최선을 다해 대해야 한다. 존재감을 위한 훈련은 그러므로 마음챙김(2, 3장)과 자비심 훈련(5장)이다. 이 두 가지를 수련하면 강한 존재감을 가질 수 있다.

따스함의 행동은 다음의 한 문장으로 정의할 수 있을 것 같다.

"여러분을 만나서 정말 기쁩니다."

누군가를 만나서 스스로 "나는 이 사람을 만나서 매우 기쁘다"라고 말하면, 그것이 얼굴과 몸에 자연스럽게 드러난다. 이로써 우리는 따스함을 투영할 수 있다. 따스함을 위한 훈련은 사랑과 친절 연습(5장)이다. 사랑과 친절 수행이 강해질수록, 힘들이지 않고 자연스럽게 따스함을 발산할 수 있다.

결과적으로, 마음챙김 훈련, 사랑과 친절 연습, 자비심 수행을 함으로써 우리는 더 큰 카리스마를 얻게 된다. 또, 모두가 여러분과 결혼하고 싶어 할 수도 있다.

행복한 사람들의 행운

마음챙김 훈련은 우리를 행운아로 만들 수 있다. 한 친구가 내 성공 비결에 관해 물어본 적이 있다. 나는 똑똑함과 근면함이라고 말하고 싶지만, 이는 전적으로 사실이 아니다. 나보다 훨씬 똑똑하고 열심히 일하는 사람들이 성공하지 못한 경우도 많다. 잘 생각해보면, 내 성공의 비밀은 한 단어로 요약될 수 있다. 행운. 내가 성공한 이유는 운이 좋았기 때문이다.

다행히도, 운이 완전히 무작위는 아니다. 내 성공을 도운 행운은 세 가지이며, 이 세 가지 중 오직 첫 번째 운만이 완전히 무작위였고 다른 두 가지 운에는 내 힘이 어느 정도 미쳤다. 다만 운이기 때문에 내가 100퍼센트 통제할 수는 없다. 이 세 가지 운은 다음과 같다.

적합한 환경에서 태어나는 것

우리 가족은 가난했지만 사랑이 가득했다. 나는 살면서 늘 먹을 것이 풍족했고(이를 위해 어머니는 배를 곯기도 했다), 집도 있었다. 하루도 전쟁을 겪거나 집이 없던 적은 없었다. 가난한 개발도상국에서 태어났지만, 내 조국은 늘 깨끗한 물과 무료 예방접종과 무상 교육을 제공해주었다. 억만장자인 워런 버핏Warren Buffett은 풍족한 환경에서 태어난 사람들을 두고 "운 좋은 정자 클럽 회원"[9]이라 칭하기도 했다. 내 탄생 및 성장 환경을 봤을 때, 나 역시 그 클럽의 회원이라고 생각한다. 이 세상에는 수백만 명의 사람들이 책은커녕 교육과 깨끗한 물에도 접근할 수 없는 환경에서 태어난다. 이 책을 읽고 있을 여러분은 최소한 나와 똑같은 운을 타고났을 가능성이 크다.

그리고 이런 운을 타고난 데 대해 내가 한 것은 아무것도 없다. 난 그저 운이 좋은 것이다. 내가 할 수 있는 것이라곤 오직 내가 살아 있는 동안 세상을 더 나은 곳으로 만들겠다고 결심하고, 이 운을 갚아 나가는 것뿐이다.

적시 · 적소에 있는 것

이런 운을 완전히 무작위라고 하기는 힘들다. 이 운은 어느 정도 노력으로 만날 수 있는데, 나는 이 운을 얻기 위해 두 가지를 했다.

하나는 기회가 생길 것에 대비해 늘 준비하는 것. 나는 늘 최선을 다해 최고의 결과를 내려고 노력한다. 1999년 내가 IBM에서 인턴 중일 때, IBM 대표 루 거스너Lou Gerstner는 시간을 내어 인턴들과 대화를 하곤 했다. 나와 같이 일하던 인턴 한 명이 그에게 성공의 가장 큰 요인이 무엇이냐고 묻자, 그는 "일과 관계없이 늘 최고의 결과물을 만들어내려던 태도"라고 대답했다. 그것이 비록 힘만 들고 티가 나지 않는 일이라 하더라도, 그 일이 승진과 아무런 상관이 없다 해도, 그는 늘 훌륭한 결과물을 만들어냈다. 이것이 계속되면 언젠가 누군가는 알게 되어 믿을 만한 사람이 필요한 중요한 일이 있을 때 누군가가 "저 루라는 사람 어때? 늘 결과물이 좋아. 저 사람에게 한번 맡겨보자"라고 이야기하게 된다. 거스너 대표는 이를 통해 승진을 하고 더욱 더 많은 책임을 맡게 됐다고 말했다. 내 경험에 따르면, 그의 말은 사실이다.

다른 하나는 언제나 내 개인적인 성장을 대단한 결과보다 우선시하는 것. 내가 구직 중이던 2000년 초는 닷컴 붐의 정점에 있었다. 엔지니어링 학위가 있는 사람은 누구나 실리콘밸리에 취업할 수 있었다. 당시 수상 경력이 있는 소프트웨어 엔지니어이자 최고 대학에서 올A 학점을 기록했던 나는 원하는 곳 어디에든 들어갈 수 있었지만, 작고 수익도 내지 못하던 어느 스타트업에 취업하기로 했다. 바로 구글이라는 요상한 이름을 가진 기업이었다. 왜냐고? 나는 살면서 조직에서 내가 최고로 똑똑한 사람이기를 바란 적이 없다. 그런 조직에서는 배울 것이 없기 때문이다. 그러므로 나의 개인적인 성장을 극대화하기 위해서는 나보다 훨씬 똑똑해 보이는 사람들이 일하는 회사에 들어가야 했고, 그것이 바로 구글이었다. 맙소사, 내 판단은 정확했다.

그러고 나서는 기회가 있을 때마다 용감하게 그것에 달려들곤 했다. 큰 기회를 활용하기 위해 때로 우리는 중요한 변화를 거쳐야 하는데, 그건 참 무서운 일이다. 나의 친한 친구이자 주니퍼네트웍스 Juniper Networks의 전 CEO인 스캇 크리언스 Scott Kriens는 이처럼 중요한 변화를 겪는 것을 공중그네 사이로 날아다니는 것에 비유했다. 어느 순간 공중그네에서 손을 놓고 그 어떤 지지대 없이 공중에 떠 있어야 하는 순간이 온다. 그럴 의지가 없는 사람은 절대 공중그네를 탈 수 없다. 중요한 기회를 잡는 것은 종종 안전하고 편안한 것을 내려놓고 매우 불편한 미지의 세계로 들어가야 함을 의미하기도 한다. 여기에는 두 가지 요소가 필요하다. 스스로를 불편한 상황에 들여놓을 수 있는 자신감과 자신의 가치, 우선순위, 삶의 목표에 대한 명확한 깨달음이 그것이다.

2007년 말 내가 구글에서 엔지니어로 근무할 때 나는 개인 시간에 내면검색 프로그램이라는 마음챙김 기반의 정서지능 커리큘럼 개발을 주도한 적이 있다. 몇 달 후, 일반 기업의 인사부서에 해당하는 구글의 '사람운영부 People Operations Department'는 내가 내면검색 프로그램에 전념하도록 새로운 일자리를 제안했다. 나는 구글 역사상 처음으로 사람운영부에 들어간 엔지니어가 될 참이었다. 개발 부서에서 평생을 들여 쌓은 전문성으로 존경받는 개척 멤버였다. 반면 사람운영부에서는 HR(인적 자원)에 대해 아는 바가 전무한, 의심스럽기 짝이 없는 굴러온 돌에 불과했다. 그리 어리지도 유연하지도 않은 나이 서른일곱에 나는 전문적 기술, 네트워크, 자격, 신뢰성 등 모든 것을 다시 쌓아야 했으니, 당연히 이 제안을 거절해야 마땅했다. 그러나 제안을 받고서 나는 내 가치관을 다시금 확인했으며, 내가 코딩을 즐기긴 하지만 내가 추구하는 가치는 전 세계가 내면의 평화, 내면의 기쁨과 자비에 도달하는 데 있음을 깨달았다. 구글의 사람운영부는 내게 정확히 그 기회를 준 것이었다. 나는 숨을 참고 다른 공중그네로 뛰어올랐다.

시간이 흘러 2012년 즈음 나는 구글에서 마음챙김을 대중화하고 기업 환경에 마음챙김을 도입한 인물로 세계적인 인정을 받게 되었다. 내 결정이 맞았던 것이다.

살다 보면 기회는 꽤 자주 찾아오지만, 우리는 그것을 잡을 준비가 되어 있지 않거나 의지 없이 그 기회를 놓쳐버리곤 한다. 많은 사람에게 일어나는 일이다. 그러나 기회를 잡을 준비가 되어 있고 늘 성장하려 노력하고 최선을 다하다 보면, 자신의 목적이 무엇인지를 알게 되고, 자기 앞에 나타난 기회에 응답할 용기를 갖추게 된다. 우리는 그 기회를 활용하게 될 것이고, 그 기회는 우리를 바꿀 것이다.

주변 사람들은 우리가 어떻게 그리 늘 적시, 적소에 존재할 수 있는 지, 어떻게 그런 일이 그렇게 자주 일어나는지를 궁금해할 것이다. 사실 기회가 우리에게 더 자주 찾아오는 것은 아니다. 단지 우리는 기회를 만날 때마다 그것을 실제로 활용할 줄 알고, 그렇게 할 뿐이다. 이를 위해 필요한 기술이라면 우리에게 명확한 목적을 주는 자의식, 어느 나이에라도 배울 수 있다는 것을 아는 자신감, 불쾌한 상황에서도 일을 훌륭하게 해낼 수 있는 회복탄력성 그리고 "공중그네 사이로 뛰어들어" 편치 않은 상황에 돌진할 수 있는 용기 정도다. 이 모든 기술이 이 책에 나온 마음 훈련으로 향상될 수 있다.

좋은 사람들에게 둘러싸여 있는 것

나는 늘 나를 도와주고 싶어 하는 좋은 사람들에게 둘러싸여 있고, 이것이 나의 성공을 이끌었다. 내 명상 훈련에 도움이 필요하자, 잭 콘필드Jack Kornfield나 신젠 영 같은 서양 최고의 명상 멘토들이 바쁜 일정에도 불구하고 명상을 가르쳐주겠다고 제안했다. 우리 팀이 내 면검색 프로그램을 짜고 있을 때, 실제로 감성 지능에 관한 책을 저술하기도 한 대니얼 골먼Daniel Goleman 같은 멋진 사람들이 조언을 해주고 도움을 주었다. 이후 데스몬드 투투Desmond Tutu 대주교와 여섯 명의 노벨평화상 수상자로부터 노벨평화상 후보 추천을 받기도 한 캠페인 '10억 개의 평화운동 One Billion Acts of Peace' 자원봉사팀을 구글에서 꾸려야 했을 때에도, 약 100명 정도가 지원했다. 지금의 내

성취는 모두 이전의 것들이 쌓이고 많은 이들이 도와주어 가능한 것이다. 내 성공은 마음씨 좋고 뛰어나며 많은 유능한 이들이 나에게 큰 도움을 줬기 때문에 가능한 것이었다. 이들의 친절함과 관대함의 수혜자가 나였다는 것이 큰 행운으로 느껴진다.

다시 말하지만, 나는 이런 행운이 완전히 우연한 것이라고는 생각하지 않는다. 세 가지가 큰 도움이 됐다.

첫 번째는 사람들을 애정으로 대하는 것이다. 나는 내가 만나는 모든 사람들을 사랑 가득한 친절함을 가지고 대한다.

두 번째는 사람들의 존중을 얻어내는 것이다. 나는 도덕적으로 행동하고, 훌륭한 결과물을 내기로 한 약속을 존중하며, 평정심을 바탕으로 한 자신감을 수행하여 다른 이들의 존경을 받는다. 여기서 가장 중요한 것은 어쨌든 한층 더 고차원적인 선the greater good을 지속적으로 갈망하는 것이다. 자비심을 수련하고 주위 사람들과 그 밖의 사람들에게 선을 행하고자 한다면, 주위 사람들이 늘 우리를 사랑하고 도우려 할 것이다.

행운에 도움이 되는 세 번째 필수 요소는 친절에 대한 사랑 그리고 자비심이다. 다행히도 이 둘은 모두 훈련으로 습득할 수 있으며, 이에 대한 자세한 설명은 5장에서 다룬다.

'운은 스스로 만드는 것'이란 말이 있다. 불행하게도 이 말은 종종 누군가의 불운이 그 스스로의 탓이란 뜻으로 해석되곤 한다. 운이 작용하는 방식은 그렇지 않다. 운의 모든 측면을 통제할 수 있다면,

운이라는 단어는 필요치 않을 것이다. 그러나 자기이해, 자신감, 용기, 사랑과 친절, 자비심 같은 몇몇 특징은 훈련할 수 있으면서도 행운의 가능성을 크게 늘려준다. 이러한 성질은 또한 모두 기쁨의 영역과 함께 오는 것이다. 그러므로 이 책에 나온 훈련을 실제로 수행하다 보면, 더 많은 기쁨을 경험할 수 있을 뿐만 아니라 운까지 좋아질 것이다. 내가 보장한다.

부디 마음 훈련이 주는 수많은 이점들을 기대하면서 이 책을 끝까지 읽고 싶어 안달이 났길 바란다. 나는 여러분이 이 기쁨의 여정을 시작한다는 점이 매우 흥분된다. 앞으로 나올 장에서 여러분을 기다리고 있는 것은 차분함, 명료함, 회복탄력성, 자기인식, 창의력, 자신감, 친절함, 카리스마, 행운 그리고 물론 기쁨이니까.

2장

Joy on Demand

단지 한 호흡으로?
농담이시겠죠

—— 한 호흡에 기쁨을 맞이하는 방법 ——

"숨 한 번 쉬고 얻는 것은
모두 보너스라고."

만약 마음 훈련이 그렇게 좋다면, 왜 사람들은 마음 훈련을 매일 하지 않는 것일까?

그 이유 중 하나는 마음 훈련이 일단 시작하기가 매우 힘들 수 있다는 것이다. 성공적으로 시작했다 해도 지속하기가 쉽지 않다. 다행히도 이러한 문제들은 해결 가능하다.

다시 몸 단련 비유로 돌아가 보자. 운동이 좋다는 것은 누구나 안다. 그리고 대부분의 남자들은 근육질 몸매를 원한다. 그럼에도 모든 남자들이 근육질 몸매를 갖지 못한 데는 아주 간단한 이유가 있다. 그런 몸매를 갖기가 정말 힘들다는 것이다. 고된 운동을 수천 시간을 들여 해야 하는데, 보통 남자들은 그런 고된 훈련을 좋아하지 않는다. 다행히도 건강한 신체의 놀라운 이점들을 누리기 위해 반드시 근육질 몸매를 가져야 하는 것은 아니다. 삶을 바꿀 정도의 건강한 신체를 만들려면 일주일에 세 번, 20분씩만 운동해도 된다. 물론 이조차도 많은 사람에게는 힘든 일이다.

매년 많은 사람들이 신년 계획에 운동을 적어 넣는다. 그들은 헬스장에 가거나 조깅을 시작한다. 며칠, 길게는 몇 주가 지나면 사람

재미없고 지루하고 힘든 운동을 하기엔 사람들이
너무 바쁘거나, 피곤하거나, 뭐 그런 거다.

들은 쓰린 몸을 안고 포기하기 시작한다. 반면 운동을 지속하는 사람들은 자신의 몸이 점점 운동에 알맞게 변한다는 것을 느낀다. 2주 정도가 지나면 더는 근육통이 느껴지지 않으며, 7~8주 차에 접어들면 운동이 삶을 변화시킨다는 것을 깨닫는다. 운동을 지속한 사람들은 이전보다 더 건강하고 활력이 넘치며, 더 멋진 외모를 갖게 되고, 자존감이 높아진다. 그리고는 무슨 일이 생길까? 몇 달 후가 되면 많은 사람들이 점점 운동을 줄인다. 운동을 위한 식이요법도 줄인다. 왜일까? 바로 '시간이 없어서'다. 재미없고 지루하고 힘든 운동을 하기엔 사람들이 너무 바쁘거나, 피곤하거나, 뭐 그런 거다.

어떻게 해야 할까? 최소한 두 가지의 명확한 해결책이 있다. 첫 번째 해결책은 함께 하는 것이다. 헬스장 친구나 러닝메이트처럼 함께 운동할 사람이 있으면, 꾸준히 운동할 가능성이 커진다. 두 번째 해결책은 운동을 일상생활에 녹여내는 것이다. 출퇴근 시 자가용보다 자전거를 이용하면 일상적인 출퇴근이 일상적인 운동이 된다. 혹은 좀 덜 유난스러운 방법으로 엘리베이터 대신 계단을 이용할 수도 있다. 이 경우 주중에도 어느 정도 운동을 할 수 있다(다만 이는 고층 빌딩으로 가득한 맨해튼 지역보다는 층수 낮은 건물이 많은 실리콘밸리에서 훨씬 쉬울 수 있다).

그러나 가장 확실하면서도 가장 중요한 해결책이 있다. 바로 '기쁨'이다.

운동에 기쁨을 녹여내는 것은 두 단계로 이뤄진다. 첫 단계는 자연스러운 확대다. 초기에는 훈련받는 사람을 자연스럽게 운동 요법으로 인도한다. 이 단계에서 가장 중요한 것은 목표에 현명하게 친숙해지도록 하는 것이다. 노련한 훈련관은 처음부터 너무 강하게 훈련시키지 않는데, 이는 훈련자들에게 심리적 저항이 생길 수 있기 때문이다. 또한 훈련이 너무 쉬워서 의미 있는 효과가 보이지 않는다면, 이 역시 소용이 없다. 훈련관은 운동이 효과를 내는 최소한의 훈련 강도에 대해 이해해야 하며, 이보다 살짝 높은 수준으로 훈련시키되, 이보다 너무 강도를 높여선 안 된다. 이로써 훈련이 시작 단계에 효과를 드러낼 수 있고, 훈련자는 자연스럽게 운동에 익숙해지며 점차 훈련 강도를 높일 수 있다. 이를 위해서는 무엇보다 훈련 과정을 제대로 이해해야 한다.

운동에 기쁨을 더하는 두 번째 단계는 재미있게 하는 것이다. 운동이 재미있다면 사람들은 기꺼이 운동을 할 것이며, "시간이 없어서"란 말은 하지 않을 것이다. 사람들은 재미를 위해서라면 기꺼이 시간을 내기 때문이다. 이런 해결법을 한 단어로 표현할 수 있다. 바로 '스포츠'다. 사람들이 테니스를 치고, 농구를 하고, 그 외 다양한 스포츠를 즐기는 것은 재미있기 때문이며, 이를 즐기는 과정에서 사람들은 자연스럽게 운동을 한다. 만약 스포츠를 발명한 것이 우리 엔지니어라면, 우리는 그것을 '게임화된 운동'이라고 불렀을 것이다. 즉, 운동을 지속하게 하려면, 운동을 쉽고 재미있게 만들어 사람들이 운동하는 것을 기뻐하게 만들면 되는 것이다.

마음 훈련에도 비슷한 문제가 있는데, 이 문제들 역시 유사하게 풀어나갈 수 있다. 매년 명상의 놀라운 이점을 접하고, 이를 시도해 보기로 마음먹는 사람들이 많다. 그들은 그러다 며칠 혹은 몇 주 후에 너무 어렵다고 포기하곤 한다. 명상에 대한 감을 잡고 지속적으로 명상하는 사람들은 이 훈련이 삶을 바꾸는 효과가 있다는 것을 깨닫기 시작한다. 더 차분해지고, 더 집중하고, 더 기쁘며, 더 친절하고, 스스로를 더 긍정적으로 바라보게 된다. 그리고 어떻게 될까? 몇 달 후가 되면, 역시 대부분 수행을 줄여나간다. 왜? '시간이 없어서'다. 재미없고, 따분하고, 힘든 명상을 계속 해나가기에 너무 바쁘거나, 피곤하거나, 뭐 그런 거다.

지속적인 운동을 위한 세 가지 해결책이 여기에도 똑같이 적용될 수 있다. 역사적으로 사람들은 함께 명상하고 서로의 수행을 도왔다. 이것이 현대에 와서는 유용하지 않았던 것 같다. 명상이 제 기능을 하려면 하루에 20분가량 그것을 수행하는 것이 좋은데, 현대사회에서는 친구를 매일 20분씩, 그것도 맥주 없이 만나기란 쉽지 않기 때문이다.

따라서 명상을 일상생활에 녹여내는 것이 가장 기본적인 해결법이다. 우리는 이것을 '약식 수행informal practice'이라고 부르는데, 예를 들면 화장실에 갈 때 마음 수행을 하거나, 컴퓨터 부팅을 기다리면서 마음을 다스리는 호흡을 한다거나 하는 식이다. 약식 수행은 이점이 매우 많지만, 내 경험에 따르면 정식 정좌 수행formal sitting practice의 엄격함이 없기 때문에 정좌 수행을 대체할 수는 없고 보완만 가능하다. 약식 수행으로 명상을 하려는 것은 마치 공원 산책을 하면서 힘을 기르려는 것과 같다. 공원 산책이 건강에 좋긴 하지만, 힘을 기르기에는 턱없이 부족한 것처럼 말이다.

이때 기쁨은, 운동을 유지하기 위해서와 마찬가지 이유로 그 자체로 강력한 해결책이 된다.

모든 명상가의 수행에는 내가 '기쁨의 경지Joy Point'라 부르는 단계가 존재한다. 이 단계에서는 수행자가 최소한 명상을 하는 동안은 내면의 평화와 기쁨에 믿고 접근할 수 있다. 어떤 명상가의 수행이 일정한 깊이에 도달하면, 그는 언제든 원할 때, 최소한 명상을 하는 동안에는 내면의 평화에 이를 수 있다. 그렇게 도달한 내면의 평화 상태가 기쁨이 발생하는 환경을 만든다. 그러므로 충분히 훈련만 하면, 명상가는 필요할 때마다 내면의 기쁨에 이를 수 있다.

물론 주의사항도 있다. 어떤 사람은 기쁨을 평화보다 더 강하게 느끼고, 어떤 사람은 평화를 기쁨보다 더 강하게 경험한다. 즉 어떤 측면이 더 강한지는 서로 다를 수 있다. 그러나 확실한 것은 둘 다 존재한다는 것이다. 게으른 나는 이것을 '평화와 기쁨의 경지'라고 하지 않고 그냥 '기쁨의 경지'라고 부른다.

여기서 가장 중요한 것은 스스로 지속할 수 있는 추진력이다. 기쁨의 경지에 도달한 사람은 기쁨과 노련함의 선순환으로 계속 나아갈 수 있다. 이제 내면의 평화와 기쁨에 안정적으로 도달할 수 있는 요령이 있으니, 그의 수행은 기쁨으로 더 가득 찬다. 이 때문에 더 수행을 열심히 해서 더 노련해지면, 그의 수행은 더욱 즐거워진다. 이 경지에 도달하면 그는 《너의 내면을 검색하라》저자에게 명상 훈련을 꾸준히 하기 힘들다고 불평하는 것을 그만두게 될 것이다.

가장 중요한 의문은 이 기쁨의 경지에 어떻게 빨리 도달할 수 있는가다. 이 문제를 생각하면서 내가 깨달은 것은, 마음 훈련을 하면서 기쁨을 얻기 위해 노력하는 것이 아니라 기쁨을 안고 가는 게 그 해결책이 될 수 있다는 것이었다. 즉, '기쁨이 몇 년 후에 오겠지' 하고 불확실하게 기다리기보다 처음부터 그것으로 시작한다는 것이다. 희소식은, 기쁨과 명상의 선순환은 매우 적은 노력만으로 시작될 수 있다는 것이다. 어느 정도의 적은 노력이냐면, 약 100분의 수행 정도인데, 이는 샌프란시스코-라스베이거스 노선 비행 시간, 파이를 만드는 데 드는 시간 정도다. 이번 장에서 이에 대해 알아갈 것이다.

걱 정 마 세 요 ,
게 을 러 지 세 요

게으름을 두려워하지 마라. 어떤 이들은 게으름을 타고나고, 어떤 이는 살면서 게을러지며, 어떤 이들은 갑자기 게으름의 잠재력이 터지기도 한다.

명상에 기쁨을 적용하는 첫 단계는 이완이다. 이 단계에서는 수행으로 서서히 들어서며 명상이 꼭 힘들기만 한 것은 아니라는 깨달음에 도달한다. 사실 명상은 매우 쉬울 수 있다. 일단 이완에 들어가면, 그 아늑함에 기쁨이 생겨난다. 그 기쁨을 누리는 동안 마음은 더 안정되며 편안함이 확실하게 자리 잡는 선순환이 이루어진다. 때문에 이완이 기쁨을 확립해 이를 명상에 적용하는 첫 단계인 것이다.

그러면 이 이완 상태에 도달하려면 어떻게 해야 할까? 당연히 게으름이 시작이다. 아무 게으름이나 되는 것은 아니고, '현명한 게으름'이어야 한다.

구글은 세계 최고의 엔지니어들을 채용한다. 나는 농담 반, 진담 반으로 게으른 엔지니어를 채용하고 싶다고 말한다. 게으른 엔지니어야말로 늘 가장 효율적인 문제 해결법을 찾아내기 때문이다. 그러나 이것이 효과적이려면 아주 특정한 방식으로 게을러야 한다. 일단 동기 부여가 되어 있어야 하며, 능력이 있어야 한다. 이들은 좋은 결과를 내고 싶어 하지만 게을러서 불필요한 일을 하지 못하기 때문에, 목표 달성을 위한 가장 쉬운 방법을 찾기 위해 시간을 들여 시스템을 통찰한다.

이것이 현명한 게으름이다. 굳이 결과의 질을 떨어뜨리지 않고서도 편안한 상태를 극대화하기 위해 통찰력과 지혜를 사용하는 것, 그래서 여러분 스스로와 주변사람들이 그로부터 이득을 보는 것. 이와 같은 현명한 게으름을 나는 명상 훈련의 과정에 적용하고 싶다. 왜냐하면 나는 게을러지기 위해 밤낮없이 노력하기 때문이다.

얼 마 나 지 나 야
효 과 가 느 껴 질 까 ?

많은 초심자들의 명상 관련 질문 중 굉장히 중요한데도 제대로 된 대답을 얻지 못하는 질문이 있다. 바로 이것이다.

"의미 있는 효과가 나타나려면 얼마나 수행을 해야 하나요?"

내 경험에 의하면, 명상 지도자들은 "그런 생각 말고, 그냥 앉으세요"라는 말을 다양하게 바꿔서 한다. 초심자였을 때는 그 대답이 너무 거슬렸다. 왜 그냥 직설적으로 말하지 못하는 것일까? 돌아보면,

그 이유 중 하나는 명상 훈련이 의미 있는 효과를 내려면 의욕이 꺾일 만큼 긴 시간이 필요하다고 지도자들이 믿기 때문인 것 같다. 그래서 그들은 우리 수행자들이 목적지를 염두에 두는 것을 원치 않는 것이다. 그들은 아마도 너무 친절해서 이런 말을 하지 못한 것 같다.

"아마도 1년쯤일 겁니다. 그런데 멩, 당신에게는 10년쯤이요."

많은 사람들, 특히 지도자들과 수행자들은 명상 훈련으로 의미 있는 효과를 얻기 위해 오랜 시간이 걸릴 거라고 생각한다. 이런 생각은 문화적인 배경에서 나온 것 같다. 지난 몇천 년간 명상의 가르침이 이뤄진 곳은 대부분 모든 명상가들이 수년간 전념하며 명상을 해온 문화권이었다. 그렇기 때문에 명상 훈련 프로그램들은 시간은 많고 할 일은 많지 않아 전적으로 수행에 힘쓰는 이들에게 최적화되어 있다. 그들의 수행은 마음을 다스리는 가장 심오한 단계에 이르는 것을 목적으로 한다. 그 대상과 목적이 수천 년간 변치 않고 전해져 왔으니, 명상은 오랜 시간 전념해서 해야 하는 것이라고 지레짐작하고 그 짐작에 대해 아무도 의문을 제기하지 않은 것이다. 나처럼 여유 시간이 없는 게으른 엔지니어가 명상을 배우기 시작할 때까지 말이다. 일 잘하는 엔지니어들이 하는 가장 중요한(그리고 짜증 나는) 일이 무엇인가? 바로 짐작에 의문을 제기하는 것이다.

'명상 효과가 나타나는 데는 오랜 시간이 걸린다'란 가정에 내가 처음으로 의문을 제기하게 된 것은 '마음챙김에 기반한 스트레스 감소Mindfulness-Based Stress Reduction, MBSR' 프로그램이나 '내면검색 프로그램'과 같은 마음챙김 기반의 명상 수업에 참가한 학생들이 불과 훈련 7~8주 만에 삶이 변하고 있다고 말하는 것을 듣고 나서다. 이 관찰을 바탕으로 대략적인 계산을 해본 후, 나는 삶을 변화시킬 정도의 대단한 효과를 경험하는 데 필요한 명상 수행은 많아도 100시간 정도라는 결론에 도달했다.

이후 사람들이 나에게 명상 수행으로 삶이 변화하기 시작하려면 얼마나 걸리느냐는 질문을 할 때마다 나는 "약 100시간 정도입니다"라고 대답하곤 했다. 요즘에는 같은 질문을 받으면 "50~100시간 정도입니다"라고 대답한다. 왜냐고? 달라이 라마가 비슷한 질문에 이렇게 대답했기 때문이다.

"약 50시간입니다."

내가 대답을 정정한 이유는 나와 달라이 라마의 답이 모두 맞았으면 하기 때문이다.

놀라운 일은 이 뿐만이 아니었다. 명상 효과는 수행이 50시간에 도달하기 훨씬 전부터 느낄 수 있다. 2007년 중국 과학자인 Y. Y. 탕 Y.Y. Tang은 100분의 명상만으로 측정할 수 있는 수준의 변화를 충분히 얻을 수 있음을 밝혀냈다.[1] 100분이라니! 1,000시간도, 100시간도 아니고, 심지어 2시간도 안 되는 시간에! 와우.

탕의 100분 이론을 뒷받침하는 연구가 비교적 더 최근인 2013년 발표됐다.[2] 이 연구에서 마음챙김 명상을 하루에 10분씩 2주간, 총 140분 동안 수행한 학생들은 GRE(미국 등 영어권 국가 대학원에 입학

하려는 이들을 평가하는 시험 – 옮긴이) 점수가 올라갔다. GRE 점수 올리는 데 2시간 20분이라니. 벌써부터 타이거맘들이 이 말을 듣고 자녀들을 마음챙김 명상 수업에 등록시키러 뛰쳐나가는 모습이 눈에 선하다.

앗, 잠깐. 15분이면 효과를 보는데, 누가 140분씩이나 들일까? 또 다른 2013년 연구에서는 마음챙김 명상을 15분만 해도 수행자의 매몰비용 편향(환불되지 않는 영화표를 샀다는 이유로 보고 싶지 않은 영화라도 보러 가는 것 같은 일을 뜻한다)에 대한 취약성이 감소하며, 더 나은 의사 결정을 할 수 있음이 드러났다.[3]

심지어 더 좋은 소식이 있다. 마음 훈련에 아주 짧은 시간만 투자해도, 후성적인 변화를 이끌어낼 수 있음이 밝혀진 것이다. 내 벗이자 명상뇌신경과학 분야의 개척자인 리처드 데이비드슨Richard Davidson이 2013년 발표한 획기적인 연구에서는 숙련된 명상가들이 8시간의 집중적인 명상을 수행한 후 유전자 발현이 변화하기 시작했다는 사실이 드러났다.[4] 더 정확히 말하자면, 염증 유발 유전자의 발현이 감소했다. 염증 유발 유전자의 감소는 스트레스 상황에서 얼마나 빨리 신체가 회복하느냐와 관련이 있다. 입이 떡 벌어지지 않는가?

이 모든 데이터와 내면검색 프로그램 참가자들의 경험을 바탕으로, 나는 명상의 숙련도가 다른 복잡한 활동의 숙련도와 같은 속도로 계발된다는 믿음에 도달했다. 피아노 연주를 예로 들어 보자. 매우 간단한 곡을 연주하려면, 연습하는 데 한두 시간가량이 걸릴 것이다. 간단한 곡을 연주할 수 있게 되면, 완전한 음악을 연주한 경험이 하나 생기는 것이다. 만세!

그렇다. 우리가 아는 것이라곤 고작 한 곡의 연주법이다. 그러나 그것은 의미 있는 일이며, 우리의 음악적 능력이 객관적으로 측정될 수 있는 방향으로 향상된 것이다. 그러나 한 곡 연주를 익히는 걸 넘어서 여러 간단한 곡을 연주할 수 있게 되는 데는 이보다 훨씬 더 많은, 약 50~100시간 정도가 걸린다. 그쯤 되면 여전히 피아노를 잘 친다고는 할 수 없어도 피아노를 칠 줄은 안다고 말할 수 있다. 이보다 뛰어나게 잘하기 위해, 이를테면 동네 교회에서 정기적으로 연주를 해달라고 부탁받는 수준이나 이웃 아이에게 피아노를 가르쳐 달라고 부탁받는 수준에 도달하는 데는 훨씬 긴 시간이 걸린다. 심포니 오케스트라와 협연할 정도의 정통한 수준에 도달하는 데는 정말 많은 시간의 연습이 필요하다. 《아웃라이어*Outliers*》의 저자 말콤 글래드웰Malcolm Gladwell은 이 시간을 1만 시간으로 잡는데, 나는 이것이 대략 맞다고 생각한다. 어쨌든 높은 수준에 도달하기 위해서는 수년간의 연습이 필요하다.

명상 훈련에 걸리는 시간도 이와 비슷하다. 간단한 노래 한 곡을 피아노로 연주하는 것처럼, 의미 있는 효과를 누릴 정도의 기본 수준에 도달하기 위해서는 몇 분에서 몇 시간 정도가 걸린다. 앞서 언급한 연구는 약 15분에서 2시간 정도의 수행 이후에 의미 있는 수준의 효과가 나타난다고 주장한다(물론 어떤 효과는 다른 효과보다 나타나는 데 시간이 더 걸리기도 한다). 그러나 이 정도의 수행은 삶을 변화시킬 수준의 명상에는 부족한 시간이다.

삶에 변화가 느껴질 정도의 명상에는 50~100시간의 수행이 필요하다. 그 단계에 이르면, 명상 중에 꽤 자주 평화나 기쁨의 달콤함을 느낄 수 있고, 고통스러운 경험 후 원래 상태를 충분히 회복할 수 있으며, 명상 수행이 일상생활에 영향을 미친다는 것을 느끼게 된다. 어떤 이들에게 이 경험은 인생을 바꿀 만큼 놀라운 것이다. 또 다른 이들은 최소한 명상이 어떻게 삶을 변화시키는지 이해하게 된다.

만약 일반적인 상황에서 명상 중 95~99퍼센트 수준의 평화와 기쁨에 이를 만큼 그리고 어려운 상황에서 최소 50퍼센트 이상 마음을 다스릴 수 있을 만큼 명상에 능숙해지려면, 약 1,000~2,000시간의 수행이 필요하다. 그렇기 때문에 나는 모든 내면검색 프로그램 지도 자들이 2,000시간 이상의 명상 수행을 하길 바란다. 그들이 모두 명상의 대가일 필요는 없지만 최소한 명상에 매우 능숙했으면 한다. 명상의 대가가 되려면 수천 시간의 수행이 필요하다. 정확히 어느 정도의 시간이 필요한지는 알 수 없지만, 약 1만 시간 정도가 적당해 보인다. 그러나 이 시간 역시 변수가 많은, 매우 대략적인 예상일 뿐이다.

어쨌든 중요한 것은 명상을 마스터하는 데 매우 긴 시간이 걸리지만, 명상을 통해 삶의 변화를 경험하는 데는 비교적 짧은 시간이 걸린다는 것이다. 그런 면에서 명상은 '부시넬의 법칙Bushnell's Law'에서 벗어나지 않는다.

부시넬의 법칙은 비디오 게임회사인 아타리^{Atari}의 창립자 놀란 부시넬^{Nolan Bushnell}의 이름에서 따온 것으로 "최고의 게임은 모두 배우기 쉬우나, 마스터하기는 힘든 것"임을 골자로 한다. 이에 따라 오직 뻔뻔하고 게으른 엔지니어만이 할 수 있는 질문에 도달할 수 있다. 효과(어떤 효과든)를 느끼는 데 필요한 최소한의 명상은 어느 정도일까? 내 답은 이렇다. 단지 한 호흡.

단지 한 호흡으로?
농담이시겠죠

농담이 아니다. 자, 어디 한번 당장 해보자. 이보다 쉬울 수는 없다. 진짜다.

정식 연습: 마음챙김 한 호흡

눈은 떠도 되고 감아도 된다. 천천히 숨을 한 번 쉬자. 그 숨이 지속되는 동안 모든 주의를 호흡에 집중하라. 부드럽게 완전히 나의 호흡을 느끼는 데 집중하면 끝이다. 더 자세한 방법을 원한다면, 이렇게 해보자. 숨을 쉬면서 주의를 코나 배로 돌려 집중해보라.

강의실에서 이 연습을 지도할 때 나는 모든 참가자들에게 방금 잘난 척할 만한 일이 일어났다고 농담하곤 한다. 여러분은 명상 수업을 하는 내내 호흡 한 번에까지 주의를 놓치지 않고 완전히 집중한 것이라고. 어쨌든 숨을 한 번 쉬고 나면, 그 전보다 훨씬 차분하고 이완된 기분을 느끼게 된다. 바로 그 첫 호흡으로 어느 정도의 효과를 본 것이다.

짧은 호흡 한 번으로 차분함과 편안함을 느끼는 데는 생리학적인 이유와 심리적인 이유가 있다. 생리학적 이유는 이렇다. 마음챙김을 위한 호흡은 느리고 깊은 경향이 있는데, 이 호흡은 미주신경을 자극해 부교감 신경 체계를 활성화시킨다. 이로 인해 스트레스가 감소하고, 심장 박동과 혈압이 내려가 차분함을 느끼게 되는 것이다. 심리적인 이유는 이렇다. 모든 주의를 호흡으로 돌리면 그 호흡이 지속되는 동안 온전히 현재에 있게 된다. 후회의 감정은 과거의 것이며, 걱정과 우려는 미래의 것이다. 이 때문에 현재에 충실한 상태가 되면 후회와 우려로부터 일시적으로 자유로워진다. 후회와 걱정은 무거운 짐과 같으며, 호흡이 지속되는 그 짧은 순간이라도 걱정과 후회로부터 자유롭다는 것은 그 짐을 잠시 내려놓는 것과 같다. 이로써 몸과 마음이 휴식과 회복의 귀중한 순간을 누리게 되는 것이다.

이 휴식하고 회복하는 능력이 때로는 완전히 다른 결과를 가져다주는 계기가 될 수 있다. 테니스 광팬인 내 친구 한 명은 최고의 테니스 선수와 평범한 테니스 선수를 가르는 가장 중요한 차이가 포인트와 포인트 사이 10~15초간 몸과 마음을 완전히 재시작하고 차분하게 만들 수 있는 능력에 있다고 말했다. 다음 포인트가 시작되면 그들의 몸 상태는 그전 포인트가 끝나갈 때보다 훨씬 안정적이어서 좋은 경기를 지속할 수 있다는 것이다. 그렇게 그랜드슬램도 달성하게 되는 셈이다.

나는 이 통찰력이 놀랍다고 생각했지만, 최고의 테니스 선수와 접촉할 방법이 없어 이를 오랫동안 증명하지 못했다. 그러던 어느 날, 역사상 가장 뛰어난 테니스 선수 중 하나인 노박 조코비치Novak Djokovic를 운 좋게 만나게 됐고, 그에게 이 주장이 사실이냐고 물었다. 그는 그렇다고 말하면서, 본인 수준의 선수에게는 테니스가 더는 신체적 경쟁이 아닌 정신력 대결이라고 말했다. 그리고 이 정신력 대결의 핵심은 어떤 일이 일어나도 차분함을 유지할 수 있는 능력이라고 했다. 만약 역사상 최고의 테니스 선수가 되고 싶다면, 이제 어떻게 해야 할지 알 수 있을 것이다.

부드럽고 강렬하게

마음챙김 한 호흡One Mindful Breath만으로 어떤 상황에서도 효과를 볼 수 있다. 그러나 이 효과를 최대한 활용하고 한 호흡이 제대로 효과를 내길 원한다면, '부드러운 태도'와 '강력한 주의력'이라는 두 가지 핵심 요소의 도움을 받는 것이 좋다.

강렬하고 부드럽게 주의를 집중시키는 것은 마치 부모가 아이를 바라보거나, 강아지가 주인을 바라보는 것과 비슷하다. 매우 강하게 집중하지만, 그 주의는 부드럽고 자연스럽다. 이러한 강함과 부드러움을 명상 대상, 바로 여기서는 호흡에 집중시키는 것이다. 마치 작은 새 한 마리를 손에 쥔 것처럼 부드럽게 말이다. 이때 우리의 악력은 손 안의 새를 죽이지 않을 정도로 부드러워야 하지만, 동시에 새가 손을 빠져나가지 않을 정도로 견고하고 강해야 한다.

어떤 사람은 이러한 부드러움을 자연스럽게 경험하지만, 부드러움이 자연스럽게 느껴지지 않는다고 해서 걱정할 필요는 없다. 부드러움에 이르는 세 가지 방법 중 아무것이나 활용하면 된다.

첫 번째는 신체적 이완이다. 좋아하는 의자에 앉거나 조깅을 하거나 목욕을 하는 것처럼 신체가 이완되는 듯한 느낌을 주는 상황을 만드는 것이다. 몸이 이완되면, 그 느낌에 집중함으로써 마음이 그 느낌에 익숙해지도록 만들어라. 이완이 느껴지면, 부드러움은 자연히 따라온다.

두 번째는 정신적 이완이다. 어떻게 하느냐에 따라 명상은 매우 쉽다는 것을 명심하라. 특별한 행동을 하지 않아도 우리는 그저 자신의 호흡을 의식하게 되는데, 이는 자연스럽게 발생한다. 더 나은 방법은 호흡 한 번이 지속되는 동안만 호흡을 의식하는 것이다. 너무나 쉬워서 나도 할 수 있다. 급히 가야 할 곳도, 급히 해야 할 일도, 급히 달성해야 할 목표도 없다. 이러한 이완감이 느껴지면, 부드러움은 자연히 따르게 된다.

세 번째 방법은 사랑과 친절의 마음을 갖는 것이다. 생각해보라.

부모가 아이를 그윽하게 응시하는 데 별다른 노력이 필요 없는 이유는 사랑과 친절이 이미 가득하기 때문이다. 이러한 사랑과 친절을 자기 자신이나 호흡 혹은 현재의 순간에 향하게 하는 방법을 찾아라. 사랑과 친절이 가득했던 기억을 회상해, 명상을 위한 호흡을 하기 전 그 추억을 곱씹어도 된다. 이처럼 마음이 사랑과 친절에 전념하면, 부드러움은 자연히 따라온다.

강함 역시 중요하다. 현재의 순간에 더 강하게 집중할수록, 과거의 후회와 미래의 걱정으로부터 더 많은 일시적 자유를 누릴 수 있기 때문이다. 게다가 더 열심히 연습할수록, 연습이 끝나도 그 효과가더 길게 지속될 수 있다. 티베트의 명상 대가들은 이를 짙은 향의 향수에 비유했다. 향이 매우 짙은 향수는 향수병을 단 몇 초만 열어놓더라도 그 향이 오래도록 진동한다. 마찬가지로 집중, 차분함, 현재 순간에의 몰입, 자애심 등 그 어떤 수행을 하더라도 그 수행 대상에 강하게 집중할수록 그 대상은 더 오랫동안 남아 우리에게 이롭게 작용할 것이다.

강함의 효과를 극적으로 보여주는 스포츠 과학 연구가 있다. 이때 강함은 신체적 훈련 측면을 말한다. 이는 주로 '간헐적 고강도 운동 High Intensity Interval Training, HIIT'이라는 훈련에서 활용된다.

간헐적 고강도 운동 중에서도 특히 러프버러대학교의 시스템 생물학 교수 제이미 티몬스Jamie Timmons의 이름을 딴 티몬스 운동법 Timmons regimen이 BBC 다큐멘터리 〈운동에 관한 진실The Truth About

Exercise 〉5에서 조명된 바 있다. 두 참가자를 대상으로 한 이 다큐멘터리에서 한 참가자는 자신이 매일 30분간 감당할 수 있는 속도로 자전거를 탔다. 다른 참가자는 하루에 딱 1분간만 고강도로 자전거를 탔는데, 20초간은 체력이 방전될 때까지 타고, 몇 분 휴식 후 다시 20초간 체력의 한계가 올 때까지 자전거를 타는, 20초간의 고강도 운동을 세 번 하는 방식이었다. 수주 후, 두 참가자는 인체가 동원할 수 있는 산소량을 측정하는 기준인 '최대 산소 섭취량'과 인체가 인슐린의 영향에 얼마나 민감한지를 측정하는 '인슐린 감수성'이라는 두 측정 기준으로 살펴봤을 때 같은 수준의 향상을 기록한 것으로 나타났다. 1분을 운동한 참가자와 30분을 운동한 참가자가 같은 수준의 향상을 기록했다는 것이다!

와우! 티몬스 운동법을 실천하는 나 역시 큰 효과를 봤다. 나는 일상적으로 명상할 때도 같은 원칙을 적용한다. 매일 명상을 수행하면서 나 자신의 호흡에 매우 강하게 집중하곤 하는 것이다.

고강도 명상이란 명상의 집중 대상(이 경우, 호흡)이 우리의 주의를 집중적으로 받는 것이다. 우리 머릿속은 생각이라든가 소리, 이미지 등의 다른 현상을 인식할 수는 있지만, 이는 모두 배경일 뿐이다. 우리의 주의가 집중된 곳에는 아무것도 없이, 그저 호흡만이 존재한다.

이 고강도의 주의 집중을 잘 설명해주는 일화가 하나 있다.

한 선의 대가가 제자들에게 물었다.

"일생이란 어느 정도의 시간이냐?"

그러자 제자들은 대답했다.

"50년입니다." "70년입니다." "100년이에요."

대가는 모든 대답에 아니라고 대답한 후, 소리가 잦아들자 다음과 같이 말했다.

"수도승들이여, 기억하라. 일생은 두 호흡 사이의 시간이다."

이 이야기를 듣고 명망 높은 불교 명상 지도자인 내 친구는 이렇게 농담을 던지기도 했다.

"그렇지. 첫 호흡과 마지막 호흡 사이의 시간이지."

그렇다. 달라이 라마를 포함해 높은 수준에 도달한 불교 명상가들은 매우 유머러스한 집단이다.

농담은 이쯤 하고, 이 일화는 주의를 강하게 집중하면 지금 이 순간, 이곳에 삶의 모든 경험이 모인 것 같은 기분이 든다는 사실을 알려준다. 그 순간에는 거의 시간이 멈춘 듯한 기분이 든다. 이는 우리의 정신이 너무나 강하게 현재에 있어서, 과거와 미래는 그저 머릿속의 개념이고 유일한 경험은 지금 이곳에서 일어나는 것으로 느껴지기 때문이다.

이런 경험을 하는 데는 1만 시간의 훈련이 필요치 않다. 바로 지금, 이곳에서 호흡 한 번이 지속되는 동안 경험할 수 있다. 훈련 없이도 할 수 있다. 1만 시간의 훈련이 필요한 것은 이렇게 주의 집중하는 것을 원하는 만큼 오랫동안 어떤 깊이로라도 별 노력 없이 할 수 있는 경지에 오르기 위해서다. 그러나 가장 기본적인 경험은 우리 모두가 해볼 수 있다.

중요한 것은 부드러움과 강함을 동시에 적용하는 것이다. 부드러움과 병행할 수 없는 강함은 가치가 없다. 호흡에 강하게 집중할 때 긴장이 된다면, 긴장감이 없어질 때까지 강도를 낮춰야 한다. 여기서 매우 중요한 규칙 하나가 나온다. 어떤 이유에서든 부드러움과 강함 중 하나를 선택해야 한다면, 반드시 강함보다는 부드러움을 선택하라. 부드럽게 호흡에 주의를 집중하면서 이 부드러움에 익숙해지고 호흡에 편안함을 느끼게 되면, 그때 강함을 늘리는 것이다.

숨 쉬 기 를
버 릇 처 럼

마음챙김 한 호흡 훈련의 가장 좋은 점 중 하나는 쉽고 시간이 얼마 들지 않아 언제 어디서나 할 수 있다는 것이다. 엔지니어 스타일로 설명하자면, 이 훈련은 '휴대가 간편하다.' 반가운 일이다.

더 반가운 것은 이 훈련이 그 특성상 매우 쉽게 습관화될 수 있다는 것이다. 《습관의 힘*The Power of Habit*》의 저자 찰스 두히그Charles Duhigg는 습관이 신호, 반복 행동, 보상으로 이뤄진 하나의 고리라고 말한다.[6]

신호는 습관을 활성화시킨다. 신호가 떨어지면 반복 행동이 나온다. 반복 행동은 그야말로 행동이며, 반복 행동이 끝나면 보상이 온다. 보상은 특정 행동을 하고 나면 얻을 수 있는 이점인데, 이 보상은 다음번에 같은 신호가 발생할 때 특정 반복 행동이 다시 일어나도록 해 습관을 강화시킨다. 이렇게 고리가 형성된다. 이 습관 고리의 한 예는 하루에 두 번씩 양치질을 하는 것이다. 이 습관에는 두 가지의 신호가 있다. 아침에 일어나는 것과 밤에 잘 준비를 하는 것이다. 이 신호들이 발생하면, 나는 거의 생각도 하지 않은 채 자동적으로 화장실로 가 반복 행동을 활성화한다. 여기서 반복 행동이란 양치질을 하는 행위다. 이를 통해 내가 얻는 보상은 깨끗해진 치아에 대한 감각과 만족감이다.

마음챙김 한 호흡의 경우, 반복 행동은 다음 호흡에 주의를 집중하는 것 그리고 가능하면 주의를 부드러우면서 강하게 집중하는 것이다. 보상은 이 반복 행동을 통해 발생하는 고요함이다. 이 보상을 위해 필요한 것은 신호뿐이다. 적절한 신호만 생기면, 우리는 습관 고리를 형성해 긍정적인 효과를 가져다줄 수 있는 명상을 하루에 최소한 몇 번씩 수행할 수 있다. 장담컨대, 이 몇 번의 연습은 없는 것보다 있는 편이 훨씬 좋다.

우리가 선택할 수 있는 신호는 매우 많다. 하루의 첫 순간을 신호로 활용할 수도 있다. 일어나는 순간 마음챙김을 하면서 한 호흡을 하면, '또 하루를 살아가는 선물'을 받았음을 깨닫게 된다. 밤에 자기 위해 눕는 순간을 신호로 사용할 수도 있는데, 이 경우 마음챙김 한 호흡은 밤에 잘 자기 위한 준비를 도울 수 있다. 손목시계나 스마트폰에 시간별 알람을 지정해 매 시간 마음챙김 한 호흡을 할 수도 있다. 모두 훌륭한 신호들로, 나는 앞서 언급된 신호들을 모두 사용한다.

그중 가장 추천하는 신호는 바로 기다려야 하는 순간이 올 때마다 마음챙김 한 호흡을 하는 것이다. 나는 상당한 시간을 기다리는 데 쓰는데, 이는 아마 여러분도 마찬가지일 것이다. 교통수단을 이용하기 위해 공항, 기차역, 택시 정차장 등에서 기다린다. 회의 시작을, VIP가 도착하기를, 컴퓨터 부팅을, 인터넷 창이 뜨기를 기다린다. 일상생활 중에는 기다릴 일이 너무 많다. 이렇게 기다림의 순간이 올 때마다 나는 마음을 모아 한 번 혹은 그 이상의 호흡을 집중해서 하곤 한다.

이것은 이점이 많은 훌륭한 수행이다. 일단 시간을 낭비할 필요가 없다. 기다림의 순간들을 모두 생산적으로 마음챙김 명상에 활용하기 때문이다. 또한 기다림이 내 마음속에 그 어떤 동요를 일으킬 경우 호흡을 하면서 차분해질 수 있다. 무엇보다도 이런 형태의 명상을 습관이 될 때까지 자주 하게 되면, 지루해지지 않는다. 지루함 자체가 신호가 될 수 있기 때문이다. 지루함의 신호가 느껴지면 "신난다! 명상하자!" 이런 생각이 들면서, 정신이 자발적으로 명상을 시작한다. 이제 지루함은 그만.

"나, 지금? 명상하는 중이었어."

물론 예외도 있긴 하다. 나는 지난 10여 년간 지루했던 적이 딱 두 번 있었다. 한 번은 10일간의 명상 수행이 끝나갈 무렵이었다. 당시 너무 피곤해 명상할 힘을 일시적으로 잃었던 나는 곧 지루함을 느꼈다. 또 다른 경험은 형편없는 공연을 관람했을 때였다. 공연이 너무 별로여서 단 1분도 더 보고 싶지 않았고 심지어 너무 시끄러워 명상에 몰입할 수도 없었다. 정말 지루했다. 그러나 첫 번째 경우는 자포자기 상태였고, 두 번째 경우에는 마음에 동요가 있었던 것으로, 모두 지루함보다 훨씬 강한 감정을 겪고 있었다. 사실상 지루함은 큰 문제가 되지 않았던 셈이다. 결국 지난 10여 년간 내가 지루함 때문에 문제를 겪었던 적은 단 한 번도 없었다. 노련한 명상가들이 지루함을 느끼지 않는 현상은 꽤 흔한 편이다.

이것은 마음 훈련의 또 다른 이점 중 하나다. 수행을 하면 점점 지루함을 덜 느끼다가, 평생 지루함을 거의 혹은 전혀 느끼지 않는 경지에 도달한다는 것이다.

더 중요한 것은 '신호-반복 행동-보상'의 사이클이 마음챙김 호흡에 확실히 자리하게 되면, 이는 정신적인 습관이어서 매우 가까운 시일 내에 마음이 명상에 익숙해진다는 것이다. 명상에 익숙해지면 정식 명상 수행이 훨씬 쉬워지고, 지속하기가 더 편해진다. 이 모든 이점들과 더불어 우리가 수행한 모든 호흡 훈련들이 시간이 지나면서 쌓이는 것이다. 이 수행은 바로 지금, 여기서 효과가 나타나며, 시간이 지나면 더 큰 효과로 나타난다. 시간을 거의 따로 내지 않아도 말이다. 이보다 쉬운 것이 어디에 있겠는가?

> ### 약식 연습: 마음챙김 호흡의 습관화
>
> 마음챙김 호흡의 시작 신호를 고른다. 가장 추천하는 신호는 무언가를 기다리고 있을 때의 이런저런 상황이다.
>
> 신호가 떨어지면, 천천히 깊게 숨을 쉬고 주의를 호흡에 집중시킨다. 다만 안전 문제가 있으니(예컨대 운전 중이거나 길을 걷고 있을 때) 호흡에 집중하면서도 어느 정도는 주변에 주의를 유지해야 한다.
>
> 이렇게 마음챙김 호흡을 하면서 기분이 좋아진다면, 그 기분을 기억해라. 그 기억이 습관을 강화시키는 보상이 될 것이다.

기쁨은 바로 여기에서
첫 호흡과 함께 시작된다

여기까지 왔다면, 몇 번의 마음챙김 호흡 뒤에 아주 조금이라도 즐거움을 맛보기 시작했을 수 있다. 지금 단계에서는 그 즐거움이 너무 옅어서 의식하기 쉽지 않을 것이다. 상관없다. 수행이 계속될수록 이 즐거움은 더 강해질 것이며, 여러분의 기쁨 감지 능력도 더 강해질 테니까. 수행의 즐거움을 인지할 수준이 되는 것은 오직 시간 문제일 뿐이다.

이 단계에서 수행의 기쁨을 느끼는 근원은 총 네 가지인데, 이 가운데 둘은 일시적인 것이며, 나머지 둘은 매우 중요하기도 하고 오랫동안 지속되는 것이다.

두 일시적인 기쁨의 원인은 바로 '새로움이 주는 기쁨'과 '감지된 힘이 주는 기쁨'이다. 새로움이 주는 기쁨이란 새로운 경험에서 오는 흥분으로, 새로움은 오래가지 않으므로 이는 빠르게 사라진다. 또한 '감지된 힘이 주는 기쁨'이란 자기 힘으로 도저히 할 수 없다고 생각했던 일을 선택할 수 있게 된 데서 오는 것으로, 이 역시 우리가 빠르게 익숙해질 수 있어 일시적일 수밖에 없다.

이 두 기쁨의 요소를 가장 잘 표현한 일화는 한 작은 여자아이의 이야기이다. 내 딸이 태어난 지 세 달쯤 되어 손가락과 손을 자유자재로 움직일 수 있게 된 어느 날, 나는 아이에게 처음으로 장난감 자동차를 쥐여주고 그것을 앞으로 밀면서 어떻게 가지고 노는지를 보여줬다. 딸은 나의 시범을 보며 마치 아빠가 세상에서 가장 멋진 사람인 것처럼 놀라움을 금치 못했다. 나의 시범을 본 후 아이는 장난감 자동차를 들어 앞으로 밀면서 차의 움직임을 관찰했다. 그러더니 마치 살면서 이렇게 멋진 일을 내 손으로 해본 것은 처음이라는 듯이 마구 웃었다(사실 이게 완전히 틀린 말은 아닌 것이 그때까지 내 딸이 했던 업적이라고는 대부분 섭취, 소화와 관련된 일뿐이었다). 다시 딸은 두 번째로 장난감을 들어 앞으로 밀고는 웃음을 터뜨렸다. 이 과정이 서너 번 반복되며 몇 분이 지나자 딸의 웃음이 옅어졌다. 장난감 차에 대한 딸의 놀라움은 고작 몇 분간 지속된 것이 다였다. 딸은 이때 새로움에 대한 기쁨(움직일 수 있는 장난감 자동차)과 감지된 힘이 주는 기쁨(자신이 장난감 자동차를 움직이게 할 수 있음을 깨달은 것)을 느꼈던 것 같다. 물론 이는 내 추측일 뿐이다. 보통 태어난 지 세 달밖에 안된 아기들을 대상으로 정신 상태의 미묘함에 대해 분석하고 논하지는 않으니까.

어른들 역시 새로움과 감지된 힘에서 오는 기쁨을 경험할 수 있지만, 이는 아이들이 느끼는 것만큼 큰 기쁨은 아니다. 우리는 이런 힘을 당연시하는 경향이 있으며("내가 A지점에서 B지점으로 작은 물건을 옮길 수 있어! 와. 와."), 새로움에서 기쁨을 느끼려면 큰 자극이 필요하기 때문이다. 그러나 우리가 마음챙김 한 호흡을 연습하며 기쁨을 경험하는 것은 가능한 일이다. 특히 이 연습을 통해 마음이 불안했다가 눈에 띄게 차분해졌다면 더욱 그렇다. "와, 이런 것은 기대하지 못했는데" 하는 식의 새로움이 있을 수 있고, "내 힘으로 불안한 마음을 빠른 시간 안에 가라앉힐 수 있다니" 하는 식의 깨달음이 있을 수 있다. 감정에 완전히 휘둘리지 않을 수 있다는 것을 깨닫는 게 기쁨이 될 수도 있는 것이다. 그러나 이 두 가지 이유로, 이 기쁨들은 일시적일 수밖에 없다.

이번에는 매우 중요하면서도 지속될 수 있는 나머지 두 기쁨의 요인에 대해 이야기하겠다. 어느 정도로 지속될 수 있느냐고? 20여 년의 수행을 해온 나 역시 이 기쁨을 여전히 누리고 있으며, 살면서 평생 이 기쁨을 느낄 수 있을 것으로 기대한다.

첫 번째 요인은 바로 괴로움으로부터 일시적으로 안정되는 기쁨이다. 우리 마음은 자주 괴로운 상태에 빠진다. 때때로 절망, 우울함, 증오와 같은 파괴적인 괴로움을 겪기도 하고, 욕심, 걱정, 후회, 두려움, 질투, 분노와 같은 파괴적이지는 않으나 강력한 고통을 겪기도 한다. 크고 강렬한 괴로움은 아니지만, 부산스러움이나 소소한 동요를 겪기도 한다. 부드러우면서도 강하게 호흡에 집중하다 보면, 이런 고통이 일시적으로 완화되는 것을 느낌과 동시에 기쁨이 일어난다. 이런 고요함과 기쁨은 처음 마음챙김 호흡을 하면서부터 바로 만날 수 있다. 즉, 고요함과 기쁨은 더 크고 강력한 고통에 더 오래 대응할 수 있는 힘을 준다. 이 이야기는 고통을 겪지 않는 데서 오는 기쁨에 대해 다루는 4장에서 다시 이야기하겠다.

두 번째 요인은 편안함에서 오는 기쁨이다. 이 감정은 뜨거운 물을 채운 욕조에 몸을 담갔을 때 느끼는 감정으로, 기민하면서도(졸고 있지 않으면서도) 이완된 상태가 동시에 느껴지는 것이다. 물론 뜨거운 물에 몸을 담그면 감각적인 쾌감이 있지만, 이를 떠나 혹은 이와 더불어 이완에서 오는 기쁨이 따로 있다. 이완의 기쁨은 특별히 어려울 것 없다는 생각으로 인해 편안해질 때 그리고 자신에 대해 편안해질 때 온다. 내 경험에 비춰볼 때, 편안함에서 오는 기쁨은 마음이 깨어 있으면서도 편안할 때 맞이할 수 있다. 이것은 굉장히 중요한 함의를 담고 있는데, 이는 '깨어 있으면서도 편안한 상태'가 '가장 기본적인 명상의 상태'를 정확하게 표현한 말이기 때문이다. 그러므로 마음을 기본적인 명상 상태로 만드는 안정적인 법을 배우게 되면, 편안함의 기쁨에 더 확실하게 접근할 수 있는 방법을 익힐 수 있다. 충분히 수행만 하면 이 기쁨의 힘은 점점 커져 기쁨을 느끼는 사람의 전체 경험 영역을 감싸는 것처럼 보일 수 있다. 어떤 이의 존재 전체를 채우는 것처럼 보이는 것이 바로 부드러운 기쁨인 것이다.

위 내용을 통해 우리는 삶을 바꿀 만한 놀라운 결론을 도출해낼 수 있다. 가장 기본적인 명상 상태에 접근하는 것에만 충분히 능숙해지면, 지속적인 부드러운 기쁨의 근원에 안정적으로 접근할 수 있는 능력을 얻게 된다는 것이다. 이 기쁨은 한 사람의 존재 전체를 가득 채울 정도의 깊은 기쁨이다. 그렇다. 나는 지금 대담하게 이 대단한 주장을 하는 것이다(여러분은 아직 2장까지밖에 오지 않았지만, 장담컨대 앞으로 더 대단한 내용이 나올 것이다). 앞서 확인했듯이, 우리에게는 이미 이 능력이 있다. 충분히 수행하면, 원할 때마다 안정성을 얻게 될 것이다. 나는 이만큼 숙련되는 데 오랜 시간이 걸렸지만, 여러분은 나보다 짧은 시간 내에 해낼 수 있다. 나보다 이 과정을 더 잘 이해한 상태에서 수행을 시작했으니 말이다.

호흡 한 번의 힘

나에게는 고피 칼라일Gopi Kallayil이라는 친구가 있다. 고피는 요글러Yoglers라는 구글의 사내 요가 프로그램을 시작한 친구다. 그는 또한 달라이 라마와 데스몬드 투투를 초대하는 구글 미팅을 기획하기도 했는데, 이는 뒷부분에서 다시 다룰 것이다.

명상의 여러 이점에 매력을 느끼고 하루에 한 시간을 명상에 할애하려 했으나 결국 실패한 그는, 어느 날 내게 어떻게 하면 하루 한 시간씩 명상을 할 수 있느냐고 물었다. 나는 이렇게 말했다.

"쉽지, 그냥 하루에 숨 한 번 쉬는 걸 꾸준히 해봐. 숨 한 번 쉬고 얻는 것은 모두 보너스라고."

고피는 나를 쳐다보더니 말했다.

"너 지금 XXX 농담하는 거지?"

그러고는 속으로 이렇게 생각했다.

'평생 내가 들은 말 중에 제일 멍청한 말이군.'

물론 이 생각이 내 귀에 들어오기까지는 몇 년이 걸렸지만. 당시 그는 고작 "아, 그래?" 정도로 말했다.

나는 그에게 이렇게 설명했다.

"일단 명상은 정신 훈련이라는 걸 명심해. 그러니까 그 호흡을 한 번 하려는 노력 자체가 명상이야. 수행할 마음이 생길 때마다, 너의 마음은 조금씩 더 명상 수행으로 기울기 때문이지. 그러니까 매일 그 마음을 먹는 것 자체가 꽤 유용한 셈이야. 그리고 정신을 집중해서 숨 한 번 쉬는 건 너무 쉽고 시간도 얼마 안 걸려서, 못했다고 핑계조차 댈 수 없다고. 명상할 시간 10분 내기가 너무 어렵다고 말할 수는 있지만, 숨 한 번 쉴 시간이 없었다고는 말할 수 없는 거지. 그러니까 매일 마음챙김 호흡을 한 번씩 하는 건 반드시 할 수 있는 일인 거야. 일단 이 한 호흡을 시작하면 더 큰 수행을 위한 추진력을 얻게 될 거고, 네가 오랫동안 앉아서 명상할 준비가 되는 그날이 오면, 그 추진력으로 힘을 얻을 수 있을 거야."

그때까지 들었던 말 중에서 가장 멍청한 말이었음에도 불구하고, 그는 어쨌든 나를 존중했기 때문에 이 충고를 행동으로 옮겼다. 그러나 그는 한 호흡으로 시작하지 않았다. 과잉성취 성향인 그는 내가 제시한 것의 열 배를 해내려고 하루에 마음챙김 호흡을 열 번이나 했다(그래 봤자 걸리는 시간은 1분 정도다).

그는 며칠간 하루에 마음챙김 호흡 열 번을 하고 나서 매우 중요한 것을 깨달았다. 한 시간 동안 앉아서 하는 명상은 단순히 호흡 한 번을 한 후에 다른 호흡이 오는 형태라는 것, 그게 전부라는 것이었다. 시간이 지나며 그의 일일 훈련은 더 길어졌으며, 몇 달이 지나자 그는 당초 목표였던 하루 한 시간 명상에 성공했다.

기억하시라. 호흡 한 번의 힘을 절대 과소평가해선 안 된다. 정신 건강과 원할 때 기쁨에 이르는 것 모두 바로 이 호흡 한 번에서 시작되니 말이다.

3장

Joy on Demand

한 호흡에서
수많은 호흡까지

———— 지속할 수 있는 기쁨 만들기 ————

"지금 이 순간, 쉬는 것 이외에는
갈 곳도, 할 일도 없다."

한번 가정해보자. 여러분은 고대 인도의 가난하고, 배고프며, 땅도 없는 소작농이다. 하루는 왕이 금고를 개방할 테니 누구나 원하는 만큼 동전을 가져가라고 발표했다. 단 조건이 하나 있었다. 여러분이 직접 옮길 수 있는 만큼만 가져가라는 것이었다.

공짜 동전이라니! 현명한 사람이라면, 조금이라도 돈을 가져올 것이다. 동전 하나만 가져와도 가족이 며칠간 굶지 않을 수 있으니까. 그렇다고 동전 하나만 집어올 이유는 없다. 두 손 가득 동전을 집어온다면, 가족이 몇 달은 먹고살 것이다. 더 좋은 것은 주머니를 수선해 늘린 다음 동전을 가득 채우고, 손에도 동전을 가득 움켜쥔 채 나오는 것이다. 그러면 여러분은 작은 농장을 사서 평생 가족을 먹여살릴 수도 있다. 아니, 아예 자루를 만들어 거기에 동전을 채워오면, 한평생 풍족하게 살 수도 있다. 이건 어떨까? 친구들과 가족들에게 이 소식을 알려 그들도 똑같이 이득을 볼 수 있게 하면, 가족의 부뿐만 아니라 공동체의 부까지 늘릴 수 있을 것이다.

주의를 집중한 채 한 번 호흡하는 것은 마치 왕의 금고에서 단 한 개의 동전만 집어오는 것과 다르지 않다. 일단 가서 동전을 집어온 자체가 현명한 일이고 이를 통해 의미 있는 이득을 볼 수는 있지만, 조금만 더 힘을 쓰면 더 큰 효과를 볼 수 있으므로, 더 노력하지 않는 것은 기회를 낭비하는 것과 같다는 말이다. 명상 연습을 100분간 하는 것은 마치 양손에 동전을 한 움큼 집어오는 것과 같다. 적은 노력에 비해서는 훨씬 향상된 것이다.

그러나 여전히 더 큰 것을 얻을 수 있다. 50~100시간의 연습을 하는 것은 주머니를 고쳐 그 안에 동전을 가득 채우는 것과 같다. 노력이 어느 정도 필요하지만, 이는 여러분의 삶을 바꿀 것이다. 수천 시간의 명상 연습을 하는 것은 마치 금고에 튼튼한 가방을 메고 가는 것과 같다. 가방을 만드는 데 시간과 노력이 들고 그 안에 동전을 채워 집에 가지고 오는 것도 수고스럽겠지만, 그로 인해 여러분의 어림짐작을 넘어서는 평생 갈 이득을 얻을 수 있다. 그리고 가족이나 친구들 등 타인에게 명상에 대해 알리는 것은 그들에게 왕의 약속을 알리는 것과 같다. 명상의 결실은 마치 공짜로 주어지는 동전과 같아서, 원하는 이들은 모두 가질 수 있다. 지난 수천 년간 실제로 그래 왔다. 이를 위해 해야 하는 것은 그저 이 결실을 거두는 것뿐이다. 이 결실들은 모든 신앙 전통에서 어떤 형태로든 재발견되어왔으며, 이제는 속세에서도 이를 얻을 수 있다. 내가 원하는 것은 더 많은 사람들이 주머니를, 가방을, 손수레를, 트럭을 명상 연습으로 채우는 것이다.

3장에서는 단 한 번의 호흡을 연습하며 얻는 편안함을 능숙하게 평생 연장하는 방법에 대해 알아볼 것이다.

기 본 훈 련 :
마 음 안 정 시 키 기

살다 보면 종종 운이 좋다고 느끼는 순간이 있다. 해야 하는 일 가운데 가장 중요한 일이, 알고 보니 가장 간단하게 할 수 있는 것임을 깨달았을 때가 그중 하나다. 대표적인 것이 바로 '호흡'이다. 호흡은 살면서 해야 하는 일 중 가장 중요한 것인데, 대부분의 사람에게는 하기 쉬운 일이다. 명상에도 같은 원칙이 적용된다. 가장 간단한 것이 가장 중요한 것이다. 그게 무엇일까?

가장 간단하면서도 가장 근본적이고 기초적이고 중요한 명상 기술은 바로 마음을 안정시키는 능력이다.

마음을 안정시킨다는 것은 무엇일까? 여기 시도 때도 없이 흔들 수 있는 스노글로브(유리볼 안에 장식을 넣고 물을 채운, 흔들면 눈가루가 휘날리는 장식품 - 옮긴이)가 하나 있다. 여러분에게 스노글로브의 눈이 휘날리지 않도록 해달라고 하면, 무엇을 하겠는가? 아마도 스노글로브를 탁자나 바닥 등 움직이지 않는 곳에 놓을 것이다. 안정시킨다는 뜻의 영어 'settle'의 말 그대로의 의미는 '표면에 내려놓다'이다. 여러분이 스노글로브를 바닥에 내려놓으면, 스노글로브는 안정된다. 너무나 쉽다. 스노글로브가 안정되면, 시간이 지나 눈가루들이 바닥으로 가라앉는 동시에 내부의 액체 또한 맑아질 것이다.

마음을 안정시키는 것도 이와 다르지 않다. 마음을 안정시키는 것은 마음이 일정한 정적인 상태에 도달하도록 쉽게 하는 것이다. 마음을 안정시키는 데는 여러 가지 방법이 있는데, 나는 이중에서 매우 쉽고 효과적인 방법 세 가지를 소개하려 한다.

첫 번째 방법은 '고정시키기'다. 이는 곧 주의를 부드럽게 특정 대상으로 옮기는 것인데, 만약 주의가 여기저기 방황하면 그것을 부드럽게 되돌리는 것이다. 거친 바다에 닻을 내려 배를 고정하는 장면을 상상해보라. 배는 바람과 파도의 움직임에도 닻을 내린 장소 근처를 일정하게 맴돈다. 이와 비슷하게 주의도 어떤 대상에 고정되면, 다른 정신적 활동이 있어도 계속 그 대상 근처를 맴돈다. 명상 대상은 주의의 안정을 주는 것 가운데 자유롭게 고르면 된다. 명상 수행자들이 가장 많이 선택하는 대상이자 내가 좋아하는 대상은 호흡이다. 그러나 호흡 말고도, 몸 그 자체나 시각, 청각, 촉각, 체내 감각, 심지어 모든 신체적 감각을 대상으로 선택할 수도 있다. 내가 아는 어떤 사람은 심지어 발걸음을 내디딜 때마다 구두 굽에서 느껴지는 감각을 대상으로 명상 수행하는 것을 좋아하기도 한다.

고정시키기가 너무 어렵게 느껴진다면, 두 번째 방법인 '쉬기'를 해보라. 쉬기란 말 그대로 하던 일이나 동작을 멈추고 쉬는 것이다. 나는 격렬한 운동 후 피곤함을 느낄 때면, 편한 의자에 앉아 쉰다. 마찬가지로 마음을 쉬는 것은 앉아서 마음이 편안해지도록 하는 것이다. 마음을 쉬게 하는 방법 중 하나는 이미지를 활용하는 것이다. 나비 한 마리가 산들바람을 타고 천천히 움직이면서 꽃 위에 사뿐히 앉아 쉬는 장면을 상상해보라. 이런 느낌으로 마음이 숨에 사뿐히 앉아 쉬는 것이다. 또 다른 방법은 이런 주문을 외우는 것이다.

"지금 이 순간, 쉬는 것 이외에는 갈 곳도, 할 일도 없다."

쉬는 것은 일종의 본능으로, 그것을 어떻게 하는지는 우리 모두 알고 있다. 우리가 해야 하는 것이라곤 그저 본능을 기술로 바꾸는 것뿐이다.

쉬는 것조차 너무 힘들다면, 세 번째 방법을 시도해보라. 바로 '존재하기'다. 존재하기란 하는 것에서 존재하는 것으로 옮겨 가는 것이다. 아무것도 하지 않고, 그저 앉아서 현재의 순간을 겪는 것이다. 말하자면, 아무것도 하지 않거나 계획 없이 앉아 있기 혹은 단순하게 그저 앉아 있기로 보면 된다. 이때 가장 중요한 것은 현재의 순간에 존재하는 것이다. 주의가 현재에 머물러만 있다면, 제대로 하고 있는 것이다. 좀 더 시적인 방법인 '알기'도 있다. 자신이 앉아 있다는 것을 알기만 하면, 제대로 하고 있는 것이다.

위의 세 가지 연습 모두 그리고 일반적으로 마음을 안정시키는 방법 모두가 두 가지의 공통적인 특징을 갖고 있다. 이 과정에는 현재 순간에 주의를 기울이는 것과 정신적인 고요함이 어느 정도 필요하다. 그렇기 때문에 마음을 안정시키는 것은 마음이 깨어 있으면서도 동시에 편안한 상태인 기본적인 명상 상태로 이어진다. 마음이 깨어 있으면서 안정되면, 시간이 지날수록 스노글로브 안의 눈송이들이 가라앉는 것처럼 마음도 차분해지면서 점차 고요하고 맑은 상태에 머물게 된다.

한번 직접 해보자.

정식 연습: 마음을 안정시키는 방법 탐색하기

짧게 5분간의 정좌 명상을 해보자. 첫 3분간은 마음을 안정시키는 세 가지 방법을 각 1분씩 시도할 것이다. 그 후 나머지 2분간은 자유롭게 마음에 드는 세 방법 중 하나 혹은 세 가지를 모두 섞어서 연습해볼 것이다.

• 준비하기

깨어 있으면서도 편안함을 느끼는 자세로 앉는다. 눈은 떠도, 감아도 상관없다.

• 고정하기(1분)

1분 동안 호흡, 몸 혹은 감각적 대상 등 마음이 안정적으로 주의를 둘 수 있는 대상에 주의를 집중시킨다. 주의가 다른 곳으로 가려 하면 부드럽게 다시 주의를 집중시킨다.

• 쉬기(1분)

다음 1분간은 마음을 쉬게 한다. 원한다면 나비가 꽃 위에 사뿐히 앉는 것처럼 마음이 호흡 위에서 쉬는 것을 상상한다. 혹은 "지금 나는 쉬는 것 말고는 가야 할 곳도, 해야 할 일도 없다"라고 스스로에게 말을 걸어라.

• 존재하기(1분)

그 후 1분간, 무언가를 하지 말고 그저 존재하라. 아무 지침 없이 그저 앉아라. 그저 앉아서 현재 순간을 느껴라. 그렇게 1분을 진행한다.

• 자유롭게 하기(2분)

나머지 2분 동안은 위의 세 방법 중 마음에 드는 것 하나를 골라 연습하거나, 원하는 것을 번갈아가며 연습해도 된다.

위의 연습을 한 차례 혹은 수차례 해보고 나면, 마음을 진정시키는 적합한 방법을 결정하는 데 도움이 된다. 그 방법이 마음을 안정시키는 기본적인 방법이 될 것이다. 혹시라도 '잘못된' 선택을 할까봐 두려워할 필요도 없다. 잘못된 선택이란 없거니와, 선택은 어느 때고 바꿀 수 있다.

마음을 안정시키는 방법을 고르는 것은 마치 좋아하는 맛의 아이스크림을 고르는 것과 같다. 잘못된 선택이란 없으며 언제든 바꿀 수 있다.

나는 마음을 안정시키는 훈련을 최소 하루에 한 번, 최소 1분 동안 하는 것을 추천한다. 내가 아는 한, 이 훈련에 너무 많은 시간을 쓴다고 해서 문제 될 일은 없다. 정식 수행에 나선 노련한 명상가들조차도 가장 기본적인 이 명상을 하루에 10분 이상 하려고 한다. 마음을 안정시키는 연습을 원하는 만큼 하는 것에 대해 소극적일 필요가 없는 것이다.

정식 연습: 마음 안정시키기

마음을 안정시키는 방법인 고정하기, 쉬기, 존재하기 중 마음에 드는 방법을 고른다. 깨어 있으면서도 편안함을 느끼는 자세로 앉되, 눈은 감아도, 떠도 상관 없다.

자신이 고른 방법으로 원하는 만큼 마음을 안정시키는데, 한 가지 방법에만 얽매일 필요 없이 원한다면 어느 때라도 다른 방법으로 옮겨가도 된다.

각기 다른 명상가에게
각기 다른 명상법을

　마음을 안정시키는 방법이 왜 세 가지나 소개됐을까? 하나가 아니고? 내 욕심 때문일까? 그렇지 않다. 세 가지 방법을 소개한 것은 내가 욕심이 많아서가 아니다. 명상 훈련에서 모든 지도자와 수행자들이 인지하고 있어야 할 중요한 사실이 있는데, 그것은 모든 사람이 서로 다른 정신적 특징을 가지고 있기 때문에 가장 효과적인 훈련 방법이 각기 다르다는 것이다.

　이 세 가지 간단한 방법 중 특정 방법이 어떤 사람에게는 다른 사람에게보다 더 효과적일 수 있다. 어떤 이는 호흡에 주의를 고정시키려 하면서 스트레스를 받는 바람에 고정시키기가 어렵다고 느낄 수 있다. 또 어떤 이는 존재하기(무행위)를 하면서 수시로 "내가 지금 잘 하고 있는 건가?"라고 자문하며 무행위의 상태에 이르지 못할 수도 있다. 그런 사람에게는 고정시키기가 더 적합한 방법인데, '제대로 하고 있는 상태'가 훨씬 확실하게 느껴지기 때문이다. 운동을 열심히 하는 사람이라면 쉬기가 어떤 의미인지 정확히 알기 때문에, 운동 후 몸을 쉬게 하는 것처럼 마음을 쉬게 하는 것이 쉬울 수 있다. 그런 사람은 쉬기에 더 끌릴 수도 있다.

　어쨌든 마음을 안정시키는 것이 모든 명상 수행 중 가장 중요한 과정이므로, 나는 상당히 넓은 범위의 서로 다른 기질들을 모두 포용할 수 있는 세 가지 방법을 제시했다. 일반적으로 명상 지도자들과 수행자들은 어느 한 방법에 너무 집착하지 않는 것이 매우 중요하다. 또한 명상 연습이 어떻게 이뤄지는지, 명상 연습의 좋은 점과 나쁜 점이 무엇인지, 수행자가 자신에게 가장 적합한 방법이 무엇인지 찾도록 명상 지도자가 명상 연습에 대해 제대로 이해하고 설명할 수 있는지도 굉장히 중요하다.

같은 사람이라도 상황에 따라 적합한 명상 방법이 무엇인지 이해하는 것은 매우 유용하다. 예를 들어, 내가 가장 좋아하는 마음 안정시키는 법은 숨에 주의를 고정하는 것이지만, 직장에서 매우 진 빠지는 하루를 보낸 날에는 쉬기가 더 낫다고 느끼기도 한다.

이를 바탕으로 우리는 매우 중요한 질문에 도달할 수 있다. 어떤 순간에 어떤 방법이 최선인지 어떻게 알 수 있을까? 시간이 지나 충분히 연습을 하고 나면, 직관이 발달된다. 이는 마치 노련한 초밥 요리사가 가장 완벽한 초밥용 쌀밥을 짓기 위한 배합을 직관적으로 알고 있는 것과 마찬가지인 상태다. 마음 상태에 따라 마음을 안정시키는 데 그날그날 다른 방법을 직관적으로 선택할 수 있는 것이다. 이 직관이 아직 발달되지 못했다면, 어떻게 해야 할까? 걱정 마라. 그저 실험을 하기만 하면 된다.

일단 마음을 안정시키는 방법 중 마음에 드는 것을 알아내는 실험을 한다. 다음으로, 명상 연습 때마다 좋아하는 방법으로 시작한다. 어떤 이유로든 방법을 바꿔야겠다는 기분이 들면, 그렇게 하라. 바꿔보고 원래 방법으로 돌아와도 된다. 이것저것 실험해보는 것에는 부작용도 없고, 그것이 잘못될 리도 없다. 이 실험은 마치 나에게 유리하게 조작된 게임과도 같다. 게임을 하면 무조건 이기는 것이다. 의심스럽다면 일단 좋아하는 방법을 써보고 그것이 괜찮다고 믿기만 하면 된다. 초보 초밥 요리사는 서로 다른 쌀을 배합하는 그만의 방법을 알아내기 위해 이것저것을 시도한다. 요리법대로만 한다면, 그의 밥이 마스터 요리사가 한 만큼 맛있지는 않겠지만 그래도 맛있긴 할 것이다.

실험해보는 것을 부끄러워하면 안 된다. 매일 다른 연습을 해보는 걸 두려워할 필요도 없다. 수년간 같은 방법으로 연습하는 것이 좋다면, 그렇게 해도 전혀 상관없다. 누가 욕하는 것도 아닌데, 뭘.

마음은 스스로 안정되는 것이다

스노글로브 비유는 우리가 통제할 수 있는 것과 통제할 수 없는 것에 대한 중요한 통찰을 제공한다. 물론 우리는 스노글로브를 흔들 것인지 아니면 탁자 위에 가만히 놓아둘 것인지를 통제할 수 있지만, 스노글로브 안의 액체와 눈송이에 대해서는 통제력이 없다. 스노글로브 안에 손을 넣어 물의 움직임을 통제하거나 눈송이를 찍어 누를 수는 없는 것이다. 그러나 물리학 법칙에 정통한 우리는 단

118

순히 스노글로브를 탁자 위에 놓아두는 것만으로도 물이 안정을 되찾고 눈송이들이 가라앉을 것을 안다. 그러므로 스노글로브 안의 물과 눈송이를 안정시키고자 한다면, 그저 물리학 법칙들이 알아서 작동하도록 하면 될 일이다.

마음도 이와 비슷하다. 마음의 안정을 직접적으로 통제할 수는 없으나, 마음이 안정되는 데 도움이 되는 조건을 만들어 마음이 자신만의 속도로 안정되게 할 수는 있다.

명상 연습에서 배우게 될 매우 중요한 교훈이자 실천을 위한 핵심 열쇠는, 상황이 발생하기 위한 최적의 조건을 조성하는 데 노력을 쏟되 그 이후에는 놓아버리는 것이다. 이런 면에서 명상은 농사와 비슷하다. 현명한 농부는 작물이 잘 자랄 수 있는 모든 조건을 갖춰놓는다. 땅을 갈고, 씨앗을 심고, 물, 비료, 햇볕이 충분한지 확인하고 나면, 농부는 생각한다.

"내가 할 수 있는 것은 다 했다. 이제 남은 건 자연의 몫이다."

이 비유가 특히 적절한 이유는 고대 산스크리트어로 명상은 '바바나bhavana'인데, 이 단어는 '경작'이라는 뜻을 가지고 있기 때문이다. 명상에서 가장 중요한 것은 현명한 노력과 집념을 놓는 것을 노련하게 조합하는 것이다.

스노글로브 비유에는 사실 한계가 있다. 명상 연습을 자주 할수록 마음은 더 빠르고 쉽게 안정되기 때문이다. 이는 마음이 스노글로브와 달리 '익숙해짐familiarization'이라는 특성을 갖고 있어서 그렇다.

마음이 특정 정신 상태와 더 자주 접촉할수록 마음은 그 정신 상태에 점점 익숙해진다. 그것도 더 빠르고 쉽게 말이다. 익숙해짐은 명상의 또 다른 주요 측면 중 하나이며, 명상에서 매우 중요한 역할을 한다. 그래서 티베트어로 명상은 '익숙해지는 것'이란 의미를 갖고 있는 것이다.

이제 가장 간단하고 기본적인 명상 기술을 익히는 것뿐 아니라 현명한 노력, 마음을 놓아버리는 것, 익숙해지는 것이 얼마나 중요한지 알 수 있을 것이다. 이 세 가지는 지금의 초보 단계에서부터 마스터 단계까지 계속해서 적용된다. 이는 우리의 명상 여정을 이끄는 불빛이 될 것이다.

명상은 생각을 하지 않는 것이 아니다

명상에 대한 오해 중 하나가 명상을 '마음에서 모든 생각을 비워내는 것'이라 여기는 것이다. 사람들을 명상에서 멀어지게 하는 가장 큰 요인이 바로 이 오해다. 많은 초보 명상가들이 명상 연습을 할 때 아무 생각도 하지 않아야 한다고 여기는 경향이 있다. 그러고 나서 명상을 할 때 생각이 꼬리에 꼬리를 물고 끊임없이 계속되는 것을 경험하면서, 도저히 명상을 할 수 없다 판단하고 포기해버린다.

그러나 그렇지 않다. 명상은 생각을 억압하는 것이 아니다. 오히려 명상은 마음이 가장 편한 상태에, 가장 편한 시간에 머무르도록 하는 것이다. 생각이 떠오르면 떠오르는 대로 놔두면 된다. 시간이 지나 연습이 계속되면 마음이 점점 안정되면서 생각의 물결이 느려지고 결국에는 세찬 폭포에서 빠르게 흘러가는 강물로, 또 시간이 지나면 느릿느릿 흘러가는 시냇물로, 마침내는 평온한 호수로 변해가는 것이다.

시간이 지나면(나의 경우, 명상 연습을 아주 오래 하고 나서야) 마음을 필요에 따라 평온하게 만드는 법을 익히게 되지만, 생각을 억눌러선 그 단계에 이를 수 없다. 대신 정신에게 시간과 공간을 주고 나름의 안정감을 찾도록 해야 한다. 명상은 무엇을 생각하는지 혹은 무엇을 생각하지 않는지와 관계없다.

명상의 세 가지 정신적 요인들

어렸을 때, 내가 스텔라 아주머니라고 부르는 마음씨 좋은 이웃이 있었다. 스텔라 아주머니는 내가 아는 사람 중에서 가장 요리를 잘했다. 그녀에 대한 내 기억이 호의적인 것은 우리 어머니가 스텔라 아주머니에게 요리를 배워 요리를 매우 잘하게 됐고, 내가 그 수혜자가 됐기 때문이다. 내가 10대 초반이던 어느 날, 나는 스텔라 아주머니에게 요리의 비법에 대해 물어봤다. 메모할 준비를 한 채 화려한 대답을 기대했지만, 스텔라 아주머니의 대답은 간단했다.

"쉽단다. 불만 잘 조절하면 돼."

처음에는 이 말을 믿을 수 없었다. 그렇게 간단할 리 없다고 항변하자, 그녀는 수많은 예를 들었다. 특정한 음식을 요리할 때는 금속 냄비 대신 뚝배기를 쓰는데, 이는 뚝배기의 열전도율과 보온력 때문이라고 했다. 재료를 볶을 때 마늘을 먼저 넣고, 그다음 고기, 그다음 야채를 넣는 이유도 재료들이 가장 좋은 맛을 내는 온도가 다르기 때문이며, 쌀밥을 지을 때 차가운 물을 넣는 것도 뜨거운 물을 쓰면 쌀 표면이 열을 차단해 쌀 내부가 익지 않기 때문이란다. 나는 이 대답에 완전히 매료됐다. 스텔라 아주머니가 맞았다. 효과적인 요리의 비밀은 바로 에너지를 노련하게 관리하는 것에 있었다.

나는 똑같은 교훈을 몇 년 후 명상을 연습하면서 다시 배웠다. 효과적인 명상의 비밀은 노력을 노련하게 관리하는 것에 있었던 것이다. 붓다도 이와 유사하게 금 세공을 비유로 들었다(하지만 그는 스텔라 아주머니의 이웃이 아니었기 때문에, 그의 비유는 요리법과는 무관하다). 노련한 금 세공인은 작업할 때 세 가지 과정을 반드시 거친다고 한다. 꾸준히 불을 지피고, 꾸준히 금 위에 물을 뿌리며, 꾸준히 자신이 세공하는 금을 들여다보는 것이다. 이와 유사하게 능숙한 명상가는 역시 세 가지를 꾸준히 한다. 꾸준히 정신적 에너지를 발생시키고, 꾸준히 마음을 안정시키며, 꾸준히 마음을 평온한 상태로 들여다본다.[1] 이 세 가지 행위가 서로의 균형을 잡아주는 것이다. 정신적 에너

명상에서 에너지를 노련하게 관리하는 것은 정신 이완, 정신적 에너지,
평온한 관조, 이 세 가지의 균형을 맞추는 데 달려 있다.

지가 과하면 마음이 부산하고, 마음이 너무 평온하면 정신이 깨어 있
지 못한다. 다른 요인 없이 마음을 그저 평안하게 들여다보기만 하면,
깊은 지혜로 더 나아갈 수 있도록 충분히 집중하지 못할 것이다.

간단히 말해, 명상에서 에너지를 노련하게 관리하는 것은 정신 이
완, 정신적 에너지, 평온한 관조, 이 세 가지의 균형을 맞추는 데 달
려 있다. 이 세 가지는 모두 매일 필요하며, 늘 함께하면서 서로 균형
을 맞춰 최상의 상태를 유지해야 한다.

어떻게 이 요소를 모두 유지할까? 생각보다 쉽다. 중요한 것은 평
정심을 지닌 채 관조하는 연습을 하는 것으로, 명상을 할 때 스스로
를 들여다보면 된다. 긴장감이 너무 많이 느껴지면 정신을 안정시킨
다. 그러다 졸리면 정신적 에너지를 이끌어낸다. 이게 끝이다. 마치

노련한 금 세공인이 금을 놓고 꾸준히 들여다보며 필요에 따라 불을 지피고 물을 뿌리듯이 말이다. 중요한 것은 들여다보는 것이다.

강아지 명상은 스트레칭과도 같다

정신 이완, 정신적 에너지, 평온한 관조. 이 세 가지 정신적 요소의 체계적 연습을 재미있게 하는 방법이 있다. 바로 정신 근육을 스트레칭한다고 생각하며 하는 것이다. 이 명상은 5단계로 진행되며, 각각에는 이야기가 있다.

첫 번째 단계는 '이완'이다. 이 이야기에서 당신과 당신의 귀여운 강아지는 나무 아래 앉아 그저 쉬며 아무것도 하지 않는다. 어리고 활력과 호기심이 넘치는 이 강아지는 여기저기 돌아다니는 것도 좋아하지만, 당신을 좋아해 당신 근처에도 머물고 싶어 한다. 그러나 한 번씩 당신이 불안해할 정도로 멀리 가기도 한다. 그럴 때마다 당신은 부드럽게 애정을 담아 강아지를 다시 나무 아래로 데려온다. 아, 상상만 해도 정말 귀엽지 않은가?

여기서 나무는 당신의 숨이고, 강아지는 당신의 정신이다. 이 단계의 명상에서는 편하게 이완하고 마음이 이곳저곳을 떠돌도록 놔둔다. 만약 마음이 호흡에서 너무 멀어지면, 부드럽게 애정을 담아 다시 호흡으로 데리고 오는 것이다. 여기서 멀어진다는 것은 얼마나 멀어지는 것을 말할까? 호흡이 주의의 근처에 머물러만 있다면 혹은 호흡에 대해 완전히 잊은 상태가 한 번에 몇 초를 넘기지만 않는다면 괜찮다. 사실, 별 상관은 없는데, 이는 이 단계의 가장 중요한 연습이 마음의 이완이기 때문이다. 그러므로 마음이 편안하기만 하다면, 별 문제될 것은 없다.

두 번째 단계는 '기쁨'이다. 이 단계의 이야기는 이렇다. 강아지가 당신과 얼마간의 시간을 보냈다. 강아지는 당신과 친숙해졌으며, 당신을 사랑하고, 당신 옆에 앉아 있는 걸 좋아한다. 이렇게 사랑스러운 존재가 옆에 앉아 있는 것에 대해 당신은 기쁨을 느낀다. 강아지는 돌아다니는 것을 좋아해서(누가 뭐래도 강아지 아닌가) 늘 당신 곁에 앉아만 있지는 않지만, 당신은 강아지가 뛰어다니는 모습을 보면서 "이 강아지와 함께여서 정말 행복하다"고 말하며 여전히 기쁨을 느낀다.

마찬가지로, 두 번째 단계에서 마음은 좀 더 편안해지고 더 안정되어 있다. 안정된 상태에서는 정신을 호흡에 집중하기가 훨씬 쉽다. 호흡에 주의를 집중시키면서, 시간을 들여 기쁨을 느껴라. '내 마음이 호흡에 집중되어 있다. 나는 행복하다'라고 생각하라. 호흡에 집중하지 않고 이곳저곳을 떠돌아다녀도, 마음은 기쁨을 즐긴 후 다시 호흡으로 발길을 돌리게 되어 있다.

세 번째 단계는 '결의'다. 이제 강아지가 무럭무럭 자라 아름다운 성견이 됐으며, 훈련을 받아야 할 때가 됐다. 당신은 부드럽게 애정을 담아, 그러나 엄격하게 훈련을 진행한다. 어느 정도의 결의를 보이는 것이다. 개에게 "앉아"라고 말하고 나서 개가 앉기 전까지는 간식도, 그 어떤 보상도 주지 않는다. 당신이 어떤 명령을 하든 개가 그에 따르도록 결단을 내리는 것이다. 이와 유사하게, 이 단계에서 정신은 훈련에 조금 더 수용적인 상태가 되며, 당신은 정신을 훈련시키려는 의지를 갖게 된다. 모든 주의를 호흡에 머무르게 하리라 결심하는 것이다. 언제고 주의가 호흡에서 멀어져 떠돌아다니면, 주의를 단호하게 그러나 애정을 담아 부드럽게 다시 호흡으로 데리고 온다.

네 번째 단계는 '가다듬기'다. 개가 훈련을 잘 받아 이제 여러 재주를 가다듬을 차례가 됐다. 개는 "앉아" "일어서" 같은 기본적인 명령에 복종한다. 이제는 이를 넘어 송로버섯 찾기 같은 어려운 훈련을 시키려고 한다. 이를 위해 송로버섯을 냄새로 찾는 법, 땅을 파서 캐는 법, 캐낸 다음에도 먹어치우지 않는 법 등을 훈련시킨다. 이와 비슷하게, 당신의 정신도 이제 어느 정도 안정을 얻었으므로, 좀 더 가다듬을 차례가 됐다. 이때 해야 하는 것은 '호흡의 미묘한 성질에 집중'하는 것이다.

마지막 단계는 '놓아버리기'다. 개는 잘 훈련받아서인지 목줄을 풀고 자유롭게 뛰어다니다가도 명령만 하면 당신에게로 돌아온다. 마찬가지로, 이 단계의 정신은 비교적 안정되어 있고 잘 다듬어져 있어서, 별 노력 없이도 본연의 상태를 유지할 수 있다.

이런 것이 바로 연습이다. 이 연습은 정신 이완, 정신적 에너지, 평온한 관조 등 세 가지 정신적 요소를 모두 다룬다. 이완과 기쁨이 정신 이완을, 결의와 가다듬기가 정신적 에너지를, 놓아버리기가 평온한 관조를 맡는다. 신체 훈련을 위해서는 스트레칭을 해 근육과 힘줄이 최대한의 잠재력을 발휘할 수 있도록 하는 것이 좋은 방법이다. 나는 강아지 명상법을 명상계의 스트레칭이라고 생각한다. 이는 매우 건강한 습관이므로 자주 하기를 권한다.

정식 연습: 강아지 명상법

강아지 명상을 하는 데 정해진 시간은 없다. 여기서는 매 단계를 2분간 진행해 총 10분간 연습해볼 것이다. 그러나 시간은 자유롭게 조정해도 된다.

• 준비
깨어 있으면서도 편안함을 느끼는 자세로 앉는다. 눈은 감아도 되고, 떠도 된다.

• 이완(2분)
편안한 상태를 유지하며, 강아지가 마음대로 돌아다니도록 놔두되, 너무 멀어지면 사랑을 담아 부드럽게 데려온다. 이처럼 편안한 마음으로 마음이 이곳저곳을 떠돌도록 놔둔다. 중요한 것은 편안함을 느끼는 것이지만, 생각이 호흡에서 너무 멀어지면 부드럽게 마음을 호흡으로 데려온다.

• 기쁨(2분)
이제 강아지는 당신과 친숙해졌으며, 당신을 사랑하고, 당신 옆에 앉아 있기를 즐긴다. 이렇게 사랑스러운 존재가 당신 옆에 앉아 있는 것에 대해 당신 역시 기쁨을 느낀다. 강아지가 뛰어다니는 모습을 볼 때도 기쁨을 느낀다. 이와 유사하게, 마음이 호흡에 집중되어 있을 때는 '내 정신이 호흡에 집중돼 있다. 나는 행복하다'라고 생각한다. 생각이 계속 다른 곳을 떠돌면 역시 기쁜 마음으로 '나는 숨을 쉬고 있다. 나는 행복하다'라고 되뇐다. 그러고는 다시 주의를 호흡으로 부드럽게 돌린다.

- **결의**(2분)

이제 강아지가 성견이 되어 훈련받을 때가 됐다. 엄격하게 그러나 부드러우면서도 애정을 담아 훈련을 진행할 결의를 다져야 한다. 이처럼 모든 주의가 호흡에 머무르게 하리라 결심하고, 주의가 호흡에서 멀어지면 단호하게 그러나 애정을 가지고 부드럽게 다시 호흡으로 데리고 온다.

- **가다듬기**(2분)

잘 훈련을 받았으니 이제 개의 재주를 다듬을 때가 왔다. 마찬가지로, 마음 훈련도 가다듬어야 한다. 2분간 호흡의 미묘한 성질에 집중한다.

- **놓아버리기**(2분)

개는 이제 훈련을 잘 받아 목줄을 치지 않아도 된다. 주의 역시 놔줘도 된다. 노력을 놓고 마음이 그저 스스로 존재하도록 놔둔다.

아, 참. 내가 강아지 이름을 알려주지 않았군. 이 개는 암컷이라, 나는 그녀를 '카르마(업, 습관-옮긴이)'라고 부른다.

문화적 배경이나 삶의 환경, 정신적 기질에 따라 이완의 과정은 여러분이 가장 먼저 직면하는 어려움이 될 수 있다. 문제는 가장 많은 노력을 필요로 하는 정신적 요소일수록 더 중요한 경향이 있다는 것이다. 나의 첫 명상 선생님 고故 고드윈 사마라라트네Godwin Samararatne는 이것을 재치 있게 표현했다. 그는 스리랑카 출신이었지만, 전 세계에서 가르침을 전했다.

미국에서 명상을 지도할 때는 연습생들에게 끊임없이 "진정하시고, 너무 힘들여 노력하지 마세요"라고 말해야 했다. 그런데 스리랑

나는 처음 명상을 시작했을 때 무척 고전했는데, 이는 아이러니하게도 고전하지 않기 위한 고전이었다. 난 정말 세계 최악의 명상가였음이 분명하다. 아무도 겪지 않은 문제를 겪었기 때문이다. 난 명상 도중 숨을 제대로 쉴 수 없었다. 왜일까? 너무 힘이 들어갔기 때문이다. 나는 아시아의 전형적인 과잉 성취자였고, 동시에 약하디약한 자아의 소유자였다. 그래서 무엇을 하든 스스로를 끊임없이 압박했다. 열아홉 살 때는 한 깐깐한 인도 선생님의 만화 수업을 들은 적이 있는데, 그 선생님은 그림 수업 내내 굳어 있는 내 표정을 보더니 이렇게 말하기도 했다.

"마음 편하게 가지게, 학생. 괜찮네. 고작 만화이지 않나."

나는 그렇게 매 순간 긴장하고 있었다.

이 버릇은 명상 연습에까지 이어졌다. 나는 똑같이 긴장한 상태로 임했고, 당연히 제대로 해내지 못했다. 명상을 '제대로' 해야 한다는 생각에 극심한 스트레스를 받아 제대로 숨조차 쉬기 힘들었다. 문제 해결을 위해, 나는 내 신조에 따라 더 열심히 노력했다. 이럴 수가. 전혀 효과가 없었다! 매일 치열하게 수개월을 노력하다 결국은 포기했다. 그러나 다행스럽게도 나는 절도 있는 포기 방식을 택했다. 일단, 계속하기로 마음먹었던 정좌는 계속해나갔다. 그만두기로 한 건 오직 명상이었기 때문이다. 나는 의자에 앉아 말 그대로 아무것도 하지 않았다. 그러자 내가 했어야 했던 일이 바로 아무것도 하지 않는 것임을 깨달았다. 그저 몇 분간 앉아서 아무것도 하지 않았을 뿐인데, 몸 안의 감각을 의식할 수 있었고 결국 나는 내 몸의 느낌을 의식한 채 앉아 있었다. 그리고 몇 분이 지나자 내가 숨을 쉬고 있음을 알게 됐다. 나는 혼잣말을 했다.

"아하, 이게 바로 숨 쉬는 느낌을 의식하는 것이로군."

그리고 나서는 앉아서 내가 숨 쉬고 있다는 사실을 지속적으로 의식했다. 편안함이 느껴졌다. 내 주의가 잠시 호흡에 집중되더니, 갑자기 내 몸과 정신이 부드러운 기쁨의 감각에 휩싸였다. 그 기분은 약 30분 정도 지속됐다. 이게 바로 내가 가까스로 처음 명상을 한 때였다. 또한 처음으로 명상의 기쁨을 경험한 때이기도 하다. 이완에서 오는 기쁨 말이다.

이후 몇 달간 정좌를 할 때마다 부드러운 기쁨이 찾아오곤 했다. 기쁨을 꾸준히 느낄 수 있는 요령을 익힐 때까지 그리고 안정적으로 기쁨에 접근하기까지는 매우 오랜 시간이 걸렸다. 그러나 그 경험으로 나는 명상 연습에서 가장 중요한 것을 배웠다. 이완하는 법을 최우선적으로 찾아야 하며, 이완이 깨지면 다시 이완에서 오는 안정감을 되찾아야 한다는 것이다.

이완은 명상의 가장 기본적인 요소로, 다른 효과들의 기초가 된다. 이완 없는 정신 연습은 단단한 뿌리가 없는 나무와 같아서 지속할 수가 없다. 노련한 수행자들은 일단 안정감을 먼저 확보한 후, 이를 바탕으로 이후 과정을 진행해나간다. 이완할 때는 최소한의 노력만을 들여야 하는데, 이는 당연하게도 노력 행위가 이완을 해치기 때문이다. 마음이 이완되지 않으면 간단한 산책을 나가거나, 눕거나, 심지어 다른 생각을 해서라도 이완된 상태를 만들어야 한다.

이완이 얼마나 중요한지 깨달은 후, 나는 명상할 때 이완을 연습하는 데 많은 시간을 쏟았다. 정좌하고 다른 일은 전혀 하지 않은 채, 내가 숨 쉬고 있다는 사실을 인식하는 데 많은 시간을 보냈다는 소리다. 시간이 좀 지나자, 이완은 하나의 요령이 됐다. 더 차분해지자, 건강이 좋아졌고 스트레스에 대해서도 더 능숙하게 반응하게 됐다. 그 결과, 전보다 인간적으로 더 나은 사람이 됐다.

역설적이게도, 내가 이완하는 데 익숙해지자 이완 때문에 안절부절못하는 일이 생겼다. 이완한 다음에도 크게 두 가지 문제가 생겼다. 내 주의가 호흡에서 멀어져 다른 곳을 자주 방황했으며, 명상 중에 자꾸 잠이 들었다. 정말 자주 말이다. 명상 용어로는 '주의 안정이 부족한 상태'가 됐다. 주의 안정이 부족한 상태는 점점 내 신경을 건드렸고, 나는 이를 고치기 위한 노력을 시작했다. 그러나 어떻게?

다시 한 번 나는 내 과잉성취자로서의 신조를 적용해 규율을 정하고 노력을 쏟아부었는데, 다만 내가 배운 것을 살짝 변형해서 적용했다. 바로, 먼저 이완을 하는 것이었다. 이는 효과가 있었다. 나는 스스로에게 "앞으로 30분간 모든 들숨과 날숨에 집중할 것이며, 단한 번의 호흡도 놓치지 않을 것"이라고 지시를 내렸다. 규칙은 단 하나였다. 이완이 최우선이다. 그 무엇보다 먼저 이완을 하고, 만약 이완이 흐트러지면 이완을 되찾는다. 다시 말해, 나는 노력 때문에 스트레스를 받지 않겠다는 결심을 했다. 스트레스를 받을 때마다 잠시 노력을 멈추고 이완을 되찾은 후 다시 노력으로 돌아간 것이다.

정말 효과가 있었다. 더 많은 노력으로, 나의 주의 안정이 향상되기 시작했다. 그 후 나는 짓궂은 것을 실험 삼아 해보기로 했다. 당시 현명한 명상 스승들이 나에게 하지 말라고 했던 것, 즉 명상을 경쟁 게임으로 변형해보기로 한 것이다.

나는 엔지니어라서 모든 일을 게임화하는 것을 좋아한다. 당시 명상 수행 중이던 나는 스스로와 명상으로 경쟁을 해보기로 했다. 초시계로 시간을 재서 내가 호흡 한 번에 얼마 동안 주의를 집중할 수 있는지 보기로 했다. 주의를 잃을 때마다 시간을 기록하고 초시계를 다시 작동시키는 방법이었다. 나는 최고 기록을 노려볼 참이었다.

"미쳤군."

여러분은 이렇게 말할 수 있다. 그러나 늘 그래왔듯이 내 광기 뒤에는 방법이 숨어 있었다. 나는 명상 스승들이 명상에 목표를(경쟁을 포함한 목표라면 더더욱) 정하지 말라고 가르치는 것은 이로 인해 이완이 깨질 수 있으며, 이완이 깨지면 효과가 없기 때문이라고 생각했다. 그러나 내 경우에는 이미 편안함에서 우러나온 기쁨을 원할 때마다 느낄 수 있었고, 명상할 때마다 그런 기쁨이 넘쳐났기 때문에, 이완 상태를 해치지 않고서도 경쟁적인 명상의 목표에 꽤 많은 노력을 들일 수 있었다. 나는 실제로도 그런지 테스트해보기로 했다.

실험 결과, 빠른 진전이 있었다. 오직 80시간의 명상 수행 동안 내 '최고 점수'는 6분에서 30분까지 늘어났다. 스트레스를 받지도 않고 30분간 호흡에 주의를 집중하는 능력을 계발한 것이다.

조금 더 연습을 한 지금, 당시 경험을 되돌아봤을 때 그리고 다른 지도자들과 대화를 나눠본 결과, 나는 내가 정말 우연히 요령이 필요한 일을 했다는 것을 깨달았다. 정신 훈련을 할 때는 절제된 노력과 기쁨으로 가득한 이완 사이에서 절묘한 균형을 잡을 수 있어야 한다. 말인즉슨 기쁨이 넘치는 이완에 접근할 수 있으면 더 많은 절제된 노력을 할 수 있다는 것, 이 둘을 더 잘하게 될수록 더 빠르게 주의 안정을 확보할 수 있다는 것이다.

2장과 3장을 통해 여러분은 힘들이지 않고 기쁨에 접근하는 데 필요한 모든 것을 배웠다. 이것을 연습할 때, 여러분은 감각적·자기도취적 쾌락에 의존하지 않는 평화와 기쁨의 자유를 경험하게 될 것이다. 내면의 평화와 기쁨은 세속적인 것과는 별개라서 여러분은 언제 어디서든 이것들에 접근할 수 있다. 힘들이지 않고 기쁨에 접근하는 것은 시간, 공간과 상관없이 이것에 접근하기 위한 세 가지 방법 중 하나다. 다음 장에서는 언제든 내면의 평화와 기쁨에 접근하는 두 번째 방법을 배울 것이다. 바로 '기쁨을 향해 마음 기울이기'다.

힘들이지 않고 하는
매일 정신 연습

정리해보자. 명상이 쉬우며, 명상을 위한 단 한 번의 호흡도 나에게 이로울 수 있음을 이해하는 것이 첫 단계다. 첫 숨에도 기쁨이 있다는 것을 깨달아야 한다. 딱 한 번 주의를 집중한 채 호흡하는 연습을 자주 반복해 습관으로 만들어야 한다.

다음 단계는 마음이란 안정시키는 것이 아닌, 스스로 안정되는 것임을 이해하는 일이다. 우리가 할 일은 그저 마음이 안정될 수 있는 조건을 만드는 것뿐이다. 이로 인해 불필요한 부담을 지지 않아도 된다. 마음이 안정되는 일에 우리가 더 할 수 있는 일이 없기 때문이다. 우리는 그저 안정을 위한 환경을 만들 뿐이다. 이를 이해한 상태로 더 오랫동안 정좌 명상을 해보라. 최적의 연습 시간은 하루에 20분 이상이지만, 어쨌든 매일 한다면 얼마 동안 하든 심지어 숨 한 번이 지속되는 동안만이라도 유익할 수 있다(이 말이 믿기지 않으면 내 친구 고피에게 물어보라).

원한다면 여러분이 좋아하는 마음 안정시키기 연습(고정시키기, 쉬기, 존재하기)을 내내 해도 좋다. 강아지 명상도 괜찮다. 더 오랜 시간 정좌 명상을 할 때는 정신 이완, 정신적 에너지, 평온한 관조 등 세 가지 요소의 역할을 이해해야 하며 그에 따라 마음을 조정하면 된다.

그 무엇보다도, 편안히 즐기자.

4장

Joy on Demand

제가
행복해진다고요?

———— 기쁨을 향해 마음 기울이기 ————

"나는 그 어느 때보다
행복하고 기쁘다."

나는 들어가는 글에서 기쁨에 접근하는 세 가지 단계에 대해 이야기한 바 있다. 바로 마음 편안하게 하기, 마음 기울이기, 마음 고양시키기다. 2, 3장에서는 기쁨에 힘들이지 않고 다가가는 법과 마음을 쉽게 하는 법을 배웠다. 이번 장에서는 기쁨을 향해 마음 기울이는 법을 배워보겠다.

강물을
흘러가게 하라

어떤 고대 문헌에는 마음 기울이기에 대한 아름다운 설명이 나와 있다. 고대에는 마음 기울이기를 산비탈에 비유했다. 땅이 기울어져 있으면, 물은 기울어진 방향을 따라 자연스럽게 흘러간다. 이와 같이 마음이 특정 방향으로 기울어져 있으면, 생각과 감정은 기울어진 방향으로 흘러가게 마련이다. 마음이 기쁨을 향해 기울어져 있으면, 별 노력 없이도 기쁜 생각과 감정이 마구 피어날 것이다.

이 간단하면서도 중요한 통찰은 실용적인 영향으로 나타난다. 바로, 마음에 강제적인 힘을 가하는 것이 아니라 마음을 자연스럽게 기울여 감정과 생각이 원하는 방향으로 일어나도록 방향을 바꾸는 것이 정신 수련의 요령이라는 것이다.

기원전 2,200년경 한 순제 집권 시절 중국은 황하를 따라 발생하는 파괴적인 홍수로 고역을 치르고 있었다. 한 순제는 군이라는 귀족에게 문제를 해결하라는 명령을 내렸다. 군의 전략은 물의 흐름을 막을 수로와 댐을 축조하는 것이었다. 당시의 기술 수준과 문제의 심각성을 고려할 때 이 전략은 실패할 공산이 컸으며, 실제로 9년간 수로와 댐을 건설한 결과 무참히 실패하고 말았다. 군이 죽고 나서 군의 아들 위가 과업을 물려받았다. 위는 아버지 생전의 작업 과정을 9년간 지켜볼 기회가 있었기에, 그 실패 원인부터 분석했다. 그 결과, 위는 완전히 반대 전략을 세웠다. 물을 막는 대신 활용하기로 한 것이다. 그는 강을 준설해 강의 폭이 좁아지는 부분을 없애 물이 바다로 더 자유롭게 흘러갈 수 있도록 했다. 능숙하게 관개운하 시스템을 건설해 이전의 파괴적인 물살을 작물 재배에 사용했다.

중국 역사상 가장 위대한 인물 중 하나로 기억되는 위처럼, 노련한 명상가는 마음을 다스릴 때 마음과 싸우기보다는 방향을 바꾸는 방법을 사용한다. 이 '기울이기' 방식은 한 가지의 중요한 능력을 필요로 한다. 바로 '친숙해지기'다. 앞서 명상이 익숙해진다는 뜻임을 밝히기도 했는데, 이 경우에는 마음을 기쁨에 익숙해지게 만드는 것을 말한다. 마음이 기쁨에 익숙해질수록 기쁨을 더 잘 인지할 수 있고, 기쁨으로 더 기울어지면서 기쁨이 발생하는 조건을 더 힘들이지 않고 만들 수 있다. 영어에서 '친숙하다^{familar}'라는 단어는 '가족 family'이라는 단어와 매우 관계가 깊다. 그런 점에서 마음을 기쁨에 익숙해지도록 만드는 것은 기쁨을 가족의 가까운 친척 혹은 가족 구성원으로 만드는 것과 같다. 가족은 여러분이 늘 기댈 수 있고 여러분을 위해 늘 함께해주는 존재다. 누군가와 가까워지기 위해서는 그 사람을 내 인생에 기꺼이 받아들여야 하며, 그와 시간을 보내야 하고, 그를 열린 마음으로 대하면서도 그에게 조심스럽게 집중해야 하고, 그를 잘 알아야 한다.

이처럼 우리가 마음을 기쁨에 익숙해지도록 할 때는 기쁨을 환영하면서 열린 마음으로 대하고, 시간을 함께 보내고, 조심스럽게 집중하며, 그에 대해 잘 알아야 한다. 이에 4장에서는 기쁨에 대해 알아가는 시간을 가질 것이다.

제가 행복했다고요?
전 몰랐는데요

마음이 기쁨에 익숙해지기 위해서는 일단 기쁨을 발견해야 한다. 이런 이유로 마음이 아주 작은 기쁨을 인지하는 훈련부터 시작해야 하는 것이다. 살다 보면 기쁨의 순간들은 넘쳐나지만 이 순간들은 오래 지속되지 않고 엄청 강렬하지도 않기 때문에 놓치고 지나가는 경우가 많다. 이를 탐지하도록 마음을 훈련시키면, 마음은 기쁨을 향해 자연스럽게 기울어질 것이다.

훈련은 매우 간단하다. 그저 기쁨을 탐지하기만 하면 된다. 어떤 형태로든 얼마나 사소하든 기쁨이 피어날 때마다, 그것이 피어났다는 사실을 인지하면 된다. 그게 전부다.

기쁨을 인지하는 것은 도로에서 파란색(혹은 다른 색) 자동차를 찾는 것과 같다. 파란색 자동차는 매 순간 도로를 지나가지만, 이를 의식하기란 쉽지 않다. 그러나 파란색 자동차를 찾는 게임을 한다면, 그 차가 온갖 곳에 있음을 알게 된다. 우리는 살면서 많은 순간 기쁨을 찾을 수 있지만, 기쁨은 매우 미묘하면서도 빠르게 지나쳐간다. 샤워하며 피부에 따뜻한 물이 닿는 좋은 기분을 느끼는 순간, 기쁨은 즉각 나타난다. 그러나 이 기쁨은 인지하지 못하면 몇 초 이내에 바로 사라진다.

따라서 이 연습은 기쁨이 일어날 때 그것을 인지하는 것이 전부다. 이 작은 기쁨의 조각을 더 많이 인지할수록, 기쁨이 모든 곳에 있음을 알게 된다. 기쁨의 조각들은 원래 모든 곳에 다 있게 마련이므로. 다만 그 이전에는 인지하지 못했을 뿐이다.

인지한다는 것이 사소해 보일 수 있지만, 이는 그 자체로 상당히 중요한 명상 연습이다. 인지한다는 것은 보는 것의 전제 조건이기 때문이다. 눈치 채지 못하는 사물은 볼 수도 없다. 볼 수 없는 것은 이해할 수 없다. 명상 훈련의 궁극적인 목표 중 하나는 '고통의 성질'

'고통의 원인' '고통에서 벗어나는 것의 본질' '고통에서 벗어나는 것의 원인'을 이해하는 것이다. 완전한 이해는 결국 명확히 보는 것에 달려 있다. 불교 경전에서는 이를 '사물을 있는 그대로 보는 것'이라고 표현한다. 사물을 있는 그대로 보려면, 먼저 그 사물의 존재를 인지해야 한다. 그 때문에 단순히 인지하는 행위도 명상이 될 수 있는 것이다.

한 번의 호흡으로 기쁨을 발견할 수 있는지를 확인하는 것부터 시작해보자.

정식 훈련: 호흡 한 번에 기쁨 발견하기

2장에서 연습한 대로 주의를 집중해 숨을 한 번 쉰다. 훈련 중 아주 작은 기쁨이라도 감지되면, 그것을 느껴라. 그게 전부다. 기쁨이 전혀 느껴지지 않아도 괜찮다. 기쁨의 부재를 느끼면 그만이다.

이쯤 되면, 습관의 고리에 대해 알고 있는 이들은 기쁨을 발견하는 것이 습관이 될 수 있음을 알아차릴 수 있을 것이다. 신호, 반복 그리고 보상. 신호는 기쁨을 어떤 방식으로든 경험할 때마다 발생하며, 반복은 그저 이 기쁨들을 인지하는 것이다. 그리고 기쁨을 인지하는 것은 결국 본질적으로 보상이 된다. 습관을 형성하는 데 필요한 세 가지 요소가 모두 별다른 노력 없이 존재하는 셈이다. 우리가 해야 하는 것이라곤 그저 기쁨을 인지하는 것뿐이다. 같은 행위를 여러 차례(30번 정도) 반복하면 습관이 된다. 이는 너무 간단해서 바보라도 할 수 있다.

기 쁨 에
주 의 집 중 하 기

그다음 단계는 기쁨에 집중하는 것이다. 기쁨을 인지하는 것과 집중하는 것에는 무슨 차이가 있을까? 바로 '신경을 쓰느냐, 아니냐'이다. 여러분 집에 아픈 아이가 있다고 가정해보자. 아픈 아이가 있음을 인지한다는 것은, 집에 아이가 하나 있고 그 아이가 아프다는 사실을 알고 있는 것이다. 이후 다음 행위로 이어질지는 모르지만, 어쨌든 인지한다는 것은 아는 것에서 멈춘다. 그저 지식을 습득하는 것이다.

그러나 주의를 집중하는 것은 다르다. 아픈 아이에게 주의를 집중한다는 것은 그 아이를 돌보는 데 직접 책임을 지는 것이다. 아이에게 밥을 먹이고, 통증을 줄이는 데 도움을 주고, 아이가 다시 건강해지도록 해주는 것이다. 주의를 집중한다는 것은 정보를 습득하는 것에서 책임지는 것으로 바뀌는 것이다.

이와 마찬가지다. 기쁨을 인지하는 것 자체도 물론 유용하지만, 기쁨에 주의를 집중하는 것은 이보다 한층 더 유용하다. 기쁨을 자주 느끼는 것은 정신을 기쁨에 익숙해지도록 하는 것이다. 기쁨에 주의를 집중하는 것은 여기서 한 발 더 나아가 마음속의 기쁨을 끌어모으는 것이다. 결국 필요한 것은 그저 기쁨에 강렬하게 주의를 집중하는 것이다.

내가 영어 단어 'attend'를 좋아하는 것은 이 단어가 '방향이 집중된 인지(집중하는 것)'와 '돌봄의 책임(의사가 환자를 돌보는 것 같은)'이라는 의미를 모두 가지고 있기 때문이다. 기쁨에 주의를 집중한다고 말할 때는 'attend'라는 단어의 두 가지 의미가 모두 들어맞는다.

원할 때
기쁨 맛보기

간단한 실험을 한번 해보겠다. 숨을 세 번 쉬어보라. 첫 숨에서는 모든 주의를 숨 쉬는 과정에 집중한다. 두 번째 숨에서는 몸을 안정시킨다. 세 번째 숨을 쉬면서는 기쁨을 끌어내라. 지금 바로 해보자.

세 번째 숨을 쉴 때 기쁨을 끌어낼 수 있었나? 여러분 중 일부는 할 수 있었을 것이다. 첫 번째와 두 번째 숨을 쉴 때 마음을 차분히 가라앉히고 몸을 안정시키면서 이완의 기쁨이 발생했을 테니 말이다. 이 기쁨을 인지하는 요령을 습득한 이들은 이를 더 확장할 수 있다. 세 번째 숨에서 기쁨을 끌어내지 못한 이들 역시 초조해할 필요 없다. 기쁨이 일어나게 하는 간단한 방법이 있기 때문이다. 바로 미소 짓기다.

사람의 표정은 그 사람의 감정 상태를 반영한다. 그러나 표정이 감정 상태를 반영하기도 하지만, 반대로 감정 상태가 표정의 영향을 받을 수도 있다. 이 사실을 발견한 사람이 바로 저명한 심리학자 폴 에크먼Paul Ekman이다. 그는 '감정과 표정의 관계' 연구를 개척해왔다. 그의 주된 업적 중 하나는 감정이 어떻게 얼굴 근육으로 나타나는지를 발견한 것이다. 수년간의 연구 끝에 그는 어떤 감정에 어떤 얼굴 근육이 연결되어 있는지를 정확히 알아냈다. 그리고 훈련을 통해 자신의 얼굴 근육을 활용, 어떤 감정이든 표현할 수 있게 됐다. 그러던 중 그와 그의 동료는 특히 분노와 스트레스 표정을 온종일 연구하던 날 기분이 끔찍했다는 것을 알아냈다. 이후 표정을 지을 때마다 신체 변화를 측정했고, 그 결과 표정 하나만으로도 자율신경계에 놀라운 변화를 일으킬 수 있다는 것을 알아냈다. 실제로, 에크먼이 화난 표정을 지었을 때는 그의 심장 박동이 10~12회 더 늘었으며, 손도 뜨거워졌다.[1]

같은 맥락에서 그저 진심으로 미소를 짓기만 해도 기쁨을 효과적으로 느낄 수 있음을 알 수 있다. 진심으로 행복한 듯이 미소를 지어 보라. 아마도 행복과 관련된 자율신경계에 변화를 일으켜 기쁨을 경험할 수 있을 것이다. 이 방법은 내게 늘 효과가 있다. 심지어 활짝 웃지 않아도 된다. 살포시 짓는 미소만으로도 충분하다.

　이것을 세 번의 호흡으로 시작하는 간단한 정식 연습으로 만들어 보았다. 첫 두 번의 호흡을 하면서 모든 주의를 호흡에 집중시키고 몸을 안정시킨다. 필요하면, 미소를 짓는다. 활짝 웃어도 좋고, 살짝 웃어도 좋다. 기쁨이 느껴진다면, 그 기쁨에 전적으로 주의를 기울인다. 반복해도 좋다.

정식 연습: 기쁨을 일으켜 기쁨에 집중하기

깨어 있으면서도 편안함이 느껴지는 자세로 앉는다. 눈은 떠도, 감아도 상관없다. 세 번의 숨을 쉬는데, 첫 숨을 쉬며 강하고 부드럽게 주의를 집중시킨다. 두 번째 숨을 쉬면서 몸을 안정시킨다. 세 번째 숨을 쉬면서 기쁨을 일으킨다. 필요하다면 활짝 혹은 살짝 웃는다. 기쁨이 느껴지면 그 기쁨에 모든 주의를 집중시킨다. 원한다면, 이 과정을 몇 번 더 연습한다.

　천천히 깊게 숨을 쉴 때, 나는 1분에 약 여섯 번의 숨을 쉰다. 그러니 숨을 세 번 쉬는 이 연습은 30초밖에 걸리지 않는다. 이 연습을 3분으로 늘려 숨에 1분간 집중하고, 다음 1분간은 몸을 안정시키고, 기쁨이 느껴지면 모든 주의를 집중시키는 것에 1분을 사용할 수 있다. 특정 기준을 정해도 좋다. 실험을 해본다고 해서 나빠지는 것은 아무것도 없으니까.

　이 연습으로 여러분의 마음은 기쁨에 익숙해지는 동시에 일상적인 상황에서도 필요에 따라 기쁨을 이끌어내는 능력을 계발하게 될 것이다. 이 간단한 연습이 이렇게 강력한 이유는 무엇일까? 그것은 이 연습이 기쁨을 일으키는 세 가지 요소, 즉 '마음의 안정' '이완과 편안함' '기쁨을 자극해 인지하는 것'을 모두 포함하고 있기 때문이다. 이 각각의 요소들은 내면의 기쁨을 발생시키는 데 도움이 된다. 이 세 가지가 합쳐지면 그리고 마음이 이 조합에 익숙해지면, 매우 강력한 능력을 얻게 된다. 이보다 더 기쁨에 도움이 되는 정신적 요소는 오직 사랑과 친절 그리고 자비밖에 없다. 이 요소들은 다음 장에서 자세히 다뤄보겠다.

기쁜 마음은 명상에 유익하다

내 깨달음 중에서 가장 중요한 것 중 하나는 명상에서 기쁨이 매우 중심적인 역할을 한다는 것이다. 이 깨달음으로 나는 명상훈련뿐만 아니라 삶에서도 기쁨의 길에 굳게 자리 잡았다. 내 명상 연습의 기원이기도 한 초기 불교의 고대 문헌에는 기쁨이 매우 자주 언급된다. 중요한 불교 경전인 〈기반경*Upanisa Sutta*〉은 "집중의 근인(가장 가까운 원인)은 기쁨"[2]이라고 강조한다. 다시 말해, 기쁨이야말로 (명상적) 집중에 가장 중요한 요인이라는 것이다.

"집중의 근인은 기쁨"이라는 말에는 세 가지 중요한 메시지가 있다. 하나는 이 말의 해석, 또 하나는 이 말의 맥락, 나머지 하나는 이 안에 함축된 가정이다. 해석과 관련된 메시지는 '집중'이라는 단어와 관련이 있다. 〈기반경〉은 팔리어(붓다 시절에 쓰인 고대 언어)로 쓰여 있는데, 이 팔리어에서 집중이라는 말은 '사마디samadhi'로 이 단어는 '집중'이라는 대표 뜻 외에 '평온함' '차분함'이라는 뜻도 가지고 있다. 그러나 집중, 평온함, 차분함 모두 사마디라는 말을 부분적으로 나타낼 뿐, 이를 완전히 표현하기에는 부족하다. 사마디는 이 세 가지를 모두 포함하는 말이다. 사마디는 차분하고, 평온하며, 안정된 마음 상태이며, 또 다른 측면에서 집중한 상태라는 뜻도 포함하고 있어, 주의가 완전히 안정되고 차분하다는 뜻이다. 사마디는 명상에서 매우 중요한 말인데, 사마디 상태에 머물 수 있는 능력은 경지에 이른 명상가들의 대표 능력 중 하나다. 내 생각에 사마디를 가장 잘 표현한 영어 단어는 '차분함' '침착함'이라는 뜻의 'collectedness'인데, 이는 많은 것을 모아collect 한 자리에 두는 것이란 인상을 준다. 이 이야기를 하는 이유는 기쁨이 명상에서 매우 유용하며, 기쁨이 가장 높은 명상의 단계로 이어진다는 것을 말하기 위해서다.

집중의 두 번째 메시지는 기쁨이 한 종류가 아니라는 반가운 사실과 관련이 있다. 〈기반경〉은 마음 연습에 한 가지가 아닌 세 가지의 기쁨이 있다고 말한다. 이 세 종류의 기쁨은 팔리어에서 '파모짜pamojja' '피티piti' '수카sukha'로 지칭된다. 파모짜는 종종 '반가움'으로 해석되며, 좋아하는 것을 찾은 데서 오는 흥분을 표현한다. 이 경우 나의 삶을 윤택하게 해줄 교리를 찾은 것에 대한 반가움이다. '피티'는 환희에 가까운 기쁨이다. 종종 '고무적인 기쁨' '활기찬 기쁨'으로 해석되기도 한다. 마음을 고무시키는 황홀한 기쁨인 셈이다. 수카는 '행복'으로 종종 해석되며, '만족' '지복' '쾌감' '차분한 기쁨' '부드러운 기쁨' 등으로 옮겨지기도 한다. 수카를 느끼는 이는 조용하면서도 지속적으로 만족을 느끼게 하는 기쁨을 경험한다. 명상이 아닌 일상적인 맥락에서의 수카는 보편적 행복을 의미하기도 하는데, 이 때문에 고대 불경을 읽는 사람들은 혼란을 겪기도 한다. 사마디의 근인은 수카지만, 파모짜와 피티도 사마디에 이르는 데 중요한 역할을 한다. 이 뉘앙스를 설명하는 것은 명상의 기쁨이 매우 다차원적이고 다양하다는 것을 강조하기 위해서다.

세 번째 메시지는 이 텍스트에만 해당되는 것이 아니라 초기 불교 경전 전반에 걸쳐 등장하는 가정에서 나온다. 그것은 기쁨의 완전한 근원에 관한 개념이다. 여기서 '완전한'은 팔리어로 '쿠살라kusala'인데, 이는 종종 '노련한'으로 해석되며, 이런 해석을 나는 매우 노련하다고 느낀다. 쿠살라는 종종 '이익이 되는'으로도 풀이되는데, 장담컨대 이는 월스트리트에서 스폰서를 하는 것 따위의 의미와는 거리가 멀다. 우리가 지나치게 단순화해 사용하는 '완전한'이라는 단어는 쿠살라의 의미를 제대로 담지는 못하지만, 어쨌든 이 책의 목적을 설명하는 데는 충분하다. 완전한 기쁨의 근원은 욕심, 악의, 앞으로 겪을 고통의 씨앗 등으로는 오염되지 않은 것이다. 예컨대 친절함은 기쁨의 완전한 근원이며 반면 잔인함에서 오는 기쁨은 완전하지 않다. 완전한 것에서 오는 기쁨은 마음이 차분해지는 데 도움이 된다. 완전하지 않은 것을 바탕으로 한 기쁨은 마음을 평화, 만족, 차분함 등에서 멀어지게 만들며 비생산적이다(최소한 명상의 목적으로서는 말이다).

그러므로 기억하라. 기쁨을 위해서는 오염되지 않은, 완전한 선의로 가득한 기쁨의 근원을 활용해야 한다.

시간을 초월하는 교훈을 이해하기 위해 고대 경전을 읽을 필요는 없다. 다만 기쁨에는 다양한 측면과 근원이 있고 기쁨이 모두 같은 근원에서 만들어지는 것은 아니라는 점 그리고 차분하고 안정된 상태는 기쁨, 특히 적절한 근원을 바탕으로 한 기쁨과 큰 관계가 있다는 점을 알아야 한다.

명상의 언어로 말하면, 기쁜 마음은 명상에 매우 도움이 되며 명상하는 마음 역시 기쁨에 크게 도움이 된다. 이 사이클이 작동되기 시작하면, 이 둘은 서로를 강화해 더 깊은 명상 연습을 하고 더 기쁜 삶을 살 수 있도록 해준다. 그러므로 기쁨을 명상의 수단으로 활용하는 것을 두려워할 필요도, 반대로 명상을 기쁜 삶을 영위하기 위한 도구로 사용하는 것을 두려워할 필요도 없다. 이 두 가지에서 완전하고 능숙하게 이로움을 얻을 수 있으니 말이다.

일 상 에 서
기 쁨 에 집 중 하 기

기쁨을 일으키는 정식 연습을 보완하는 방법은 바로 일상생활에서 기쁨에 집중하는 약식 연습을 하는 것이다. 신난다!

일상에서 우리가 활용할 수 있는 기쁨에는 세 가지 근원이 있다. 이중 하나는 정신을 고무시키는 행동이다. 이러한 행동에는 관대함, 사랑과 친절, 자비 등이 포함된다. 이 세 가지만으로도 한 챕터를 다 채울 수 있는데, 바로 다음 장에서 이를 다룰 생각이다.

또한 윤리적 행동 역시 완전한 기쁨의 일상적 근원이라 할 수 있다. 올바른 일을 하는 것은 양심을 깨끗이 만드는 일등공신이며, 양심이 깨끗해야 매우 놓치기 쉬운 무결점의 기쁨이 발생한다. 고대 경전에서, 무결점의 기쁨을 만들어내는 것은 농부가 작물을 심기 전 잡초를 뽑고 돌을 골라내는 행위에 비견된다. 땅을 정리해야 작물은 더 잘 자란다.

이처럼 무결점의 기쁨은 마음에서 수치심, 죄책감, 걱정, 후회를 없앰으로써 명상에 도움을 주는 안정을 가져온다. 그 결과, 우리 마음은 윤리적 행동을 긍정적으로 인식하게 돼 이후 윤리적으로 행동할 가능성이 더 커진다. 그러므로 윤리적인 결정이나 행동을 할 때마다 잠시 시간을 두고 이렇게 생각하길 바란다.

"나는 윤리적인 일을 했다. 내 양심은 깨끗하고 그러므로 나는 기쁘다."

이제 기쁨이 느껴지면 1분이라도 이 기쁨에 모든 주의를 집중시켜라. 이것이 무결점의 기쁨이다.

> ### 약식 연습: 무결점의 기쁨에 집중하기
>
> 윤리적인 결정이나 행동을 할 때마다 잠시 시간을 두고 생각해보라.
> "나는 윤리적인 일을 했으며, 내 양심이 깨끗함을 느낀다. 나는 기쁘다."
> 이제 기쁨이 느껴지면, 이 기쁨에 1분이라도 주의를 집중시킨다.

또 다른 완전한 기쁨의 근원은 일상에서 만족스러운 경험에 집중하는 것이다. 만족스러운 경험을 하면, 최소한 1분이라도 그 만족스러움이 일으키는 기쁨에 완전히 집중한다. 그게 끝이다. 예를 들어, 점심을 먹으며 첫 한 입의 기쁨에 완전히 집중해보라. 가장 배고플 때 첫 한 입을 먹게 되니, 이는 가장 맛있는 한 입도 된다. 이때 만족에서 오는 아주 사소한 기쁨이 발생한다. 이를 놓치지 마라. 이 기쁨에 완전히 집중하라. 이 연습은 그저 음식을 한 입 베어 물 때만 집중하면 되는 것이기 때문에, 다른 누군가와 점심을 먹고 있더라도 대화 시간을 많이 빼앗지 않는다. 이전에 언급했던, 샤워할 때 따뜻한 물이 살결에 닿는 순간의 기쁨에 집중하는 것도 마찬가지다. 또 사랑하는 사람과 함께 있을 때는 그의 존재에서 느끼는 기쁨에 완전히 집중해보라.

만족스러운 경험이 주는 기쁨에 집중하는 연습을 할 기회는 하루에도 수없이 온다. 밥을 먹을 때만 해도 음식을 베어 무는 일이 여러 번 일어나므로, 만족스러운 감각적 경험에 주의를 집중할 기회는 얼마든지 많다. 많은 사람들이 이 연습을 최소한 하루에 한 번은 할 수 있다는 것이다. 그리고 이 책을 읽는 여러분은 하루에 최소 한 번 식사를 할 수 있는 인구에 속할 가능성이 크다.

약식 연습: 일상의 만족감에서 오는 기쁨에 집중하기

만족스러운 경험을 할 수 있는 활동을 할 때마다 최소한 1분 정도는 그 만족감이 일으키는 기쁨에 주의를 완전히 집중한다. 다음이 그 예다.

- 식사를 할 때마다 최소한 처음 음식을 먹을 때의 기쁨에 완전히 집중한다.
- 사랑하는 사람, 특히 아이를 볼 때, 1분간 그 대상이 주위에 있음에 감사하며 그 기쁨에 집중한다.
- 사랑하는 사람과 손을 잡으면, 1분 동안 그 접촉이 주는 기쁨에 완전히 집중한다.
- 샤워할 때, 따뜻한 물이 몸에 닿으면서 느끼는 기쁨에 집중한다.
- 화장실에서 볼일을 볼 때, 방출의 기쁨에 1분간 집중한다.
- 날씨 좋은 날 외출을 했을 때, 좋은 날씨가 주는 기쁨에 집중한다.
- 걸을 때, 걷는 능력이 있음에 기뻐하고, 그 기쁨에 1분간 집중한다.

만족감을 주는 것을 보거나 듣거나 만지거나 그것의 냄새를 맡거나 맛을 볼 때 1분간 그 기쁨에 주의를 집중시키고, 사랑하는 사람과 소통할 때 1분간 그 사람과 함께한다는 사실이 주는 기쁨에 집중한다.

이 단순하면서도 사소해 보이는 연습에는 강력한 이점이 있다. 일단 관계가 더 만족스러워진다. 우리는 종종 사랑하는 사람의 가치를 모르다가 그들과 떨어지고 나서야 소중함을 깨닫곤 한다. 자녀가 대학에 다니기 위해 집을 떠난 후에야 '함께 있을 때 더 신경 써줄걸' 하고 생각하는 식이다. 이 연습을 하면, 소중한 사람이 곁에 있을 때 그의 존재를 소중히 여기게 되어 이런 후회를 하지 않게 된다. 사랑하는 사람들이 곁에 있음을 기뻐하는 것에 주의를 집중하면, 그들을 더 소중하게 여기고 그들과 함께 있음을 더 즐기게 되어 더 행복해지고 관계도 더 돈독해진다.

또 다른 강력한 이점은 매우 행복해진다는 것이다. 우리는 기쁜 순간을 놓치는 경우가 너무나 많다. 기쁨에 주의를 기울이지 않기 때문이다. 이 연습은 기쁨을 그저 인지하기만 하는 것이 아니라 그것에 완전히 집중해 온전히 즐길 수 있게 해준다. 기쁨이 커지는 한편 무엇보다 감사의 마음이 따라온다. 이로써 삶의 작은 기쁨들을 완전히 즐기는 것은 물론 이 기쁨들을 당연시하지 않고 더 감사하게 된다.

많은 연구에서, 행복을 느끼게 하는 중요 요소 중 하나가 감사함이라는 것이 증명되고 있다.[3] 감사 일기를 쓰는 것은 행복 감정을 크게 증가시킨다.[4] 《행복의 특권》 저자인 내 친구 숀 아처는 매일 2분간 세 가지의 새로운 감사할 일을 찾고, 이를 21일간 반복하는 것이 낙관주의를 배우는 가장 빠른 방법이라고 말했다.[5] 그는 또한 매일

할 수 있는 좋은 연습을 제안하며 이것을 "더블러^{doubler}"라고 불렀다. 더블러는 그날 있던 긍정적인 경험 하나를 자세히 떠올리는 것이다. 뇌는 시각화와 실제 경험의 차이를 구분하지 못하기 때문에, 이를 통해 긍정적인 경험을 두 번 하는 것과 마찬가지인 효과를 볼 수 있다는 이야기이다.

감사 일기를 작성하면서 감사할 일을 찾는 것 그리고 매일 기쁜 경험을 회상하는 것 모두 좋은 아이디어다. 그러나 1분간 모든 기쁨의 경험에 주의를 집중하는 데는 시간과 노력이 별로 필요하지 않다는 이점이 있다. 하루에 몇 번이고 할 수도 있고, 하는 즉시 만족도 할 수 있다.

이 훈련은 두 가지 이유로 명상 연습에도 도움이 된다. 첫 번째는 기쁨에 전적으로 집중하는 모든 순간 주의가 더 증폭되는데 주의 집중 훈련은 명상의 핵심이므로, 결국 기쁨에 주의를 집중하는 것이 곧 명상을 연습하는 것이 될 수 있다는 점이다. 시간이 지나면서 이런 경험은 쌓이게 된다. 더 중요한 두 번째 이유는 일상 활동에서 만들어내는 기쁨이 정좌 명상 중에도 마음을 기쁨에 더 익숙하게 해준다는 것이다. 앉아서 이따금씩 "오, 이것 봐. 호흡이 정말 기분 좋아. 행복해" 하고 깨닫게 된다는 것이다. 나는 뜬금없이 피티와 수카를 느낄 때가 있는데, 이것이 내 명상을 가속화하기도 한다. 마음이 일상의 기쁨에 더 기울어질수록, 명상이 생산적이고 즐거워질 가능성은 더 커진다.

나는 언젠가 죽는다는
생각

일상에서 기쁨의 순간을 인지하는 데 있어 가장 큰 장애물 중 하나는 습관화일 것이다. 습관화란 어떤 일들을 당연하게 여기는 것이다. 여러분이 늘 바라왔던 승진을 마침내 이뤄내는 순간을 상상해보자. 처음에는 엄청난 행복을 느끼겠지만, 며칠, 몇 주, 몇 달이 지나고 나면 승진에 대한 여러분의 반응은 내가 10대들로부터 배운 말 한 마디로 요약될 수 있을 것이다. "뭥미". 늘 꿈꿔오던 자동차나 집을 사는 것, 늘 하고 싶었던 직업을 얻는 것, 그 어떤 일이라도 시간이 지나면 시시해진다.

습관화를 극복하는 방법에는 총 세 가지가 있는데, 이중 두 가지는 이미 앞에서 다뤘다. 그중 첫 번째는 주의를 활용하는 것으로, 예컨대 기쁨에 주의를 집중하는 것이다. 이론상으로는 주의 집중하는 법을 마스터하면 습관화 역시 극복할 수 있다. 선 수도승에 대한 초기 연구 중 하나는 이 현상을 1966년에 관찰한 바 있다.**6** 이 연구에서는 참여자들이 명상할 때 그들에게 주기적인 간격으로 청각적 자극을 반복해가며 신경학적 반응을 측정했다. 초보 명상가의 뇌에서는 얼마 지나지 않아 소리에 익숙해지는 반응이 발견됐으며, 그들은 곧 소리에 반응하지 않게 되었다. 반대로, 숙련된 명상가들은 이 소리에 익숙해지지 않는 것을 선택할 수 있었다. 소리가 수없이 반복

되고 나서도 잘 훈련된 정신은 매번 소리가 날 때마다 마치 그 소리를 처음 들은 것처럼 반응했다. 선불교에서는 이것을 '선의 정신' '초보자의 정신'이라 시적으로 표현한다. 굳이 선승이 아니더라도, 마음챙김을 계속 연습하다 보면 정신의 힘으로 습관화를 줄여 일상의 기쁨들을 매번 새롭게 느낄 수 있다.

습관화를 극복하는 두 번째 방법은 감사의 마음을 품는 것이다. 감사의 마음은 기쁜 경험들이 얼마나 소중한지를 제대로 볼 수 있게 해준다. 예를 들어, 내가 이뤄낸 승진은 너무나 소중하다. 몇 년간 그것을 위해 노력해왔으니까. 자동차와 집을 사는 것 역시 소중하다. 이를 위해 몇 년간 저축해왔으니까. 건강한 몸은 소중하다. 생계 수단을 가진 것은 소중하다. 평화로운(전쟁 중이 아닌) 나라에 사는 것은 소중하다. 음식과 식수를 바로 얻을 수 있는 것은 소중하다. 파란 하늘과 초록색 잔디를 볼 수 있는 것은 소중하다. 사실 삶에서 기쁨을 주는 모든 것은 소중하다. 좋은 것들은 작은 경고도 없이 갑자기 사라지기 때문이다. 우리는 건강을 잃을 수도, 직장에서 해고를 당할 수도, 사고로 눈이 멀 수도 있다. 전쟁이 일어날 수도, 문명이 붕괴될 수도 있다. 감사의 마음은 모든 것이 소중하다는 것을 깨닫게 해준다. 모든 것이 얼마나 소중한지 알게 될수록 그것들을 당연시하는 일도 사라질 것이다.

그리고 세 번째이자 가장 강력한 방법은 삶의 유한성을 분명히 의식하는 것이다. 언젠가 나는 죽는다. 내가 사랑하는 사람들도 마찬가지이며, 그중 몇몇은 나보다 빨리 죽을 것이다. 아무리 과학 기술이 인류의 생명을 연장해 인간이 천년만년 살 수 있다 하더라도, 어쨌든 나도 내가 사랑하는 사람들도 모두 죽는다. 삶의 유한함을 이해하는 것은 큰 변화를 가져온다. 최소한 사물을 제대로 볼 수 있게 되고, 무엇이 중요하고 중요하지 않은지 구분할 수 있게 되며, 이에 따라 제대로 된 삶의 우선순위를 정할 수 있게 된다.

내 친구 에혼Ehon은 동갑내기 친구 한 명이 20대에 죽는 경험을 했다. 이로 인해 삶이 얼마나 짧고 소중하며 깨지기 쉬운지를 깨달았다. 이후 그는 삶의 방향이 바뀌었으며, 지금은 성공적인 젊은 사업가가 되었다.

스티브 잡스Steve Jobs는 2005년 스탠퍼드대학교 졸업 축사에서 자신의 삶이 얼마 남지 않았음을 알고 이렇게 말했다.

삶에서 큰 변화를 주도하게 된 가장 중요한 계기는 내가 곧 죽는다는 것을 기억하는 것이었다. 그러자 다른 이들의 기대, 자존심, 실패나 수치에 대한 두려움, 이 모든 것은 죽음 앞에서 아무런 의미도 없었고, 내게는 진정 중요한 것만 남았다. 내가 언젠가 죽는다는 것을 기억하는 것은, 내가 아는 한 잃을 게 있다는 생각의 함정을 피하는 최고의 방법이다. 여러분은 이미 벌거숭이다. 심장의 소리를 따르지 않을 이유가 전혀 없다.

이렇게 어두운 주제가 행복과 관련된다니, 참 놀라운 일이다. 한 연구에서 사람은 살날이 얼마 남지 않았다고 느낄수록 일상적 경험에서 행복을 느낄 가능성이 더 커져 더 행복하다는 사실이 밝혀졌다.**7** BBC 다큐멘터리 〈부탄, 행복 뒤의 어두운 비밀*Bhutan's Dark Secret to Happiness* 〉에서는 부탄 사람들이 행복한 이유로 그들이 하루에도 다섯 번씩 죽음에 대해 생각하는 것을 들었다.**8** 이 다큐멘터리에 소개된 2007년의 한 연구에서는 참가자들이 죽음에 대해 명상해 보라는 지시를 받은 후 단어 채우기 게임을 하자, 행복을 암시하는 단어를 더 많이 생각해낸다는 것이 드러났다. 예를 들어, '기_'이라는 단어가 나오면 '기쁨'을 만드는 식이다.**9** 결국 자신의 죽음에 대해 잘 인지하고 있는 것이 행복의 비밀이 될 수 있는 것이다.

내게는 내가 언젠가 죽을 것이라는 사실을 기억하는 것이 또 다른 멋진 효과가 있었다. 사랑하는 사람에게 오랫동안 화난 상태를 유지하지 않게 된 것이다. "이 사람이 내일 죽는다면 어떨까?"라고 가정하면, 나는 매우 슬퍼하며 그 사람 생전에 더 잘했어야 한다고 생각하게 된다. 그런 생각을 하고 나면, 오랫동안 화를 낸 채로 지내기가 쉽지 않다.

최소한 하루에 한 번씩 언젠가 내가 죽을 것이며, 내가 사랑하는 사람들도 모두 죽을 것이라는 사실을 기억하길 추천한다. 그래야 할 이유가 떠오르지 않는다면, 그것이 사실이므로 그리 하라.

고 통 받 지   않 는   데 서
오 는   기 쁨

고통받지 않는 것이야말로 삶의 가장 큰 기쁨 중 하나다. 한 번은 고약한 치통으로 괴로워한 적이 있다. 사랑니가 어금니를 뚫고 자라는 바람에 어마어마하게 아팠던 나는 사랑니를 빼는 매우 고통스러운 수술을 받았다. 그 후로도 며칠간 계속 아팠다. 통증 때문에 응급 수술까지 해야 할 정도였다. 의사 선생님이 근관root canal을 씌워줬지만 치아가 결국은 부러져 다시 수술을 해야 했고, 이번 수술도 어마어마하게 아팠다. 이 모든 과정을 겪으며 나는 생각했다.

'이 아픔만 없다면 정말 행복할 텐데.'

며칠 후 고통은 사라졌지만 나는 행복하기로 했던 다짐을 잊었다. 그러다 다음번에 비슷한 통증을 겪자, 나는 다시 이 통증만 없다면 행복할 것이라고 말했고, 고통이 사라지자 다시 행복해지기로 했던 다짐을 잊고 말았다.

내가 치통 때문에 아파하지 않는 것에 대해 행복해하기로 했던 기억을 잊지 않는다면, 나는 늘 고통받지 않는 데서 오는 기쁨을 느낄 것이다. 그럴 수 있는 방법이 있을까? 있다. 그 시작은 마음을 기쁨의 방향으로 기울이는 것이다.

고통받지 않는 데서 느끼는 기쁨을 발견하는 과정은 매우 느리고도 점진적으로 일어났다. 한번은 기쁨을 향해 마음 기울이는 연습을 하면서, 음식에, 날씨 좋은 날 산책하는 것에, 석양을 발견한 것에 주의를 집중하고 있었다. 그저 기쁨에 집중하는 것 이외에는 특별한 행동을 하지 않았는데, 시간이 지나면서 점점 기쁜 일들이 많아지고 있음을 깨달았다. 심지어는 중립적인, 기쁘지도 기쁘지 않지도 않은 경험들조차 기쁜 일로 분류되었다. 왜일까? 생활에서 발생하는 단순한 경험들에 집중할수록 그 경험들을 당연히 여기는 일도 줄어들었고, 이전에는 중립적이라고 느꼈던 경험들까지 사실은 매우 기쁜 일로 받아들이게 됐기 때문이다.

그러다 하루는 이것이 티핑포인트^{tipping point}(특정 현상이 어느 순간 어떤 계기로 인해 들불처럼 번지는 것 – 옮긴이)에 도달했다. 주방에서 물을 한 잔 마시고 있었는데, 머릿속에 강력한 생각이 떠올라 사라지지 않았다. 그 생각은 바로 이것이었다.

'지금 이 순간 이곳에서 나는 고통받고 있지 않다.'

그 순간, 나는 내가 일시적으로 몸에 통증이 없음을 깨달았다. 일단 치통이 없었다. 그러다 갑자기 치통이 있었을 때, 치통만 없으면 참 행복하겠다고 생각했던 일이 떠올랐다. 치통, 요통, 어깨 통증, 몸 곳곳의 통증 말이다. 걸을 때도 앉아서도 누워서도, 나는 통증이 없었다. 그뿐 아니라 식수도 어렵지 않게 구할 수 있어서 갈증 때문에 괴로워할 일도 없다. 기근도, 추위도 없다. 그 몇 초간 내 인생에 별다른 나쁜 일도 일어나지 않았다. 증오, 분노, 질투, 부러움, 배신, 화, 슬픔, 두려움, 애처로움 등 정신적 고통도 없었다. 욕심, 욕망, 상실, 걱정, 부산스러움과 같은 감정적 동요도 없었다. 맙소사, 평화롭게 주방에서 물을 마시고 있다니.

그러자 모든 것이 분명해졌다. 내가 누리고 있으면서도 너무나 당연하게 생각해왔던, 살면서 전혀 깨닫지 못한 가장 큰 자유는 고통으로부터의 일시적 자유였다. 언젠가는 노화, 병환, 부상, 후유증, 배신, 슬픔, 두려움, 죽음 같은 일을 겪을 것이고 그러므로 나의 신체적·정신적 고통으로부터의 자유는 일시적일 수밖에 없음을 알고 있지만, 그럼에도 지금 이 순간 나는 그 자유를 누리고 있다. 나는 평생 동안 '자유'란 '무언가를 할 수 있는 자유'라고 생각해왔는데, 사실 이는 매우 사소한 부분일 뿐 '고통으로부터의 자유'가 훨씬 위대한 것이었다.

대부분의 순간, 나는 대부분의 고통에서 자유로운데도 그것에 일말의 신경도 쓰지 않고, 한 순간도 기뻐하지 않았다. 그러므로 내가 고통으로부터의 자유를 즐기는 법을 배우게 되면, 기쁜 순간들이 더 늘어날 것이다. 내 주방에서, 이렇게 나는 삶에서 가장 큰 기쁨을 느끼는 일을 우연히 알아냈다.

누군가는 이런 질문을 할 수도 있다.

"왜 이런 기쁨은 저절로 찾아오지 않죠? 왜 태어날 때부터 고통스럽지 않을 때 당연히 기뻐하지 않는 것일까요?"

내 생각에 이 이유는 매우 단순한데, 고통받지 않는 기쁨을 느끼기 위해서는 일단 고통의 부재를 감지해야 하는데, 어떠한 현상의 부재를 인지하는 것은 저절로 되지 않는다. 예컨대 어떤 시각적·청각적 현상이 발생해 자극을 받을 때, 우리는 그것을 감지하고, 인지하고, 인식한다. 그리고 그로부터 생각이 발생한다. 정신은 자극을 받아야 그 현상에 참여할 수 있는 것이다. 반대로, 현상의 부재는 그 어떤 자극도 만들어내지 않아서 감지, 인지, 인식으로 이어지지 않는다. 그러므로 현상의 부재를 인식하려면 그 부재를 의식적으로 인지하고자 노력할 수밖에 없다. 때문에 발생하지 않은 일의 의미를 깨달으려면 의식적인 노력이 필요한 것인데, 이는 저절로 되지 않는다. 다행히도 이 의식은 정신적 습관으로 훈련될 수 있다. 특정 현상의 부재를 인지하는 지점을 더 많이 만들수록 필요한 노력이 더 적어지며, 점점 더 이를 자연스럽게 해낼 수 있게 된다.

고통의 부재를 마음이 인지하게 하고 고통받고 있지 않음을 종종 확인하는 훈련을 하려면, 그저 그렇게 하도록 스스로 상기하는 수밖에 없다. 그런 생각에서 기쁨이 느껴지면 그 기쁨에 오롯이 집중한다. 지금 치통이 없다면 스스로에게 "난 지금 치통이 없다"라고 말하고, 이로써 느끼는 기쁨에 집중하는 것이다. 어떤 고통이 느껴진다 하더라도, 다른 고통이 없는 것에 집중할 수 있다. 요통이 있어도 "난 지금 치통이 없지 않은가"라고 말할 수 있는 것이다.

신체적 고통의 부재를 인지하는 것보다 훨씬 강력한 것은 정신적·감정적 고통의 부재를 인지하는 것이다. 지금 그 어떤 증오도 느끼지 않는다면 이렇게 말할 수 있다.

"나는 지금 그 어떤 증오의 고통도 느끼지 않는다."

그러고 나서 그 생각이 주는 기쁨에 집중한다.

약식 연습: 고통의 부재 인지하기

정기적으로, 예컨대 하루에 한 번 혹은 그보다 더 자주 몸에 신경을 쓰면서 고통이 있는지 확인한다. 두통, 치통, 경부통, 요통, 복통 등이 느껴지는가? 그렇지 않다면, 이렇게 말한다.

"나는 두통도, 치통도, 경부통도 없다."

이런 생각을 하면서 기쁨이 느껴지면, 그 기쁨에 주의를 집중한다.

하루에 한 번 혹은 그보다 더 자주 정신적·감정적 고통이 있는지 확인한다. 슬픔, 애처로움, 증오, 분노, 질투, 시기, 욕망, 욕심, 두려움, 절박함 등을 느끼는가? 이런 감정들을 느끼지 않는다면 이렇게 말한다.

"나는 슬픔, 애처로움, 증오 등의 고통을 느끼고 있지 않다."

이렇게 생각하면서 기쁨을 느낀다면, 그 기쁨에 주의를 집중시킨다.

그저 끝났다는 것만
알면 된다

고통이 없음을 인지하는 능력을 크게 향상시키는 간단한 연습이 있다. 이 연습은 고통과는 상관이 없다. '끝에만 주목하는' 이 방법은 어떤 현상에 대해서도 연습할 수 있는 강력한 것이다. 이 방법을 통해 이전에 겪은 일들이 더는 존재하지 않는다는 것을 인지하도록 마음을 훈련할 수 있다.

예를 들어, 매 호흡의 끝에 그 호흡이 끝났다는 것을 인지한다. 끝. 소리가 흐려지면서 그 소리가 언제 끝나는지를 인지한다. 끝. 생각이 끝나갈 때 그 생각이 끝났음을 인지한다. 끝. 기쁨, 분노, 슬픔 등 어떤 종류의 감정이라도 끝이 보일 때 그 감정이 끝났음을 인지한다. 끝.

당연히 이 연습은 가장 중요한 명상 연습 중 하나다. 명상의 대가인 신젠 영은 집중 요령을 단 한 가지만 가르칠 수 있다면, 이 훈련을 가르치겠다고 말하기도 했다. 신젠 영의 글 〈끝의 힘*The Power of Gone*〉에 나온 이것의 약식 훈련을 위한 지시사항은 다음과 같다.[10]

약식 훈련: 끝 주목하기

어떤 감각적 경험의 전부 혹은 일부가 갑자기 사라질 때, 그 끝에 주목한다. 여기서 주목이란 그 감각이 있던 순간과 그 감각이 일부라도 존재하지 않는 순간 사이를 감지하여 그것을 명확히 인정한다는 뜻이다.

이 주목을 위해 마음속으로 라벨을 써 붙여도 된다. 모든 종류의 종료에 대해 우리가 쓸 라벨은 '끝'이다.

한동안 아무것도 사라지지 않아도 상관없다. 무언가가 없어질 때까지 기다리면 되니까. 그 어느 것도 끝나지 않는다는 사실이 걱정되면, 그 생각이 끝나는 때를 주목한다. 그게 '끝'이다. 마음속에 많은 문장들이 있다면, 마침표도 많이 있어야 한다. 끝!

내가 제안하는 정식 연습은 다음과 같다.

정식 연습: 끝 주목하기

깨어 있으면서도 편안한 자세로 앉는다. 눈은 떠도, 감아도 상관없다.

원하는 만큼 명상하는 자세로 앉아 매 호흡의 끝에 주의를 강하게 집중하며, 호흡이 끝나는 순간을 정확하게 확인한다. 매 호흡이 끝날 때, 원하면 조용히 말한다. "끝."

어떤 생각이나 감각이 발생하면, 그것이 옅어질 때까지 지켜보라. 잠깐 동안이라도 이 생각이나 감각이 중단되면, 그 중단되는 순간에 주목한다. 원한다면 작게 속삭여도 좋다.

"끝."

언제든 이 명상을 멈춰도 된다. 명상이 끝나는 순간, 그 끝에 주목한다. 작게 속삭여도 된다.

"끝."

끝에 집중하는 이 연습은 세 가지 측면에서 사물을 보는 법을 변화시킨다. 일단 정신적·감각적 사건에 대한 인식에 균형을 가져다준다. 모든 감각적·정신적 사건은 발생, 존재, 중단의 세 과정을 거쳐 일어난다. 대부분의 사람들은 발생과 존재에 대해서는 인지하지만, 중단은 거의 인지하지 못한다. 즉, 감각적·정신적 사건을 경험하는 것은 불균형적이다. 어떤 일이 발생하는 것은 인식하나 그 일이 종료되는 것은 놓친다. 끝을 인지함으로써 인지적 균형을 회복해 사물을 있는 그대로 볼 수 있게 되는 것이다.

두 번째는 인식에 균형을 가져오는 것보다 더 중요한데, 끝에 주목하는 훈련은 모든 현상의 유한성을 깨닫게 해준다. 시각, 청각, 후각, 미각 등 모든 감각적 쾌락에는 끝이 있다. 성적 쾌락에도 끝이 있다. 이 끝에 좀 더 자주 주목함으로써 마음은 비영구성의 본질을 이해하게 되며, 곧 "시작이 있는 것은 끝이 있다"는 사실을 깨닫게 된다. 마음이 비영구성의 본질을 이해하게 되면, 감각적 쾌락이 주는 만족이 행복을 지속하는 데 도움이 되지 않는다는 것을 알게 된다. 그렇게 감각적 쾌락에 절박하게 매달리는 일이 줄어들며, 덜 절박해질수록 감각적 쾌락의 노예가 되어 고통받는 일도 줄어들고, 더 많은 자유를 누릴수록 더 기뻐지는 것이다.

가장 중요할 수도 있는 세 번째 측면은 자아가 대상이 아닌 과정임을 깨닫는 능력이다. 우리가 자아를 경험할 때는 자아를 대상으로서 경험하는 경우가 많다. 마치 자아라는 사물이 있다는 듯이. 그러나 명상으로 잘 훈련된 마음은 미묘하게 다르다. 정신적 과정을 충분히 이해하면, 마음이 감각과 생각에 대한 반응으로 끊임없이 자아라는 감각을 만들어낸다는 것을 알게 된다. 마음이 평온해 감각에 충동적으로 반응하지 않게 되거나 그 어떤 생각도 만들어내지 않으면, 이 자아의 감각이 발생하지 않는 순간이 오기도 한다. 마음을 차분하고, 깨어 있으며, 끝에 주목하도록 훈련하면, 마음이 자아의 감각을 다시 만들어내기 전에 자아의 감각이 없어지는 순간을 볼 수도 있다. 그러면 마음은 자아를 대상이 아닌 끊임없이 작동하는 과정의 하나로 받아들이게 된다. 이를 깨달으면 자아 감각은 유쾌하게 유연해지고, 결국 가벼움의 기분 좋은 감각을 얻게 된다.

매 순간 명상을, 매일 기쁨을 바라지 마라

기쁨에 마음을 기울이는 동안 여러분의 명상 연습은 점점 기쁨으로 가득 찰 것이다. 살면서 기쁜 순간들이 더 많아지겠지만, 부탁건대 기쁨을 매 순간 기대해선 안 된다. 일반적으로 여러분이 기쁘게 연습하면 더 큰 기쁨이 발생하고, 더 자주 기쁨에 주목하게 된다. 그러나 모든 명상, 모든 순간이 기분 좋기를 바라는 것은 비현실적이다. 왜일까?

첫 번째 이유는 삶에는 언제나 일상적인 변수가 존재하기 때문이다. 어떤 날에는 잠을 잘 자지 못하거나 등이 아파서, 사흘 전 배우자와 싸웠던 일이 떠올라서, 밥을 너무 많이 먹어서, 직장에서 스트레스를 많이 받아서 등의 이유로 피곤할 수 있다. 어떤 날에는 왜 우울한지도 모른 채 그저 기분이 좋지 않다. 겨우 기쁨을 느낀다 해도 그 기쁨은 빠르게 사라지고, 그것을 다시 끌어내기가 너무 피곤한 날이 있다. 어떤 날에는 기쁨을 이끌어내는 일이 쉽다가도 어떤 날에는 힘들다.

이러한 어려움이 수일간 지속된다 하더라도 연습이 실패라고 생각해선 안 된다. 이런 일이 일어나는 것은 단지 불완전한 세상에 불완전한 마음이 일상적인 변수의 영향을 받았다는 의미일 뿐이다. 유능한 달리기 선수들조차 어떤 날에는 달리기가 즐겁지 않고, 어떤 날에는 평소보다 성적이 저조하다. 그렇다고 그의 훈련이 실패는 아니다. 그저 일진이 좋지 않은 것뿐이다. 마음 훈련에서도 일진이 좋지 않은 날은 얼마든지 있을 수 있다.

두 번째 이유는 종종 끔찍한 일들이 일어난다는 것이다. 그때 자연스럽게 감정적 고통이 발생하며, 이는 덜 극단적인 환경에서 원할 때마다 기쁨을 느낄 수 있는 노련한 명상가들에게도 똑같이 적용된다. 고통은 몇 달간 지속될 수도 있다. 이런 상황에서 정식·약식 명상 연습을 지속하는 것은 매우 중요하다. '힘든데도 불구하고'가 아니라 '힘들기 때문에' 그렇다. 이는 자동차에 치여 크게 부상당한 달리기 선수에게 재활 치료를 하는 것과 같다. 몇 달간 달리기를 하지 못할 수도 있지만, 그렇다고 그가 실패한 선수는 아니다. 그의 고통스러운 재활 노력은 나약함의 상징이 아니라 오히려 정신력과 강인함의 상징이다.

아직 감정적 고통에 휩쓸릴 정도로 연습이 충분치 않던 시절, 매우 고통스러운 시기를 겪은 적이 있다. 이미 내 명상은 어느 정도 궤도에 올라 있었기 때문에, 나는 특히 더 자책했다. 이걸 해내야 하는데 못 하다니. 기쁨에 도달하지 못하다니. "내 생각보다도 난 더 가치가 없는 것 같다"고 스스로에게 말했다. 그런 자책이 불필요한 고통을 더했다.

그러던 중 이 부상당한 선수의 일화가 나를 고통에서 벗어나게 하는 데 커다란 도움을 줬다. 나는 명상 훈련을 하는 모두에게 특히 기쁨에 도달하는 과정에서 이 함정에 빠지지 말라고 경고하고 싶다. 이 이야기는 감정적 고통을 다루는 방법을 알아본 후 6장에서 다시 다루겠다.

한편, 여러분은 놀랄 수도 있다. 마음을 기쁨에 기울이는 것을 연습할 때, 기쁨은 기대치 못한 순간에 발생하곤 한다. 마음의 경사가 기쁨을 향해 기울어지면 기쁨은 발생 확률이 훨씬 높아지기 때문이다. 명상가 소류 포럴Soryu Forall의 제자였던 크리스Chris는 명상 연습을 하고 나서 자신이 "별 이유 없이" 웃기 시작했다는 것을 깨달았다고 말했다.

나는 그 어느 때보다 행복하고 기쁘다.

기쁨을 느끼게 된 것은 더 자주 웃어서다. 더 웃게 된 것은 내 명상 연습이 잘 진행되고 있다는 하나의 지표다. 이전에는 명상 효과가 크고 엄청난 경험으로 나타날 것이라고 생각했다. 그러나 내가 발견한 것은 훨씬 섬세했다. 시간이 지나면서 내가 '미소반사작용'이라 부르는 현상이 나타나기 시작했다. 정좌 명상 연습을 할 때 신체적 고통이 나타나면 별 이유 없이 미소를 짓게 됐고, 이는 명상하지 않을 때도 계속됐다. 혼란스럽거나 긴장되거나 두려움을 느끼는 등 불편할 때 반사적으로 미소를 지었다.

시간이 지나면서 미소 짓기가 더 쉬워졌다. 진정한 미소 말이다. 진정한 미소는 기쁨을 담고 있다. 그리고 이런 미소 짓는 습관이 점점 더 굳어지기 시작했다. 나는 우울했고, 약간의 사회불안 장애가 있었다. 그러나 진심을 담아 웃을 수 있게 된 것, 원할 때 일시적으로나마 기쁨을 느낄 수 있게 된 것은 큰 힘이 됐다. 미소를 지으면 부정적인 감정이 들어설 자리가 적어지는데, 사람들은 이를 곧 눈치 챈다. 나 역시 기쁠 때는 부정적인 면이 줄어들고, 사람들이 이 점에 끌리는 것 같다.

최근에는 취업 면접을 봤는데, 긴장했음에도 미소를 유지하고 기쁜 감정을 내보일 수 있었다. 효과가 있는 것 같았다. 나는 일자리를 제안받고, 총장님은 심지어 내게 "자네가 마음에 드는군!"이라 말했으니 말이다.

인생은 여전히 힘든 여정이다. 나는 아직도 스트레스와 두려움에 휩싸이지만, 이제는 늘 회복한다. 무엇이든 있는 그대로 완벽하다는 생각, 행복한 상태로 돌아오는 것이다. 어떤 문제가 생겨도 대응할 수 있을 것 같은 자신감이 생겼다. 살다 보면 해결하기 어려운 일도 있게 마련이며, 내면의 행복에 의존하지 않고서는 이를 해결할 수 없다는 것도 깨달았다. 인생은 너무 진지하기 때문에, 반드시 기쁨과 재미가 필요하다. 다들 이 점을 이해했으면 좋겠다.[11]

마음을 기쁨에 기울이는 일일 연습

일단 기쁨을 인지해야 한다. 명상을 할 때나 일상에서 모두, 아주 작은 기쁨의 조각이라도 인지할 수 있는 요령을 익혀야 한다. 이를 위해 기쁨에 주의를 집중해야 한다. 아주 작은 기쁨의 조각에 주의를 집중할수록, 기쁨에 더 쉽게 접근할 수 있다.

이 장에서 다룬 약식 연습은 크게 시간을 들이지 않고도 삶의 질을 크게 향상시킬 수 있는 연습이다. 식사의 첫 한입이나 샤워할 때 따뜻한 물이 몸에 닿는 느낌에 완전히 주의를 집중하는 것 등 일상에서 유쾌한 경험에 주의를 집중하는 연습은 삶의 행복을 확실히 늘려준다. 이와 더불어 기쁨을 일으키고 기쁨에 주의를 집중시키는 정식 세 호흡 연습을 나는 강력히 추천한다.

노련한 명상가에게는 끝에 주목하는 연습이 특히나 중요하다. 이 연습은 명상의 성장을 가속화할 수 있다. 명상에 익숙하지 않다면, 호흡 중에 기쁨을 인지하는 것처럼 더 쉬운 연습에 초점을 맞춰야 한다. 그러나 한 번씩 끝에 주목하는 연습을 해볼 것을 권한다.

이 장에 나온 연습을 하면서 여러분은 곧 마음을 기쁨을 향해 기울일 수 있게 될 것이다. 그렇게 되면, 명상에서든 실생활에서든 별 노력 없이도 기쁨을 누릴 수 있을 것이다.

마음수행의 기쁨을 느끼고 싶은데…

—— 마음을 즉시 고양시키는 법 ——

"자비의 씨앗을 심어라.
그것은 번성할 것이다."

우울하고 생기 없는 회사에서의 흔한 하루를, 회사생활 7년 만에 가장 행복한 날로 바꿀 수 있을까? 제인^{Jane}은 단 80초 만에 그렇게 했다. 지금부터 제인이 어떻게 그렇게 했는지, 우리가 어떻게 그렇게 할 수 있을지 알아보려 한다.

이제껏 우리는 마음을 편안하게 하는 법과 기쁨을 향해 마음 기울이는 법을 배웠다. 이번에는 기쁨에 접속하는 세 단계 중 마지막인 마음 고양시키는 법을 연습할 것이다. 마음을 고양시키려면 마음에 세 가지 고귀한 정신적 상태, 즉 '사랑과 친절' '자비' '이타적 기쁨'이 혼합된 아주 건강한 기쁨을 선사해야 한다.

회사생활 7년 만에 가장 행복했던 하루

나는 많은 강연에서 아주 간단한 10초 연습을 이끌곤 했다. 청중들에게 그냥 그 방에 있는 아무나 두 명을 선택해 마음속으로 "나는 이 사람이 행복해지기를 바랍니다. 나는 저 사람도 행복해지기를 바랍니다"라고 빌어주라고 한 것이 전부였다. 그것을 소리 내어 말할 필요도 없다. 이것은 단지 10초가 걸리는 아주 간단한 생각 연습일 뿐이다.

그런데 사람들은 이 간단한 연습을 할 때면, 대부분 얼굴에 미소를 띠었다. 그들은 10초 전보다 행복해 보였다. 이것이 바로 사랑과 친절의 기쁨이다. 친절한 생각을 남에게 베푸는 것이 그 자체로 나에게 보상이 되는 것이다. 다른 사람이 행복해졌으면 좋겠다고 바라는 것만으로도 나 역시 행복해진다. 아마도 이는 우리가 그렇게 진화했기 때문인 것 같다.

인간은 사회적 동물이다. 인류가 지금껏 생존할 수 있었던 것은 우리가 군집을 이루어 서로 긴밀하게 일하고 함께 생활했기 때문이다. 내 친구이자 정신과의사이며 작가인 톰 루이스^{Tom Lewis}는 사람들의 친사회성을 이렇게 재치 있게 묘사하곤 한다. 어느 날 그는 동네 동물원에 가서 호랑이들을 보고 있었는데, 한 동물원 직원이 동물원에서는 절대 두 마리의 수컷 호랑이를 한 우리에 넣지 않는다고 설명해주었다. 서로 싸우다가 물어 죽이기 때문이란다. 톰은 그때 갑자기 '그날만 해도 어림잡아 만 명도 넘는 방문객들이 그 동물원을 방문했다'는 것을 깨달았다. 그중 약 5,000명에 달하는 남자 방문객들 중 그 누구도 서로를 죽이지 않았다!

그가 장난스럽게 웃으며 말한, 바로 이 사실이 인간의 친사회성을 웅변한다. 이는 우리의 뇌신경에 그것을 발현하게 해주는 구조가 있어야만 가능하다. 나는 이 10초 연습이 사랑과 친절의 기쁨을 일으켜 이러한 구조를 강화한다고 생각한다. 단순히 친절한 생각을 남들에게 건네는 것이 본질적으로 나에게 보상이 될 수 있다는 것이다.

우리는 방금 전 행복의 가장 중요한 비밀 하나를 발견한 것인지도 모른다. 모든 조건이나 상황이 똑같은데 행복해지고 싶다면, 우리가 해야 할 단 한 가지는 누군가의 행복을 빌어주는 것이다. 그것이 전부다. 거기에는 사실 시간도, 노력도 들어가지 않는다. 이것이 바로 여러분이 이 책에서 얻을 수 있는, 인생을 변화시킬 중요한 통찰이다. 감사 인사는 접어두시라!

자, 그렇다면 이런 사랑과 친절의 기쁨을 얼마만큼 일상에 적용할 수 있을까? 어느 날 캘리포니아의 스피릿 록Spirit Rock 명상센터에서 대중 강연을 하며, 나는 늘 하던 대로 청중들에게 이 10초 연습을 하자고 했다. 그리고 농담처럼 그들에게 숙제를 내줬다. 다음 날 회사에 출근해 한 시간에 한 번씩 아무나 자리 옆을 지나가는 두 명을 골라 그들의 행복을 마음속으로 빌어주라고 말이다. 물론 그들에게 어떤 말이나 행동을 할 필요는 없다. 그저 마음속으로만 "나는 이 사람이 행복해지기를 바랍니다"라고 말하면 된다. 이렇게 '스텔스 모드(적의 레이더에 걸리지 않기 위해 개발된 스텔스 비행기 모드 – 옮긴이)'로 혼자 비밀리에 하는 연습이기 때문에 민망하거나 무안할 염려도 없다. 10초간 마음속으로만 생각하고, 하던 일을 계속 하면 된다. 그것이 전부다.

그러고 나서 다음 날 아침, 나는 낯선 사람에게 이메일을 받았다.

저는 제 일이 정말 싫었습니다. 매일 출근하는 게 정말 고역이었죠. 그러던 중 이틀 전 당신의 강연을 듣고, 어제 당신이 내준 숙제를 해봤어요. 어제는 내가 이 회사에서 일한 7년을 통틀어 가장 행복한 날이었습니다.

7년을 통틀어 가장 행복한 날이었다니! 그렇게 되기 위해 고작 한 시간에 10초씩, 근무 중 여덟 시간 동안 총 80초가 걸렸다니! 친구들이여, 이것이 바로 사랑과 친절 연습이 가진 멋진 힘이다.

언젠가 같은 숙제를 스탠퍼드대학교 강연에서 내준 적이 있다. 그때 미샤라는 한 학생은 그 숙제가 너무 마음에 들어 그것을 '행복광선총 쏘기'라고 이름 붙였다고 말해주었다. 그녀는 머릿속으로 다른 사람에게 행복을 쏜다고 생각하고 "피웅 피웅"이라는 효과음까지 상상한다고 했다. 여러분들도 한번 따라 해보시길.

약식 연습: 다른 사람의 행복을 빌어주기

직장에서든 학교에서든 옆에 앉아 있는, 서 있는 혹은 그냥 지나가는 사람 중 아무나 두 사람을 골라 그들이 행복하기를 마음속으로 빌어준다. 그냥 속으로 "나는 이 사람이 행복해지기를 바랍니다. 나는 저 사람도 행복해지기를 바랍니다"라고 생각만 하면 된다. 어떤 행동을 하지도 입 밖으로 소리를 내지도 말고, 그냥 생각만 하자. 이것은 전적으로 생각하는 연습이다.

이 연습은 하루 중 언제 어디서나 원하는 만큼 할 수 있다. 주위에 아무도 없다면 그냥 머릿속으로 누군가를 떠올리며 할 수도 있다.

또한 행복광선총을 쏘는 상상을 해볼 수도 있다. "피웅 피웅"하는 소리도 머릿속으로만 낸다. 이 연습에는 배터리가 필요 없다.

사랑과 친절의 기쁨에 익숙해지기

사랑과 친절의 기쁨을 연습하는 데는 좋은 점이 많다. 우선 사랑과 친절은 단 하나의 생각만으로 일어날 수 있으며, 그 생각을 일으키는 것도 그리 어렵지 않다. 사실 다른 종류의 기쁨, 예를 들어 감각적인 기쁨의 경우 우선 나를 기쁘게 할 만한, 싫증나지 않는 대상을 찾아야 하는데 그것이 그리 간단치 않다. 2장과 3장에서 배운 편안함에서 오는 기쁨도 어느 정도 연습을 해 마음을 편안한 상태로 만들어야만 얻을 수 있다. 그러나 사랑과 친절의 기쁨을 불러내는 데는 다른 사람의 행복을 빌어주는 생각 하나면 충분하다. 지금껏 내가 만난 모든 의식 있는 사람들은 어떻게 생각을 일으키는지 알고 있었다. 따라서 사랑과 친절의 기쁨에는 누구나 즉시 접속할 수 있다.

두 번째로, 이런 종류의 기쁨은 매우 건전하다. 우리는 4장에서 기뺨의 건전한 원천은 탐욕이나 나쁜 의도, 미래의 고통을 담보로 하는 순간의 쾌락에 오염되지 않은 것이라고 정의했다. 사랑과 친절은 바로 이런 정의에 꼭 들어맞을 뿐만 아니라 세상 모든 어머니들이 허락할 만한 건전한 방식으로 부정적인 마음을 해독한다.

세 번째는 이 책에서 언급한 다른 건전한 기쁨의 원천들과 마찬가지로, 이 연습을 통해 기쁨이 솟아나고 그 기쁨은 다시 건강한 마음의 상태를 강화하는 선순환이 이루어진다는 것이다. 특히 사랑과 친절 연습에 따른 기쁨은 좀 더 친절한 마음과 사랑하는 마음을 느끼게 하고, 이는 또다시 사랑과 친절의 기쁨으로 이어지게 된다. 따라서 이 선순환 구조를 극대화하는 한 가지 방법은 마음이 사랑과 친절의 기쁨에 익숙해지도록 만드는 것이다. 그럴수록 거기에서 오는 기쁨을 더 선명하게 느낄 수 있게 되고, 마음은 사랑과 친절에 더 개방적인 상태가 된다. 마음이 그런 기쁨에 더 익숙해지게 하는 가장 좋은 방법은 무엇일까? 바로 계속 주의를 기울이는 것이다. 사랑과 친절의 기쁨에 계속 주의를 기울이다 보면, 마음은 점점 더 그것에 익숙해진다.

여기, 마음이 사랑과 친절의 기쁨에 익숙해지게 하는 아주 짧고도 강력한 연습이 있다. 단 몇 분만 해도 된다. 매분, 아주 쉽게 사랑과 친절의 마음을 보낼 수 있는 누군가를 떠올려라. 내가 무조건적으로 사랑하는 누군가를 머릿속에 그려보면 된다. 그 후, 마음속으로 그의 행복을 빌어준다. 사랑과 친절의 기쁨이 떠오를 것이다. 그 기쁨이 사라질 때까지 그것에 집중한다. 그리고 남은 시간 동안 마음을 쉬게 한다. 다시 새로운 1분이 시작되면, 이 전체 사이클을 반복한다.

이 연습은 원하는 만큼 오래 할 수 있다. 1분마다 다른 사람을 생각하는 규칙을 따르지 않아도 된다. 다른 사람을 떠올리기 전에 충분히 마음을 쉬게 할 수도 있다. 시간이나 절차는 중요치 않다. 중요한 것은 사랑과 친절의 기쁨에 주의를 기울이는 것, 그것이 전부다.

정식연습: 사랑과 친절의 기쁨에 집중하기

허리를 세우되 목과 어깨의 긴장은 풀고 편하게 앉는다. 눈은 떠도 좋고, 감아도 좋다. 그리고 1분마다 다음의 사이클을 반복한다.

1. 아주 쉽게 사랑과 친절의 마음을 보낼 수 있는 누군가를 떠올려라.
2. 그 사람이 행복해지기를 마음속으로 빌어준다.
3. 사랑과 친절의 기쁨이 떠오르면, 그 기쁨이 사라질 때까지 온 힘을 다해 집중한다. 그리고 남은 시간 동안 마음을 그냥 쉬게 한다.
4. 새로운 1분이 시작되면, 새로운 사이클을 시작한다. 이렇게 총 3분간 연습한다.

사랑과 친절은
자비로 가는 관문

사랑과 친절 연습은 '자비'의 또 다른 매우 중요한 자질을 키워준다. 사랑과 친절은 자비와 어떻게 다를까? 사랑과 친절이 나와 다른 사람들이 좀 더 행복해졌으면 하는 바람이라면 자비는 나와 다른 사람들을 고통에서 자유롭게 하고자 하는 염원이다. 비슷하게 들릴 수도 있지만, 사실은 두 가지 점에서 매우 다르다. 첫째, 자비에는 좀 더 무엇인가를 해주려고 하는 동기 요소가 담겨 있다. 만약 누군가가 고통받는 것을 보고 강한 자비가 샘솟았다면, 그 사람에게 무언가를 해주려는 동기가 생겨났을 것이다. 이러한 강한 동기는 자비의 필수적인 요소다. 반면 사랑과 친절에는 그러한 동기가 없을 수도 있다. 누군가에게 행복을 빌어주었는데 그가 실제로 행복해하지 않는다면, 그를 위해 무언가를 해주려고 할 수도 있지만 그냥 어깨를 한번 으쓱 하며 "음, 아마 내일은 좀 괜찮아지겠지"라고 넘어갈 수도 있는 것이다.

자비의 이런 강력한 동기 요소에 대해, 나는 저명한 심리학자 폴 에크먼에게 직접 설명을 들을 기회가 있었다. 그는 내게 영웅들에 대한 연구들을 들려주었다.

영웅은 두 종류로 나뉘는데, 그중 첫 번째 종류의 영웅은 전혀 모르는 사람들을 구하기 위해 불타는 빌딩에 뛰어들어간다거나, 강물에 뛰어든다거나, 선로에 몸을 던진다. 정말 대단한 이들이 아닐 수 없다. 두 번째 종류의 영웅은 더 대단한데, 바로 나치 치하에서 낯선 이들을 자신의 집에 숨겨주면서까지 구한 이들이다. 첫 번째 종류의 영웅은 순간적으로 앞뒤를 재지 않고 몸을 던지는 이들인 데 반해, 두 번째 종류의 영웅은 몇 날 며칠을 고민해 자신은 물론 가족까지 위험에 처할 것을 무릅쓰고 그런 결정을 내린 이들이다. 두 번째 종류의 영웅이 더 대단한 이유다.

이들은 왜 그렇게 했을까? 왜 낯선 사람을 위해 아무런 대가도 바라지 않고 자신의 목숨을 내놓았을까? 어떻게 몇 날 며칠 혹은 몇 달, 몇 년간 매일 그런 행동을 이어나갈 수 있었을까? 에크먼은 두 종류의 영웅들 모두 같은 대답을 다른 표현으로 들려준다고 말했다. "그렇게 할 수밖에 없었어요"라는 대답이 그것이다. "그들이 그냥 죽게 내버려둘 수는 없었습니다. 선택의 여지가 없었어요"라든가 "그 아이가 물에 빠져 죽어가고 있었어요. 거기 서서 그걸 지켜보고 있을 수는 없잖아요?"라고 한다는 것이다. 이렇듯 모든 진실한 영웅들 뒤에는 한 가지 공통점이 있다. 바로 사랑과 친절에는 포함되지 않을 수도 있는, 자비에서 솟아난 충동적이고 행동적인 요소 말이다.

사랑과 친절, 자비의 두 번째 차이점을 보자. 사랑과 친절은 마음을 훈련하지 않은 이들에게도 아주 쉽다. 사랑과 친절을 불러내기 위해서는 앞서 말했듯 '나는 저 사람이 행복하길 바랍니다'라고 생각하기만 하면 된다. 그러면 마음을 훈련한 사람이나 훈련하지 않은 사람이나 가슴 부근이 기분 좋게 따뜻해지는 것을 느낄 수 있고, 거기서 기쁨이 일어날 수 있다. 이는 아주 쉬운 방법이며, 만약 기쁨이 일어나지 않는다 할지라도 손해 볼 것은 없다. 어려운 점도, 나쁜 점도 없는 방법인 것이다.

반면 자비는 고통에 직면해야 하기 때문에 정말로 몇 배나 어렵다. 자비를 연습하기 위해서는 "나는 저 사람이 고통에서 벗어나길 바랍니다"라고 생각해야 하는데, 이는 최소한 상대의 고통을 알아차려야만 한다는 것을 의미한다. 일반적으로 이럴 때는 그 고통을 알아차릴 뿐만 아니라 직접 느끼고 마주해야 한다. 마음이 충분히 훈련되지 않은 사람에게는 이렇게 고통을 마주하는 것이(그것이 나의 고통이든 타인의 고통이든) 최소한 아주 불편한 감정에서부터 두려움이나 극심한 공포, 혐오를 불러일으킨다. 따라서 우리는 본능적으로 그것을 피하고 싶어 한다.

명상 초보자 시절, 나는 자비가 내게는 너무나 어려운 것이라는 결론을 내렸다. "이봐, 넌 성인이 아니라고"라는 말을 스스로에게 던지곤 했다. 고통을 들여다본다는 것은 나 같은 일개 나약한 인간에게는 너무나 어려운 일 같았다. 이 세상에는 나보다 훨씬 훌륭하고 영웅적인 사람들이 많으니, 그들에게 자비를 맡기고 나는 그냥 여기에 앉아 그들의 노고에 감사하며 편히 쉬면 될 것 같았다. 하지만 계속 무언가가 마음에 걸렸다. 나는 본능적으로 자비가 내 연습의 가장 중요한 부분임을 눈치 챘지만, 그게 왜인지는 몰랐다. 그것을 알아내기에, 나는 너무 겁쟁이였다.

내가 생각을 바꾼 것은 앞서 언급한 '세상에서 가장 행복한 사나이' 마티유 리카르에 관한 연구 결과를 본 후였다. 그는 프랑스 파스퇴르연구소에서 세포유전학으로 박사 학위를 받은 후, 살면서 계속 영향을 받았던 불교에 귀의하여 티베트 불교 연구에 일생을 바치고 있는 젊은 과학자이자 티베트 불교 승려다. 40년간 승려 생활을 하면서 4만 시간 넘게 명상을 한 마티유는 1만 시간 넘게 명상을 한 사람으로서 최초로 fMRI(뇌의 혈류량 변화를 감지하여 뇌 활동을 촬영하는 자기공명영상진단장치)를 통해 자신의 뇌를 연구하게 한 명상가 중 한 명이다. 이렇게 과학적인 목적으로 명상가의 뇌를 촬영한 것은 거의 최초의 시도였기 때문에, 연구자들은 어떤 결과가 나올지 감조차 잡지 못하고 있었다.

이들은 특정 명상 연습을 할 경우 어떤 일이 일어나는지 보기 위해 그에게 무조건적인 자비 명상을 부탁했다. 그는 MRI 기계 안에서 그리고 밖으로 나와 EEG(뇌전도측정) 장치의 전극을 256개나 머리에 붙이고 자비 명상을 했다. 그 결과, 차트에 기록된 그의 뇌파 변화는 지금까지의 모든 측정치를 뛰어넘었다. 무언가가 잘못되었다고 생각한 연구자들은 기계에 결함이 있는 것은 아닌지 확인해야 할 정도였다. 그러나 그를 비롯해 오랜 시간 명상을 해온 다른 이들을 대상으로 같은 실험을 했을 때도 비슷한 결과가 나타났다. 승려든 재가자(스님은 아니지만 명상을 하는 사람 – 옮긴이)든, 남자든 여자든, 동양인이든 서양인이든 상관없었다. 명상을 오래 해온 사람들과 그렇지 않은 사람들 사이의 차이는 대부분 개인적인 것이라기보다(개인적으로도 차이는 났지만) 그들이 어떻게 마음을 훈련했느냐에 달려 있었다. 1만 시간 이상 명상 훈련을 한 명상가들의 뇌 변화를 측정하자, 대부분 비슷한 결과가 나왔던 것이다.

"세계에서 가장
행복한 사나이라니!"

나는 성인도 아닐뿐더러 뇌신경과학자도 아니다. 그 연구에서 나온 차트들을 한눈에 이해하기 어려웠던 나는 가까운 친구이자 이런 연구들을 앞장서서 이끌어온 저명한 뇌신경과학자 리처드 데이비드슨에게 이를 내가 이해할 수 있는 용어로 바꾸어 설명해줄 수 있는지 물었다. 그러자 그는 마치 눈앞에 코끼리 한 마리가 달려오는 것 같은 거대한 감동을 순식간에, 원하는 대로 즉시 얻는 것과 같은 효과라고 말해주었다. 그것이 바로 리카르와 다른 숙련된 명상가들이 자비 명상을 할 때 그들의 뇌에서 일어나는 일이다. 와우!

무엇보다도 내 입을 떡 벌어지게 만든 것은 리카르의 행복 수준 측정치였다. 뇌를 통해 행복도를 측정할 때 0은 중간이고, 마이너스로 갈수록 행복도가 높아지는 것, -0.3이면 더없이 행복한 상태를 의미한다. 그런데 리카르의 뇌는 무려 -0.45를 기록했다. 이로써 그는 언론을 통해 '세상에서 가장 행복한 사나이'라는 별명을 얻게 된 것이었다.

나는 충격을 받았다. 자비 상태가 뇌과학 역사상 가장 높은 측정치로 기록된 행복 상태라니! 나는 자비를 항상 고통과 결부해왔다. 그런데 과학적 데이터는 전혀 다른 말을 하고 있었다. 인류 역사상 많은 영적·종교적 지도자들은 자비가 가장 신성하고 순수한 기쁨의 상태라고 말해왔다. 하지만 나는 그 말을 그들이 식사 후에 대중들을 상대로 연설을 해야 할 때 의례적으로 하는 것일 뿐이라고 생각했다. 그러나 아니었다. 실제로 뇌과학 데이터는 자비가 마음의 가장 기쁜 상태임을 증명했다. 나는 이후 리카르에게 이에 대해 물어볼 기회를 얻었고, 그는 실제로 자비를 느끼는 것보다 더 기쁜 마음 상태는 없다고 말해주었다.

어떻게 이런 일이 가능할까? 자비는 고통을 직면해야만 느낄 수 있는 것 아닌가? 실제로 자비compassion란 말 자체는 라틴어의 '함께 고통을 겪다co-suffering'라는 말에서 파생되었다. 고통에서 나온 마음 상태가 어떻게 가장 큰 기쁨과 맞닿아 있는 것일까?

마침내 용기를 내어 스스로 자비 훈련을 시작하게 되자, 나는 놀라운 답을 알아낼 수 있었다. 바로 고통에 직면할 필요성이 기쁨에 접속하는 능력을 낳는다는 것이다. 나는 명상을 하면서 마음을 고요하고 안정된 상태로 만들어 내면의 기쁨이 떠올랐을 때, 고통을 경험하도록 나 자신을 맡겨보았다. 그러자 곧 슬픔이 마음을 점령하면서 몸과 마음에 불편한 감정이 떠올랐다. 하지만 마음이 고요하고 명료해 강력한 기쁨이 떠올라 있을 때는 고통에도 불구하고 그 기쁨이 사라지지 않았고, 나는 평정심을 유지한 채 슬픔을 경험할 수 있었다.

이렇게 평정심을 유지한 채 슬픔을 느낄 때, 세 가지 자질이 생겨난다. '용기' '자신감' 그리고 가장 중요한 '이타적인 사랑'이다. 마음이 꽁꽁 싸매두었던 고통을 볼 때 여전히 고요한 상태를 유지할 수 있다면, 현재의 고통에 대한 두려움이 약해지고 용기가 샘솟는다. 용기가 있으면 마음은 미래에 일어날 고통을 덜 두려워하게 되고, 이에 따라 자신감이 생긴다. 이런 용기와 자신감으로 마음은 고통을 두려움 없이 명료하게 보게 된다. 명료하고 두려움 없는 마음이 고통을 받아들일 때, 아이를 사랑하는 부모의 마음이나 아픈 아이를 부드럽게 달래는 할머니, 할아버지의 마음이 샘솟게 되고, 그러한 고통을 줄여주고자 하는 염원이 생긴다. 자기 자신만을 중시하던 마음이 줄어들고, 다른 사람들과 연결되어 있다는 인식이 강해진다. 그리고 그런 마음이 이타적인 사랑을 일깨운다.

그리스어로 '이타적인 사랑'은 '아가페적인 사랑'으로 불리며, 이는 인류가 가진 가장 숭고한 사랑의 형태로 다른 사람들의 안녕을 위해 자신을 내맡기는 것을 의미한다. 나는 이런 이타적 사랑이야말로 자비의 심장이라고 생각한다. 이타적 사랑은 자비의 가장 순수한 자질이며 심오한 기쁨을 낳는다.

나는 이런 상태를 유지하는 것이 매우 어렵다는 것을 깨달았다. 나는 자비 연습을 하기 위해 충분히 내면의 평화와 기쁨을 모아야 했고, 그것을 유지하는 데 수천 시간에 이르는 연습을 해야 했다. 그러나 숙련되기 전에도 이미 자비 연습이 비할 데 없는 기쁨을 선사할 가능성을 충분히 느낄 수 있었다.

어느 날 리카르와 파리의 한 카페에서 저녁을 먹게 되었다. 그때 우리는 이미 좋은 친구 사이였지만, 사실 나는 리카르를 친구라기보다 스승으로 여기고 있었다. 나는 마침 내가 자비 연습을 제대로 이해하고 있는 것인지가 궁금해 그에게 가르침을 구했다.

"마티유, 자비가 기쁘고 행복한 상태라지만, 자비를 느낄 때 엄청난 슬픔이 올라오기도 합니다. 어떻게 슬픔과 기쁨을 동시에 느낄 수 있죠?"

그의 대답은 내가 올바르게 연습하고 있다는 것을 확신시켜주긴 했지만, 같은 결론에 대한 그의 표현은 살짝 달랐다. 그에 따르면, 건강한 슬픔과 건강하지 않은 슬픔을 구별하는 것이 매우 중요했다. 그는 건강한 슬픔을 '용감한 자비'라고 불렀다. 이러한 상태의 슬픔은 내 안에서 사랑에 대한 반응을 불러내고, 고통을 경감시키기 위해 용감한 행동을 하도록 격려한다. 건강한 슬픔과 건강하지 않은 슬픔의 차이는 절망에 있다. 건강한 슬픔은 절망 없는 슬픔이다. 절망 없는 슬픔은 내가 어떤 어려운 순간이든 그것을 이겨낼 마음의 힘이 충분하다는 자신감에서 나온다.

그럼 어떻게 마음의 힘을 키우느냐고? 바로 훈련을 통해서다.

자비는 사랑과 친절보다 더 강한 힘을 갖고 있지만, 훈련하기는 사랑과 친절이 더 쉽다. 게다가 사랑과 친절 연습은 자비를 기르기 위한 과정이다. 누군가의 행복을 빌어주는 마음이 점점 강해진다면, 자연스럽게 그가 고통으로부터 자유로워지기를 바라게 될 것이다. 이런 식으로 사랑과 친절의 마음은 자연스럽게 자비가 되어간다. 따라서 자비를 키우는 가장 쉬운 방법은 사랑과 친절 연습을 하는 것이다. 그것은 쉬울 뿐만 아니라 하면 할수록 기쁨이 솟아나고 자애심을 키워줘 나중에는 어떤 사람을 만나든 그를 보자마자 본능적으로 그의 행복을 바랄 수 있게 된다. 고대 경전에서는 이런 마음 상태를 어려움 없이 온 사방에 피리 소리를 퍼뜨리는 활력 넘치는 피리 연주자로 묘사한다. 명상을 연습하면 이렇게 별 어려움 없이도 내면의 사랑과 친절을 온 사방에 나눠줄 수 있다.

마음 상태가 사랑과 친절에서 자비로 옮겨가려면, 단지 고통을 민감하게 알아차리기만 하면 된다. 마음에 충분한 사랑과 친절이 퍼져 있으면, 누군가의 고통을 민감하게 알아차리는 것만으로도 즉각적으로 자비가 샘솟는다. 이것은 쉽고 게으른 길이다. 내가 사랑과 친절을 자비로 가는 지름길이라고 하는 이유다. 사랑과 친절 연습을 시작해보라. 어느새 정말 어려운 자비를 연마한 나 자신을 발견할 수 있을 것이다.

인도의 불교 스승인 카말라실라^{Kamalashila}는 다음과 같이 말했다.

> "사랑과 친절로 심장을 담금질하는 것은 비옥한 땅을 준비한 것과 같다. 자비의 씨앗을 심어라. 그것은 번성할 것이다."**1**

자비에 이르는 길을 좀 더 정식으로 알고 싶다면, 이것을 기억해야 한다. 자비는 내면의 평화와 고요함에 기반을 두지 않으면 유지되지 않는다. 숙련된 명상가들에게 자비는 마치 자가 분열하는 핵융합로처럼 내면의 평화와 고요함을 선사한다. 그러나 그런 수준에 도달하려면, 많은 연습이 필요하다. 덜 숙련된 명상가들은 자비를 사랑과 친절의 기쁨으로 유지할 수 있고, 그런 기쁨은 내면의 평화에서 나온다. 내면의 평화는 즉시 마음을 고요하게 해주는 명상 연습(88페이지의 '마음챙김 한 호흡'이나 115페이지의 '마음 안정시키기' 참고)에서 온다.

자, 이제 내면의 고요함으로부터 사랑과 친절을 거쳐 자비에 다다르는 정식 연습을 한번 해보자. 이 연습의 가장 중요한 부분은 바로 이타적인 사랑의 기쁨이다. 언제라도 그것이 떠오른다면, 그것에 온 주의를 다해 마음이 익숙해지게 하자. 마음이 더 익숙해질수록 그것은 친구가 되어, 자주 나를 찾아와 어울리자고 할 것이다.

- **준비하기**

허리를 세우되 목과 어깨의 긴장은 풀고 편하게 앉는다. 눈은 떠도, 감아도 좋다.

- **마음 고요하게 하기**(2~5분)

어딘가에 주의를 고정하거나, 쉬거나 혹은 그냥 존재하는 것으로 마음을 고요하게 한다. 호흡 같은 감각적 대상에 주의를 고정하거나 마치 나비가 꽃에 내려앉아 쉬듯이 마음을 호흡에 내려놓고 쉴 수도 있다. 혹은 아무런 목적 없이 가만히 앉아 있음으로써 존재 자체를 느낀다. 마음이 그 자체로 고요하게 가라앉게 한다.

- **기쁨에 집중하기**(2~5분)

어떤 느낌으로든 기쁨이 일어나면, 그것에 전적으로 주의를 기울여보자. 환한 미소를 짓거나 반만 미소를 지을 수도 있다. 반만 미소를 짓는다는 것이 어떤 의미로 다가오든. 기쁨이 떠오르면 그것에 온 주의를 집중한다.

- **사랑과 친절 연습**(2~5분)

이제 사랑과 친절의 마음을 쉽게 보낼 수 있는 누군가를 떠올려보자. 그리고 그(그녀)가 행복해지기를 빌어준다. 사랑과 친절의 기쁨이 떠오르면, 그것이 희미해지기 전까지 온 주의를 집중한다. 원하는 만큼 이것을 반복하고 마음에 휴식을 취한다.

- **자비**(2~5분)

주변에서 고통을 겪고 있는 누군가(사랑과 친절을 보낸 사람과 같은 사람일 수도 있다)를 떠올리고 그(그녀)의 고통에 주의를 기울인다. 슬픔이 올라와 몸과 마음을 감싸며 불편한 마음이 들 것이다. 마음이 고요한 상태에서 그 슬픔을 경험할 수 있다면 그렇게 한다. 마음이 불편하다면 불편한 대로 그저 슬픔을 느껴라. 그러나 마음이 참을 수 없을 정도로 불편하다면 주의를 슬픔이 아니라 몸의 감각으로 돌린다. 이것조차 불편하다면 어느 때라도 슬픈 생각에서 주의를 거둔다.

- **이타적 사랑**(필요한 경우)

연습 도중 언제라도 이타적 사랑의 느낌이 떠오르면, 거기에 온 주의를 모은다. 이런 느낌은 자식을 사랑하는 부모의 마음이나 아픈 아이를 달래는 할머니, 할아버지의 마음과 비슷하다. 이런 사랑은 무조건적이며 순수하다. 이 이타적 사랑의 느낌에서 기쁨이 떠오를 경우, 거기에 온 주의를 모은다.

• **마무리하기**(2분)
자, 이제 2분간 마음을 고요하게 하는 것으로 연습을 마무리한다. 여러분의 연습을 응원한다!

그 모든 이로움을
기뻐하자

사랑과 친절은 마음을 고양시키는 또 다른 자질을 개발한다. 바로 이타적 기쁨이다. 이타적 기쁨이란 보통 다른 사람의 성공이나 행운을 빌어주며 느끼는 기쁨이지만, 좀 더 넓은 의미에서 이기적이거나 옹색하거나 질투하지 않는 기쁨을 말한다. 이는 독일어 '샤덴프로이데schadenfreude', 즉 '다른 사람의 불행에서 오는 기쁨'의 반대말이다.

다른 사람의 행운은 꽤나 잘 보이므로 이타적 기쁨은 더 커질 수 있다. 물론 다른 사람의 기쁨을 함께 축하해줄 수 있을 때만 말이다. 내가 일했던 구글에서는 매년 두 번의 승진 발표가 있었다. 이때 많은 사람들이 승진하는데, 명단에 내가 포함되어 있지 않을 때가 더 많았다. 하지만 다른 사람들이 승진할 때 내가 기뻐할 수만 있다면,

나는 더 큰 기쁨을 가질 수 있을 것이었다. 누군가는 늘 승진을 하기 때문이다. 정말이다!

내가 이타적 기쁨에 대해 알게 된 가장 놀라운 사실은 그것을 개발하는 것이 정말 어렵다는 것이다. 내 경험상 이타적 기쁨은 사랑과 친절, 자비를 개발하는 것보다 더 어려웠다. 다른 명상 스승들도 비슷한 결론에 도달한 것처럼 보인다. 저명한 독일 출신 불교학자이자 승려인 니얀나포니카 테라Nyanaponika Thera 역시 "가족이나 아끼는 사람이 아닌 이들과 기쁨을 나누고 서로 축하해주는 것이 그들에게 자비를 느끼는 것보다 어렵다"2라고 말했다. 왜 그럴까? 확실치는 않지만, 아이들에게조차도 자비가 이타적 기쁨보다는 쉬워 보인다. 예를 들어, 한 아이가 울면 다른 아이가 그 아이를 달래주기 위해 안아준다. 하지만 한 아이만 사탕을 받으면, 어떤 아이도 "와, 너만 사탕을 받았구나. 네가 행복해서 나도 기뻐"라고 하진 않는다. 대신 질투심에 울음을 터뜨릴 것이다.

다행인 것은 이타적 기쁨이 쉽사리 고양된다는 것이며, 이것이 우리 내면의 선한 본능과 이타적 행동을 강화한다는 것이다. 우리는 영감을 받고 감동을 받도록 진화되어왔다. 아는 사람들 가운데 정말 친절하고 관대한 누군가를 떠올려보자. 아마 마음이 좀 더 열리고, 감동을 느끼고, 고양되는 것을 느낄 수 있을 것이다. 그 기쁨을 누려라! 암환자들을 위해 열심히 봉사활동을 하는 한 여자의 이야기를 읽는다면, 그녀에 대한 경탄과 감동하는 마음이 떠오르고 마음이 고양될 것이다. 그 느낌도 누려라! 또 어떤 남자가 불난 빌딩에 낯선 사람들을 구하기 위해 뛰어들어갔다는 얘기를 듣는다면, 역시 감동하고 경탄하는 마음이 떠오를 것이다. 그것 역시 누려라!

이타적 기쁨의 가장 위대한 점은 그것이 스스로에게 적용될 수 있다는 것이다. 나는 나 자신의 이타적 행동을 충분히 기뻐한다. 다른 사람을 위해 한 행동이 어떤 형태로든 자신에게 도움이 되면, 그것은 이타적 행동으로 간주될 수 없다고 생각하는 사람도 있다. 즉, 어떤 행동이 이타적이라고 할 수 있으려면, 철저히 자신을 제외한 다른 사람들이 그로 인해 혜택을 보아야 한다는 것이다. 하지만 나는 이런 의견에 절대 동의할 수 없다. 명상가로서 다른 사람들을 위한 이타적 의도를 갖는 것만으로, 항상 스스로가 첫 번째로 그 혜택을 누린다는 것을 너무나 잘 알기 때문이다. 정말 이타적인 의도를 가지고 어떤 행동을 할 때 스스로 그 혜택을 누리지 않기란 불가능하다. 자비를 예로 들어보자. 달라이 라마는 이렇게 말했다.

"많은 사람들은 자비를 갖는 것이 다른 사람을 위한 것이지 자기 자신을 위한 것은 아니라고 생각합니다. 하지만 그것은 틀린 생각입니다. 친절한 행동이 다른 사람들에게 반드시 좋은 결과를 가져다주는 것은 아닙니다. 거기에는 통제할 수 없는 너무나 많은 변수가 있지요. 그러나 다른 사람들에게 전해지는 결과가 어떠하든, 자비의 첫 번째 수혜자는 우리 자신입니다."[3]

그는 심지어 반은 농담으로 자비를 "현명한 이기주의"라고까지 했다. 나는 자비와 이타주의의 모든 의도가 사실은 스스로를 유익하게 하는 것임을 아는 것이 매우 중요하다고 생각한다. 그리고 이보다 더 중요한 것은 그것을 매우 요령 있게 연습에 적용하는 것이다. 그 방법 중 하나는 스스로의 이타적 행동을 충분히 기뻐하는 것이다.

사랑과 친절을 키우기 위해 노력하고 있다면, 자선단체에 너그럽게 돈을 기부했다면, 누군가를 친절하게 대하거나 심지어 누군가의 목숨을 구했다면, 그 기쁨을 맘껏 누려라! 초기 불교에서는 자신이 한 일들의 좋은 점을 반추하고 거기서 찾은 기쁨을 건전한 것으로 간주했다. 관용에 대해서는 특히 그렇다. 붓다는 재가 신자들에게 했던 한 강연에서 관용이 주는 이점에 대해 설파하며, 우선 사람들에게 사랑받을 것이고, 존경받을 것이며, 좋은 평판을 얻게 될 것이라고 말했다.[4]

이렇듯 내가 이타적 의도를 가지고 한 행위들에 대해 조금은 세속적이고 잇속을 차리는 것 같은 느낌이 든다 해도 정말 순수하게 이타적 의도를 가지고 했던 일에 대해서는 충분히 그것을 반추하고 기쁨을 누려도 좋다. 이타적 행위에 대한 기쁨을 스스로 누리는 것이 건전한 것으로 간주되는 이유는 그것이 탐욕이나 불순한 의도, 미래의 고통을 담보로 하지 않은, 오염되지 않은 기쁨이기 때문이다. 여기에 더해 세 가지 장점이 있다. 첫째, 그것은 마음에 대한 일종의 보상처럼 느껴져 선한 행위를 더 하고 싶은 마음을 만들어낸다. 둘째, 마

음을 고양시킨다. 셋째, 자기혐오와 자기불만에 맞서는 감정을 불러
일으킨다.

나는 자기불만과 자기혐오가 얼마나 많은 사람들이 겪고 있는 문
제인지 알고 놀란 적이 있다. 솔직히 말하면 나도 예외는 아니었다.
나는 끊임없이 내가 부족한 사람이라고 생각했다. 소위 사람들이 말
하는 성공을 거둔 뒤에도 내게 무언가가 부족하다는 느낌은 사라지
지 않았다. 오히려 더 강해질 뿐이었다. 왜냐고? 성공의 정점에 오를
때마다 나는 주위를 둘러보며 "사실 난 그저 운이 좋았을 뿐이야. 타
이밍 적절하게 그저 거기에 있었을 뿐이라고. 난 자격이 없어"라고
읊조리곤 했던 것이다.

내 성공을 자축하기 어려웠던 주된 이유는 내 지능이나 부지런함,
좋은 성품 같은 아주 약간의 요소를 제외하고는 대부분의 내 성공 원
인이 내 통제력 밖에 놓인 외부적 요소임을 알았기 때문이었다. 내
성공 조건 대부분이 내가 직접 만들어낸 것이 아닌 까닭에 나는 온전
히 그것을 누릴 수 없었던 것이다.

다만 여기서 전적으로 내 것이라 할 수 있던 것은 내 행동 뒤에 있
는 의도였다. 관대한 의도를 가지고 기부를 했을 때는 그 의도를 내
것이라 할 수 있다. 좀 더 고요한, 행복한, 친절한 사람이 되려는 의
도를 가지고 명상을 할 때 그 의도는 내 것이다. 내 인생에서 나 자신
이 무언가 부족한 사람이라는 이 끈질긴 느낌을 줄여준 몇 안 되는
것 중 하나는 바로 내 진실된 이타적 의도와 그 의도에서 나온 좋은

행위들 그리고 거기서 나온 (때때로) 좋은 결과들(내가 했던 좋은 일들이 처벌받지 않은 경우들)을 곱씹는 것이었다.

언젠가 나는 내가 충분치 않다는 느낌에 아주 심각하게 시달린 적이 있다. 그 느낌은 너무 강해서 명상을 하려고 앉기만 하면, "너는 완전히 쓸모없는 놈이야"라고 계속 내게 말을 걸어왔다. 더 나쁜 것은 내가 그 말을 믿기 시작했다는 것이다. 내 마음은 너무 괴로운 나머지 계속해서 요동쳤다. 그때 내 안의 현명한 누군가가 말을 걸어왔다.

"네 문제가 뭔지 알아? 너는 다른 사람들을 위해 정말 좋은 일들을 많이 했는데 그건 계속 무시하고 있어. 다음번 명상 때는 처음부터 네가 다른 사람들을 위해 했던 좋은 일들을 생각해봐."

나는 그 지시에 따랐다. 그날 저녁, 다시 명상을 하려고 앉았을 때 나는 기쁨에 차서 내 도움 덕에 인생이 바뀐 사람들이 있다고 말하고는, 그런 이들 몇몇을 떠올렸다. 내가 했던 일들의 의도에 주목하자, 기쁨이 떠오르고 마음이 고양되었다. 그러자 유머 감각과 함께, 나에게 쓸모없는 놈이라고 말한 그 목소리에 대답할 수 있는 여유가 되돌아왔다.

"나는 완전히 쓸모없는 놈은 아니야. 95퍼센트만 쓸모없는 놈이지."

꽤 재미있었다. 나는 속으로 웃음을 터뜨렸다. 일단 기쁨이 일어나 마음이 고양되자 평온이 찾아왔다. 괴로움이 완전히 사라진 것은 아니었지만 마음이 고요함을 유지할 수 있었으므로, 완전히 사라지지 않는 기쁨의 토대 위에서 평정심을 유지한 채 괴로움을 경험할 수 있게 되었다. 이로써 나에 대한 자비가 일어났다. 이타적 기쁨이 평온함과 자비의 단단한 토대가 된 것이다.

어떤 명상 스승들은 이를 명상을 시작하는 좋은 방식의 하나로 가르친다. 명상을 시작할 때마다, 이타적 기쁨으로 마음을 고양시킨다. 여기에는 두 가지 방법이 있다. 첫 번째는 언급한 대로 나의 이타적 행위들 뒤에 숨은 순수한 의도를 떠올리는 것이다. 두 번째는 자라면서 '나중에 저 사람처럼 되고 싶다'는 열망을 품게 했던 존경하는 누군가의 선한 행동이나 의도를 떠올리는 것이다(나의 경우, 그 대상은 붓다였다). 마음이 이타적 기쁨으로 고양되면, 명상을 통해 얻을 수 있는 세 가지 기쁨, 즉 반가움(파모짜), 환희(피티), 행복(수카)이 모두 올라온다.

4장에서 언급했듯이, 명상의 집중 상태에 가장 가까운 것은 명상의 기쁨 상태다. 따라서 정좌 명상을 시작할 때 이타적 기쁨을 일으키는 것은 마음이 고요한 명상 상태로 들어가게 하는 쉽고 요령 있는 방법 중 하나다.

자, 그럼 한번 시도해보자. 명상을 시작할 때는 늘 그렇듯 마음을 고요하게 만든다. 이번엔 이타적 기쁨으로 마음을 고양시키는 것으로 그렇게 한다. 명상 연습에 도움이 될지 한번 살펴보자.

짧게 5분간의 정좌 명상을 해보자. 첫 3분간은 마음을 안정시키는 세 가지 방법을 각 1분씩 시도할 것이다. 그 후 나머지 2분간은 자유롭게 마음에 드는 세 방법 중 하나 혹은 세 가지를 모두 섞어서 연습해볼 것이다.

• 준비하기
허리를 세우되, 목과 어깨의 긴장은 풀고 편하게 앉는다. 눈은 떠도 좋고 감아도 좋다.

• 마음 고양시키기(2~5분)
몇 분 동안 아래 두 연습 중 하나를 선택해서 해본다.

  1. 마음속으로 내가 기쁨을 준 사람이나 완전히 순수한 의도를 가지고 선의를 행한 대상을 떠올려본다. 그를 위해 무엇을 했는지 떠올리고, 그 뒤에 있던 내 선한 의도를 떠올린다. 그 선한 의도와 행동을 기쁘게 느낀다.
  2. 정말 존경하는 누군가, 닮고 싶은 누군가를 떠올린다. 그들의 선한 의도와 이타적 행동에 대해 생각하고, 그 안에서 기쁨을 느낀다.

• 마음 고요하게 하기(5~10분)
어딘가에 주의를 고정하거나, 쉬거나, 그냥 존재하는 것으로 마음을 고요하게 한다. 호흡 같은 감각적 대상에 주의를 고정하거나 마치 나비가 꽃에 내려앉아 쉬듯이 마음을 호흡에 내려놓고 쉴 수도 있다. 혹은 아무런 목적 없이 가만히 앉아 있음으로써 존재 자체를 느낀다. 마음이 그 자체로 고요하게 가라앉게 한다.

• 마무리하기(1~2분)
마음에 기쁨이 남아 있는지 알아차려보라. 남아 있다면 그것에 1~2분 동안 주의를 기울여본다.

이 정식 연습 외에도, 사람들의 선한 면이나 이타적인 행동을 보았을 때 언제든 그것을 충분히 누리는 약식 연습을 해보길 추천한다.

기부를 하거나 남을 위해 봉사할 때, 이타적 의도로 어떤 행동이든 할 때 "난 지금 다른 사람들을 위해 이것을 하고 있어. 이런 의도가 있는 것만으로 참 행복해"라고 잠깐이라도 생각해본데.

존경하는 사람, 영감을 주는 사람을 만나거나 접하게 되면, "이런 훌륭한 사람들이 세상에 존재하다니, 난 참 행복해"라고 떠올려본다.

이타적이거나 영웅적인 행동을 한 사람들을 보면, "세상에는 아직도 선한 일을 하는 사람들이 많아. 난 참 행복해"라고 생각해본다.

최고의 것을
최소한의 시간으로 얻다

이 장에서 언급한 세 가지 자질, 즉 사랑과 친절, 자비, 이타적 기쁨은 '브라마비하라brahmavihara (사무량심)'라 불리는 네 가지 아름다운 자질의 첫 번째 세 가지이다. 이 클럽의 마지막 멤버는 바로 여덟 가지의 세속적인 상황, 즉 득과 실, 명예와 불명예, 찬사와 책망, 기쁨과 고통에서 자유로울 수 있는 '평정심'이다. 평정심은 다른 세 가지 브라마비하라 상태에 적용될 때 살아 있는 모든 대상에게 사랑과 친절, 자비, 이타적 기쁨을 보내는 공명정대한 마음을 만들어낸다.

나는 영어로 브라마비하라를 정확하게 번역한 것을 본 적이 없다.

브라마비하라는 직역하면 '최고의 거주지supreme abode'이지만 대부분 영어로 번역할 때는 '네 가지 숭고한 상태the four sublime states'라고 하곤 한다. 중국어로 가장 흔한 번역은 '네 가지 측정할 수 없는 것들(사무량심)'인데 이것은 중국어 번역자들이 브라마비하라의 비슷한 말인 '측정할 수 없는' '무한한'을 뜻하는 팔리어 '압빠만나appamanna'를 브라마비하라로 보기 때문이다.

나는 지금 여러분이 엄청나게 혼란스럽지는 않길 바란다. 내가 찾아낸 가장 놀라운 브라마비하라의 번역어는 '최고의 집'이다. 하지만 이 책의 뒷부분에서는 '네 가지 숭고한 상태'라는 일반적인 용어를 쓰려고 한다.

이제 여러분은 도대체 이 네 가지 연습 중 도대체 무엇을 먼저 해야 하느냐고 물어볼지 모른다. 시간은 없는데, 다양한 숭고한 상태와 너무 많은 이점이 있으니 말이다. 첫 번째 세 가지 중에서 시작하기에 가장 좋은 것은 당연히 사랑과 친절 연습이다. 가장 쉽고 사용하기도 편할 뿐 아니라, 사랑과 친절이라는 그 이름 자체가 참 친근하니 말이다. 사랑과 친절을 뜻하는 팔리어는 '메타metta'인데, 이는 팔리어로 친구를 뜻하는 '미타mitta'에서 나왔다. 이것이 바로 메타가 종종 사랑과 친근함으로 번역되는 이유다.

사랑과 친절에는 다양하고 강력한 효과가 있다. 첫 번째 효과는 기쁨을 불러내는 데 탁월하다는 것이다. 여러분도 아마 이번 장에서 단지 몇 초 혹은 몇 분의 사랑과 친절 연습을 통해 이것을 경험했을 수 있다.

사랑과 친절 연습이 감정에 어떤 영향을 끼치는지에 대해서는 과학적으로도 연구된 바 있다. 2008년에 이뤄진 저명한 긍정심리학자 바바라 프레드릭슨Barbara Fredrickson의 연구에 의하면, 매주 1시간 혹은 그에 상당한 시간 동안 사랑과 친절 연습을 했던 참가자들이 다양한 상황에서, 특히 다른 사람들과 교류하는 장면에서 긍정적인 감정을 더 많이 느꼈다고 한다.[5] 이 연구는 또한 "참가자들은 사랑과 친절 명상을 통해 사랑, 기쁨, 감사, 만족, 희망, 자부심, 흥미, 놀라움, 경탄 같은 긍정적 감정의 폭을 넓힘으로써 일상생활의 질을 높였다"고 명시했다. 어찌 보면 당연한 또 다른 혜택은 사랑과 친절로 가득 차게 되면 사람들이 나를 좋아하기 시작할 것이라는 점이다. 고대 경전에서는 동물들조차 그런 사람을 더 좋아하고 따를 것이라고 말했다.

더 중요한 효과는 사랑과 친절 연습을 통해 명상적 집중력에 더 쉽게 다가갈 수 있다는 것이다. 사랑과 친절을 쉽게 마음에 불러낼 수 있는 명상가는 마음을 더 쉽게 안정시키고 금방 집중한다. 실제로 나는 사랑과 친절 연습을 완벽한 명상적 집중 상태에 도달하기 위한 주요 연습 방법으로 삼는 많은 명상 대가들을 알고 있다.

가장 중요한 것은 사랑과 친절이 다른 세 가지 숭고한 상태의 앞길을 닦는다는 점이다. 따라서 사랑과 친절에 강한 사람은 나머지 세 가지 숭고한 상태를 매우 적은 노력만으로 연마할 수 있다.

네 가지 숭고한 상태는 모두 매우 유용하다. 그러나 만약 그중 오직 한 가지만을 골라야 한다면, 사랑과 친절을 골라라. 사랑과 친절이 주는 편안함과 친근함, 놀라운 힘을 생각하면 절대로 후회하지 않을 것이다.

사랑과 친절에 더해 한 가지 더 연습을 하려고 한다면, 나는 선의를 일깨워 다른 사람들을 위해 선한 행동을 하려는 이타적 의도를 불러내라고 권하고 싶다. 하기에도 쉬울 뿐만 아니라 들이는 노력에 비해 정말 큰 효과를 낳기 때문이다. 해야 할 일이라곤 단지 정식 명상연습 중에 자신의 선의를 깨우고 다른 사람에 대한 이타적 바람을 불러내는 것뿐이다. 매일 몇 분만이라도 이렇게 하면, 이런 종류의 이타적 기쁨을 통해 마음이 고양되는 결과를 얻을 수 있을 것이다.

여기에 한 가지를 더 할 수 있다면 자비 수행을 추천한다. 다른 세 가지 숭고한 상태와 비교할 때 자비는 가장 그 힘이 세다. 자비는 고통에 직면하는 가장 직접적인 방법일 뿐만 아니라 사람들이 사회적으로 이타적인 행위나 영웅적 행동을 하도록 이끈다. 그리고 가장 사심 없는 사랑을 불러온다. 이것이 바로 불교의 많은 전통에서 자비를 가장 높은 덕목, 가장 훌륭한 가치로 일컫는 이유다. 자비는 어렵지만 가치 있는 것이다. 따라서 나는 무엇보다 자비 연습을 할 것을 강하게 추천한다. 그렇게 함으로써 사랑과 친절의 기초가 마음에 자리 잡게 될 것이다.

마지막으로 남은 숭고한 상태인 평정심은, 사실 우리가 이미 키운 것이다. 그 씨앗은 이미 첫 번째 마음챙김 호흡을 할 때 심어졌다. 그리고 매일 편안함과 내면의 기쁨을 키우는 연습을 할 때 그 뿌리가 자라났다. 건전한 기쁨을 향해 마음을 기울이던 매 순간, 우리는 그 뿌리에 물을 주었던 것이다. 7장에서는 평정심에 꽃을 피우는 방법에 대해 더 다룰 것이다.

가까운 적, 멀리 있는 적

야생버섯을 딸 때 가장 위험한 일은 식용버섯과 비슷하게 생긴 독버섯을 따는 일이다. 예를 들어, 맛있는 곰보버섯을 따고 있다면 실수로 알광대버섯을 땄다고 해도 그렇게 위험하진 않다. 곰보버섯과 알광대버섯은 완전히 다르게 생겼으므로, 그것을 실수로 먹지는 않을 것이기 때문이다. 진짜 위험은 곰보버섯과 비슷하게 생긴 독버섯을 땄을 때 생긴다. 따라서 버섯을 딸 때 가장 중요한 것은 식용버섯과 비슷하게 생긴 독버섯을 가려내는 일이다.

이와 비슷하게 모든 숭고한 상태는 하나 혹은 그 이상의 비슷하게 생긴, 고대 경전에서 '가까운 적'으로 표현한 독버섯과 같은 상태라 할 수 있다. 모든 숭고한 상태들은 하나 혹은 그 이상의 먼 적들을 가지고 있는데, 이는 숭고한 상태와 정확히 반대되는 상태들을 의미한다. 우리는 이미 이러한 먼 적들을 경계해야 함을 알고 있다.

이 경우 문제가 되는 것은 각각의 숭고한 상태들과 비슷해 구분하기 어려운 가까운 적들이다. 이런 가까운 적들을 구분해내는 것이 정말 중요하다.

사랑과 친절의 먼 적은 악의, 특히 미움 속에서 생기는 적의다. 사랑과 친절에는 두 개의 가까운 적이 있는데, 둘 다 로맨틱한 관계에서 생기기 쉽다. 이는 로맨틱한 관계가 시간이 지나면 사람을 괴롭히곤 하는 이유가 되기도 한다.

그 첫 번째는 사랑을 갈구하고 집착하게 하는 갈망이다. 진정한 사랑과 친절이라면 상대방이 내 곁에 없어도 고통이나 불안, 갈구가 일어나지 않는다. 그런 것들이 일어난다면 그것은 집착이지, 사랑과 친절이 아니다. 사랑과 친절은 항상 그 자체로 완전하다. 두 번째는 조건부 사랑을 하거나, 상대방이 특정한 일을 하거나 감각적·자기도취적 기쁨을 줄 때만 사랑하는 것이다. 그가 더는 성공적이지 않고 자신만만하지 않다는 이유로, 그녀가 더는 아름답지 않다는 이유로 상대에 대한 호감이 사라진다면, 그것은 진정한 사랑과 친절이 아니다. 사랑과 친절은 늘 무조건적이며 이타적이다. 이렇게 말한다고 해서, 무조건적인 사랑이 우리가 스스로를 해로운 것에서 지켜내는 경계선을 세우지 않는 것을 의미한다고 받아들여선 안 된다. 만약 남편이 폭력을 행사한다면, 사랑과 친절 때문에 접근금지 명령을 신청하는 걸 망설여선 안 된다. 남편의 행복을 빌어줄 순 있지만, 꼭 그와 내가 같은 집에서 살기를 빌어줄 필요는 없는 것이다.

자비의 먼 적은 잔인함이다. 자비에는 두 개의 가까운 적이 있는데, 그 첫 번째는 절망에서 나오는 슬픔이다. 마티유 리카르가 말했듯, 진정한 자비심은 마음에 사랑을 불러일으키고 용기 있게 행동하도록 하는 건강한 느낌의 슬픔에서 나온다. 반면 무기력감, 절망, 난감함 등에서 나온 슬픔은 건강하지 못하다. 그런 슬픔은 자비가 적절히 작동되도록 건강한 슬픔으로 바뀌어야 한다.

두 번째 가까운 적은 동정심이다. 누군가를 동정한다는 것은 알게 모르게 나를 그 사람 위에 놓는 것이다. 이는 무의식적이고 교묘하게 나의 건강하지 못한 자아를 강화시킨다. 반면 자비는 나를 우월한 위치에 놓거나 다른 사람을 아래에 두지 않으며, 늘 이타적이고 자아를 부순다. 또한 늘 그 자체로 완전하다.

이타적 기쁨의 먼 적은 질투와 시기심이다. 이타적 기쁨에도 역시 두 개의 가까운 적이 있다. 그 첫 번째는 '나' '나의 덕'이라는 마음을 일부 가진 채, 다른 사람의 기쁨을 빌어주는 일이다. 이를테면 이런 것이다. 부하직원의 승진을 두고 "승진을 했다니, 정말 기쁘다"라고 말한다. 사실이다. 하지만 내심 내가 그를 회사에 추천했고 인사부서에서 그의 상관인 나를 잘 봤기 때문에 그가 승진한 것이라 생각하며 기뻐하는 것이다. 결국 부하직원의 승진에 기뻐한 것은 그가 '나의' 사람이기 때문이며, 거기에는 '나를 돋보이게 하려는' 마음이 조금은 포함되어 있다고 할 수 있다. 이는 진정한 이타적 기쁨이 아니다.

이타적 기쁨의 두 번째 가까운 적은 다른 사람이나 자신의 건전하지 않은 기쁨을 누리는 것이다.[6] 진통제를 남용하는 기쁨, 할머니들이 평생 모은 돈을 사기 치고 글로벌 경제 위기까지 불러왔으면서 부자가 된 데 대한 기쁨은 모두 건전한 기쁨이 아니다. 기쁨의 원천이 탐욕, 악의 그리고 자기 자신과 다른 사람의 미래에 일어날 고통의 씨앗이라면 그 원천은 건전하지 못할 뿐 아니라 미래에도 해롭다. 이는 이타적 기쁨이 아니다. 사랑과 친절, 자비처럼 이타적 기쁨도 늘 사심 없고 완전하다.

　평정심의 먼 적은 마음에 동요를 일으키는 분주함, 불안감, 갈망, 미움 등이다. 평정심에는 두 가지 가까운 적이 있는데 첫 번째는 보고 싶지 않은 것들을 무시하고자 하는 무신경이며, 두 번째는 무관심이다. 무신경은 신경 쓰지 않아서 못 보는 것이고, 무관심은 보고도 신경 쓰지 않는 것이다.

　자, 평정심과 함께 다른 숭고한 세 가지 상태 역시 연습할 수 있다는 것을 기억해보라. 평정심은 나와 다른 사람의 행복과 고통을 보고, 그것에 신경을 쓰면서도 마음에 고요함과 명료함을 유지하는 것이다. 평정심은 마음에서 일어나는 기쁨과 고통에 흔들리지 않는 상태다. 무신경과 무관심을 평정심과 동일시하는 것은, 위험에서 아예 멀리 떨어져 안전한 상황에서만 용감해지는 것을 진정한 용기와 동일시하는 것과 같다. 남에게 신경 쓰지 않으면서 고요함을 느낀다면, 그것 역시 평정심이라고 볼 수 없다.

이것이 바로
우리의 마음 상태다

　숭고한 상태는 심장과 관계가 깊다. 생리학적으로 우리는 숭고한 상태를 심장 주변 부위에서 느끼곤 한다. 그것이 바로 우리가 '가슴이 뜨거워진다' 같은 표현을 쓰는 이유다.

　사실 뇌와 심장은 서로 밀접한 기능적 관계를 맺고 있다. 이런 현상을 특별히 '신경심장neurocardiac coupling 결합'이라고 부른다. 이러한 뇌와 심장의 결합은 숭고한 상태를 경험할 때 더욱 강해진다. 그 주요 통로는 미주신경인데, 미주신경은 우리 몸에서 심장박동, 혈압, 당 수치, 면역반응 외에 많은 대사 활동을 조절하는 것을 돕는다. 사랑과 친절 연습을 하는 동안 미주신경은 활성화되며, 심장 주변의 근육은 이완된다. 이것은 실제로 '가슴이 열리는' 것 같은 신체적 감각을 불러온다. "친절이 가슴을 연다" 같은 말은 신경학적으로 맞는 말인 셈이다. 아마 여러분 중 몇몇은 이 말이 그냥 상투적이라고 생각했을 수도 있겠지만 말이다.

　미주신경을 자주 활성화시키면 신체 건강에 큰 도움이 된다. 친절, 자비, 이타적 기쁨을 자주 생각하는 것은 미주신경을 활성화시키는 일로, 시간이 지나면 미주신경긴장도가 향상된다.7 높은 미주신경긴장도는 건강한 심장과 관련 있는 반면, 낮은 미주신경긴장도는 심부전과 심장마비에 따른 사망사고와 연관이 있다. 높은 미주신경긴장도는 회복탄력성을 향상시키며 긍정적 감정 경험, 이를테면 기쁨, 관심, 평정, 희망 같은 긍정적 감정을 경험할 가능성을 높인다.[8] 사교성과도 관계가 있어서, 미주신경긴장도가 높은 사람은 인간관계가 풍부하고 사람들에게 본능적으로 신뢰감을 준다.[9] 신기하게도, 사람들은 미주신경긴장도가 높은 사람들을 더 신뢰한다. 또한 미주신경긴장도가 높은 사람은 작업 기억력과 주의 집중력이 더 높은 등 인지적 유연성이 뛰어나다. 게다가 그들은 환경적 스트레스 요인에 덜 부정적으로 반응하며, 뛰어난 자기조절력을 보여준다.[10]

오래전 달라이 라마가 과학자들의 불교 명상 연구를 돕는 데 관심을 갖기 시작했을 무렵, 그는 실험참가자가 된 한 그룹의 티베트 스님들을 인도의 한 수도원에 초청했다. 물론 티베트 스님들은 달라이 라마의 초청을 거절할 수 없었다.

서양의 과학자 한 팀이 도착했고, 그중에는 칠레 출신의 뇌신경과학자인 프란시스코 발레라Francisco Varela가 있었다. 그들은 한 무더기의 장비를 가지고서 통역사를 통해 스님들에게 무엇을 하려는지 설명했다. 그들은 스님들에게 자비를 측정하기 위해 머리에 뇌의 표면에서 일어나는 전기적 활동을 측정하는 EEG 모자를 씌울 것이라고 말했다. 발레라가 이 모자 쓰는 걸 직접 보여주면서 말이다. 그러자 모든 스님이 일제히 웃음을 터뜨렸다. 과학자들은 그들이 웃는 이유가 EEG 모자를 쓴 발레라가 웃겨서일 것이라고 추측했다. 하지만 아니었다.

그들이 웃었던 이유는 서양 과학자들이 모두 멍청하다고 생각했기 때문이었다. 그들은 자비를 측정하려면 머리가 아닌 가슴을 측정해야 한다고 믿었다. 이에 놀란 과학자들은 스님들이 잘 몰라서 그런다고 생각하며, 그것을 그냥 문화적 차이로 치부해버렸다.

그러나 수년 후, 자비의 신경심장효과에 대한 새로운 과학적 이해의 수혜로, 우리는 이제 그 스님들이 옳았음을 알게 되었다. 방 안을 가득 채운 스님들의 웃음소리를 결코 과소평가해선 안 될 일이었다.

이타적 사랑에 대한 짧은 시

마음의 숭고한 상태를 담은 아름다운 시 한 편으로 이 장을 마무리하고 싶다. 이 시는 아름답고 진실된 가르침으로 널리 알려진 베네딕트회 가톨릭 수사 데이비드 스타인들 라스트David Steindl-Rast 형제가 들려준 것이다. 나는 그를 정말 나의 형제로 생각하는데, 그런 의미에서 공식적으로 그를 '형제'라 부를 수 있는 것은 참 좋은 일이다.

데이비드 형제는 이 시를 통해 이타적 사랑이 강해지면 나와 다른 것(사람)의 관계가 어떻게 변하는지 알려준다. 데이비드 형제에게는 이 시의 '다른 사람'이 하느님을 의미하지만, 사실 우리에게 그것은 우주나 천국 혹은 정말 다른 사람들일 수 있다.

처음에는 오직 나만이 있었다. 다른 누구도 아닌.

다음에는 나도 있었고 다른 사람도 있었다.

나와 다른 사람은 점차 하나가 되었다. 구분은 사라졌다.

결국 거기에 나는 없었다. 오직 다른 사람만 있을 뿐.

행복이라니,
그런 헛소리를!

── 감정적 고통을 다루는 법 ──

"당신이 고통 속에 있다는 것이,
기쁠 수 없다는 것을 의미하지는 않습니다."

위대한 영적 스승들 중에는 재치 있는 분들이 많다. 그들은 종종 '똥'에 대한 비유를 들곤 한다.

나는 명상하는 마음을 '똥'에 비유한 이야기 두 가지를 알고 있다. 그중 첫 번째는 마음을 커다란 소똥에 뒤덮인 황금덩어리로 비유한 이야기다. 황금덩어리는 이미 자연스럽고 완벽하며 행복한 상태인 마음의 본성을 의미하고, 소똥은 그런 완벽한 마음을 가리는 정신 습관을 의미한다. 황금은 이미 거기에 있으므로, 우리는 그것을 만들어낼 필요가 없다. 필요한 것은 황금을 둘러싼 소똥을 씻어내는 일일 뿐이다. 행복도 이미 거기에 있다. 행복을 위해 새로운 마음 상태를 만들어내지 않아도 되는 것이다. 필요한 것은 오직 행복을 가로막고 있는 정신 습관을 제거하는 일이다.

두 번째는 집으로 가는 길에 실수로 똥 무더기를 밟은 한 남자에 관한 이야기다. 신발굽이 똥으로 뒤범벅된 남자는 그 신발을 신은 채 집 안으로 걸어 들어가 카펫을 온통 똥범벅으로 만들 수도 있고, 마당에서 신발을 씻어 똥이 잔디밭의 거름이 되게 할 수도 있다. 똥은 불운을 나타낸다. 나쁜 일이 일어났을 때, 우리는 집 안으로 똥을

행복도 이미 거기에 있다. 필요한 것은 오직
행복을 가로막고 있는 정신 습관을 제거하는 일이다.

묻히고 들어온 남자처럼 고통이 삶에 영원토록 냄새를 풍기게 할 수
도 있지만, 그 똥을 잔디 거름으로 쓸 수도 있듯이 영혼의 성장을 돕
는 거름으로 활용할 수도 있다.

　고통스러운 감정은 피할 수 없다. 우리는 지금 이 순간에도 늙어
가고 있으며, 언젠가는 병들 것이고, 육체적 고통을 겪을 것이고, 죽
음을 맞을 것이다. 나 자신은 물론 내가 사랑하는 사람도 모두 그렇
다. 또한 살다 보면 정말 싫어하는 일들이 벌어지게 마련이며, 정말
로 원하는 것들을 갖지 못할 수도 있다. 때때로 삶은 정말 소중한 것
들을 앗아가기도 한다. 결국 어떤 경우에라도 감정적 고통을 피할
수는 없다. 심지어 6만 시간의 명상 훈련을 한 '세상에서 가장 행복
한 사나이' 마티유 리카르조차도 내게 늘 기쁨에 차 있는 것은 불가
능하다고 말해주었다. 삶에서 고통과 난관은 필연적인 것이며, 괴로

움은 어디에나 널려 있기 때문이다.

그러므로 기쁨의 기술을 배우는 것만큼이나 고통과 괴로움에 대해 배우는 것 또한 매우 중요하다. 고통에 대해 배우지 않고 기쁨에 대해서만 배우는 명상가는, 방어하는 법은 배우지 않고 공격하는 법만 배우는 격투기 선수나 다를 바 없다. 그의 훈련은 그만큼 불완전한 것이다.

이 장에서는 고통을 다루기 위해 내면의 평화, 내면의 기쁨, 내면의 명료함 그리고 사랑과 친절의 힘을 사용할 것이다. 이에 3단계, 즉 주의력 단계, 정서적 단계, 인지적 단계를 거칠 것이다.

이 3단계는 감정적 고통을 동반한 모든 상황에 매우 유용하다. 슬프거나, 화나거나, 수치심을 느끼거나, 배신당했거나, 누군가가 너무나 밉거나, 끔찍이도 운이 없을 때 말이다. 때때로 어려움이 너무 강력하고 감정적 고통이 심해 이 3단계가 실패할 수도 있다. 그럴 때 우리는 고통의 기술을 배워야 한다.

주의력 단계:
감정적 고통을 다루는 첫걸음

감정적 고통을 다루는 첫 번째 단계는 다음 문장으로 요약될 수 있다.

"마음을 고요하게 하라."

고통스러운 감정으로 인해 괴로울 때 내가 처음으로 하는 일은 마음을 고요하게 하는 것이다. 나는 내 주의를 가져오는 것으로 마음을 고요하게 한다. 마음챙김을 전력으로 가동하여 내 고통에 불을 당기는 생각에서 벗어나 호흡으로 주의를 가져오는 것이다. 어떤 때는 몇 초 만에, 또 어떤 때는 몇 분 안에 그렇게 한다. 어떤 경우든 부드럽지만 강하게 호흡에 주의를 가져오는 것만으로도, 나는 마음을 고요하게 할 수 있다.

2장에서 이것이 어떻게 작동하는지 이야기한 바 있다. 호흡에 주의를 가져오는 것만으로 생리적·심리적 작용이 일어나 마음이 고요해진다. 생리적으로는 호흡에 주의를 집중하는 것만으로 호흡이 깊어지고 느려지며, 자연스럽게 미주신경을 자극하여 이완반응이 일어난다. 심리적으로 호흡에 주의를 집중한다는 것은 바로 지금 일어나는 일에 마음을 가져오는 것이므로 과거에 일어난 일에 대한 후회나 미래에 일어날 일에 대한 걱정으로부터 마음을 일시적으로 자유롭게 하는 것이다.

일반적인 상황에서는 호흡에 주의를 기울이는 것만으로 마음을 고요하게 할 수 있다. 그러나 스트레스가 아주 심한 상황에서는, 바로 그때가 마음을 가장 고요하게 해야 하는 때임에도 불구하고 마음을 가라앉히는 것이 더 힘들다. 다행히 평상시에 마음을 고요하게 하는 연습을 많이 해둔 사람은 마음이 고통으로 가득 차 고요함이 가장 필요할 때 즉각적으로 마음을 가라앉힐 수 있다. 이는 마치 근력을 키우기 위해 헬스장에 가는 것과 같다. 헬스장에서 열심히 운동한 사람에게는 만에 하나 절벽에 매달리는 등 절체절명의 위기가 와도 스스로를 구할 수 있는 능력이 생긴다. 마찬가지로 주의력 근육을 꾸준히 훈련하면, 매우 고통스러운 상황에도 호흡에 좀 더 쉽게 집중할 수 있는 마음의 힘을 키울 수 있다.

그렇다면, 고통 속에서 마음을 고요하게 하는 것이 얼마나 도움이 될까? 이에 관해 전해 내려오는 옛날이야기가 있다.

옛날 인도에 파타카라Patacara란 여자가 살고 있었다. 그녀는 매우 부유한 상인의 딸이었다. 열여섯 살이 되던 해, 그녀는 아버지의 하인 중 한 명과 사랑에 빠져 사랑의 도주를 감행했다. 멀리 도망간 이 젊은 커플은 작은 마을에서 힘들게 살았다. 그러던 어느 날, 임신 사실을 알게 된 파타카라는 친정이 있는 사바티 마을로 돌아가자고 남편을 졸랐으나 남편은 그녀의 말을 들어주지 않았다. 그러자 그녀는 남편이 집을 비운 틈을 타 혼자서 친정을 향해 길을 떠났다. 뒤늦게 이를 발견한 남편이 쫓아와 집으로 돌아가자고 간청했지만, 그녀는 거절하고 발걸음을 재촉했다.

그러나 친정이 있는 사바티 마을에 도착하기 전, 그녀는 그만 길 위에서 아들을 낳고 말았다. 사바티로 향할 이유가 없어진 부부는 결국 집으로 발걸음을 돌렸다. 그리고 얼마 후 파타카라는 둘째를 임신하게 되었다. 그녀는 이번에도 역시 친정집으로 데려다 달라고 남편을 졸랐지만 남편은 또다시 그 청을 들어주지 않았다. 그러자 그녀는 또 남편이 집을 비운 사이 첫째 아들만 데리고 집을 나섰다. 곧 그녀를 뒤따라온 남편이 집으로 돌아가자고 간청했지만, 그녀 역시 친정에 가겠다고 고집을 부렸다.

그러다 갑자기 폭우가 쏟아져 오도 가도 못 하게 되자, 남편은 파타카라에게 쉴 곳을 마련해주기 위해 나무를 모으러 갔다가 그만 독사에게 물려 죽고 만다. 마침 산통을 느낀 파타카라는 혼자 둘째 아들을 낳고 다음 날 다시 길을 떠난다. 그러다 길 위에서 남편의 시체를 발견하고 반쯤 정신이 나간 그녀는 자기 때문에 남편이 죽은 것이라 여기며 심하게 자책한다.

결국 혼자서 두 아이를 데리고 친정으로 향하던 그녀를 기다리고 있는 것은 폭우로 인해 심하게 물이 불어난 강이었다. 두 아이를 한꺼번에 데리고 강을 건너기는 불가능했기에, 그녀는 갓난아기를 안고 먼저 강을 건넜고, 첫째 아들은 나중에 데리러 오기로 한다. 그런데 천신만고 끝에 갓난아기를 무사히 건너편 강둑에 내려놓고 첫째 아들을 데리러 가던 중, 갑자기 독수리 한 마리가 날아와 건너편 강둑에 있는 그녀의 갓난아기를 낚아채 달아나버리는 것이 아닌가! 그녀는 독수리를 향해 있는 힘껏 소리를 질렀다. 그때 강 반대편에 있었던 첫째 아들이 엄마가 자기를 부르는 줄 알고 강물로 발을 내디뎠고, 그만 급류에 휩쓸려 사라지고 말았다.

이제 완전히 정신이 나가버린 파타카라는 선택의 여지없이 친정으로 발걸음을 옮겼고, 마침내 집에 도착했다. 그러나 그녀를 기다리고 있던 것은 전날 내린 폭우로 집이 무너지면서 부모님과 유일한 혈육인 남동생마저 모두 죽었다는 소식이었다.

하루 만에 사랑하는 사람을 모두 잃은 파타카라는 극심한 고통 속에서 완전히 정신을 놓아버리고 옷을 갈갈이 찢은 채 반나체 상태로 사바티 길거리를 배회하기 시작한다. 그러던 중 그녀는 마침 붓다가 머물던 숲에 이르렀다.

붓다가 그녀에게 처음 한 말은 "친구여, 마음을 가라앉히게"였다. 파타카라는 이 말에 즉시 반응해, 마음을 가라앉히고 정신을 차렸다. 그리고 보니 문득 자신이 거의 벌거벗고 있다는 것을 깨달았다. 누군가가 그녀에게 옷가지를 건넸고, 그녀는 얼른 몸을 가렸다. 그리고 치유가 시작됐다. 파타카라는 이후 수행을 통해 깨달음을 얻었고 역사상 가장 위대한 여승 중 한 사람이 되었다.

내가 이 이야기를 처음 들은 것은 매우 오래전, 명상을 막 시작했을 무렵이었다. 그 이후 이야기 자체가 너무 강렬해 절대로 잊을 수 없기도 했지만, 한편으로 이 이야기가 주는 교훈도 깊이 새기게 되었다. 아무리 고통스러운 순간에 놓여 있더라도, 상황이 정말 끔찍하더라도, 언제나 가장 중요한 것은 마음을 고요하게 가라앉히는 일이라는 교훈 말이다.

정서적 단계 :
감정적 고통을 다루는 두 번째 걸음

이 단계에서는 감정적으로 고통스러운 경험을 다룬다. 전 단계인 주의력 단계는 꼭 필요하지만, 그것만으로 충분치 않을 때가 있다. 마음을 고요하게 할 수 없으면 어려운 감정 자체를 다루려는 시도조차 할 수 없다. 주의력을 이용해 마음을 고요하게 하는 것을 멈추는 즉시 괴로운 감정들이 돌아오는데 바로 이때 정서적 단계가 필요하다.

정서적 단계는 두 부분으로 이루어져 있다. 첫 번째는 감정적 고통의 한가운데서도 기쁨을 기꺼이 느끼고자 하는 마음이며, 두 번째는 고통 그 자체를 그대로 경험하고자 하는 마음이다.

기쁨을 기꺼이 경험하고자 하는 마음

고통스러운 순간에도 순수하고 완전한 기쁨의 순간에 접속하는 것은 언제나 가능하다. 놀랍지 않은가? 나는 이 사실을 알고 정말 놀랐다. 우리는 앞에서 마음 편안하게 하기, 마음 기울이기, 마음 고양시키기를 배웠다. 이는 모두 평소 명상을 할 때나 일상에서 원할 때마다 기쁨에 접속하는 방법이었다. 평소 원하기만 하면 기쁨에 접속할 수 있다는 것은 매우 놀라운 사실이다. 그러니, 매우 고통스러운 순간에조차 어느 정도 기쁨에 접속하는 것이 가능하다는 것은 얼마나 놀라운 일인가?

명상 중에 기쁨에 접속하는 능력을 개발하면 할수록, 나는 엉망인 하루를 보낸 후 혹은 슬프거나 화나거나 낙심했을 때조차 기쁨을 느낄 수 있음을 알게 됐다. 나는 마음을 고요하게 한 것뿐인데, 어찌 된 영문인지 마음이 정말 기쁨 속에서 편안해졌다. 이런 상태는 몇 분간 지속되기도 하고, 가끔은 훨씬 오래갈 때도 있었다. 나는 이 경험에서 두 가지를 배웠다.

첫 번째는 몇천 년간 많은 스승들이 말한 것처럼, 마음의 고유한 상태는 원래 기쁨과 평화라는 것이다. 기쁨과 평화는 만들어내는 것이 아니다. 그것은 늘 거기에 있고, 우리가 거기에 다가가는 것이다. 평화롭고 기쁜 마음의 상태는 달과 같고, 슬픔과 미움같이 평화로운 마음을 어지럽히는 감정은 그 달을 가리는 먹구름과 같다. 먹구름은 달을 가릴 수는 있지만, 그것을 파괴할 수는 없다. 구름이 걷히면 달은 드러난다.

이처럼 고통스러운 감정은 마음의 고유한 상태인 평화롭고 기쁜 마음을 어지럽힐 수는 있지만, 그것 자체를 없애버릴 순 없다. 따라서 고통스러운 감정이 완전히 사라지거나 일부분이라도 잦아들면, 평화롭고 기쁜 마음이 자연스레 드러난다. 평화롭고 기쁜 마음에 접속하기 위해 우리가 해야 하는 일은 단지 그것들을 가리는 고통스러운 감정이 그냥 지나가도록 하는 것이다.

두 번째는 평화와 기쁨이 마음의 고유한 상태라 할지라도 그것에 접속하는 것이 항상 쉽지는 않으며, 때때로 거의 불가능하다는 것이다. 설사 고요한 마음에 다가갔다 해도, 고통스러운 감정의 소용돌이 속에서 그것을 유지한다는 것은 거의 불가능했다. 몇 분, 몇 초도 지속하기 어려웠다. 괴로운 날 고요한 마음에 접속하는 것은 마치 물구나무를 서는 것과 같았다. 하는 것도 어렵지만, 그 자세를 1분이라도 유지하는 것은 더 어렵다. 정말 마음이 힘든 날에 고요한 마음에 다가가는 것은 천둥, 번개가 몰아치는 날 구름 사이로 달을 보려고 노력하는 것과 같았다. 이때는 그냥 쪼그리고 앉아 날이 개기를 기다리는 것 외에 별 도리가 없다.

한 아름다운 선 우화에서는 감정적으로 힘든 상황 속에서도 마음이 기쁨에 접속할 수 있다는 것을 호랑이와 딸기에 비유했다.

옛날 옛적, 한 남자가 굶주린 호랑이에게 쫓기다 그만 가파른 낭떠러지에 떨어지고 말았다. 그 순간 그는 천만다행으로 절벽에 있는 나뭇가지를 붙잡고 겨우 목숨을 건졌다. 하지만 위로 올라가자니 호랑이가 버티고 있고, 손을 놓자니 천 길 낭떠러지로 떨어질 상황이었다. 설상가상으로, 위태로운 나뭇가지에 의지해 꼼짝없이 매달려 있는 와중에 쥐 두 마리가 나타나 그가 매달린 나뭇가지를 갉아먹기 시작했다.

그때 그 남자의 두 눈에 탐스러운 산딸기가 들어왔다.

그 남자는 손을 뻗어 딸기를 따서 입에 넣었다. 정말 맛있었다.

이 유명한 우화는 삶에서 일어나는 가혹한 고난 속에서도 정신적 안정과 기쁨을 찾을 수 있음을 보여준다(이 우화는 삶을 나타내는 불교 우화로 알려져 있다. 쫓아오는 호랑이는 과거에 대한 후회, 호랑이를 피해 달아나다 떨어진 낭떠러지 아래는 알 수 없는 미래를 나타내며, 눈앞의 산딸기는 오직 지금 즐길 수 있는 현재를 의미한다-옮긴이). 마음을 평안하게 하여 기쁨을 느끼는 기술을 갈고 닦아 기쁨이 일어나는 것을 알아차리고 마음을 고양시키면, 아주 고통스러운 순간에도 때때로 평화와 기쁨 안에 머물 수 있다. 극심한 고통 속에서 불러내는 평화와 기쁨은 마치 사막에서 만나는 오아시스와 같다. 오아시스야말로 사막을 건너가게 해주는 힘이다. 이처럼 찰나일지라도 기쁨과 평화에 접속할 수 있는 능력은 감정적으로 힘든 시기를 잘 헤쳐나갈 수 있게 해준다.

자, 방금 전 우화가 그냥 우화였다면 실제로 고난 속에서 기쁨을 찾는다는 것은 어떤 의미일까? 나는 이것을 노벨평화상 수상자인 리고베르타 멘추 툼Rigoberta Menchu Tum에게서 배웠다.

리고베르타는 인권 운동에 인생을 바친 업적을 인정받아 1992년 노벨 평화상을 수상했다. 그녀는 우리가 노벨 평화상 수상자라고 했을 때 떠올리게 되는 그런 전형적인 모습을 가지고 있었다. 즉, 현명하고 유쾌할 뿐만 아니라, 모두에게 친절하고 상냥했다. 함박웃음과 따뜻한 포옹은 덤이었다. 그녀는 기쁨으로 넘쳐나는 사람 같았다. 그러나 바로 그 표면 아래에는 커다란 아픔이 도사리고 있다는 것을 알게 되었다. 그녀의 아버지는 산 채로 묻혔고, 그녀의 어머니는 죽기 전 강간당하고 고문당했다. 그녀의 남자형제도 살해당했다. 나중에는 막내아들을 잃었고, 수많은 사람들이 억압당하고 고문당하고 살해당하는 것을 목격하기도 했다.

그녀가 간직한 고통의 크기를 깨닫자 나는 당장이라도 울고 싶어졌다. 진정한 위대함의 특징 중 하나는 엄청난 고통을 간직하는 능력이다. 여기에는 용기와 평정심뿐만 아니라 친절과 자비, 기쁨도 필요하다. 리고베르타는 진정한 위대함이 어떤 것인지 몸소 보여주었고, 나는 큰 감명을 받았다.

나는 한 무대에서 리고베르타에게 그런 위대함이 어디에서 오느냐고 물어보았다. 타고난 것일까? 아니면 자라면서 기른 것일까? 그녀는 그것이 깊은 영적 수행에서 온다고 말해주었다. 그녀에게 그것은 마야 전통 수행이었다(그녀는 과테말라 출신이다). 무대에서 함께 걸어 내려오며, 그녀는 내게 "아시겠지만, 마야의 영적 수행도 사실 당신이 하는 불교의 영적 수행과 크게 다르지 않아요"라고 말했다. 우리는 마주보며 웃었다.

리고베르타와의 만남은 내게 압도적인 고통과 기쁨의 상관관계에 대한 중요한 통찰을 안겨주었다. 나는 기쁨과 고통이 서로 독립적으로 존재할 수 있다는 것을 깨달았다. 기쁨이 고통보다 훨씬 강할 때, 기쁨은 고통을 몰아낼 수 있다. 하지만 고통이 너무 강해 몰아낼 수가 없다 해도, 기쁨은 고통과 함께 있을 수 있다.

나는 살면서 극심한 감정적 고통을 겪던 어두운 순간에조차 정신 훈련 덕분에 때때로 순수한 기쁨에 접속할 수 있었다. 어떤 때는 죽을 만큼의 괴로움과 온 마음을 가득 채우는 기쁨이 몇 분 간격으로 나타나기도 했다. 리고베르타를 만나기 전까지는 그것이 전혀 이해가 되지 않았다. 왜 기쁨은 고통을 없애지 못하는가? 반대로, 고통이 그렇게 강하다면, 어떻게 기쁨이 남아 있을 수 있을까? 나는 내가 미쳐가는 게 아닐까 생각할 정도였다.

리고베르타의 이야기는 이 의문에 답을 주었다. 그녀는 고통이 강할 때 기쁨이 고통을 완전히 몰아내지는 못한다는 것을 알려주었다. 대신 기쁨은 고통을 담아내는 정교한 그릇이 되어 상처를 줄이고 마음을 치유하는 과정을 돕는다. 마치 다리가 심하게 부러졌을 때 깁스를 하면, 더 큰 손상을 줄이고 다리뼈가 붙는 것처럼 말이다. 리고베르타는 자신의 삶을 통해 상상할 수 없을 만큼 큰 아픔을 어떻게 기쁨으로 감싸 안을 수 있는지를 보여준 것이다.

기쁨과 고통이 양립할 수 있음을, 노벨평화상 후보에 열다섯 번이나 이름을 올린 내 친구 던 앵글Dawn Engle은 이렇게 아름답게 묘사했다.

"당신이 고통 속에 있다는 것이, 기쁠 수 없다는 것을 의미하지는 않습니다."

그러니 친구들이여, 아무리 큰 고통 속에 있더라도 기쁨을 느끼는 걸 두려워하지 마라.

감정적 고통을 기꺼이 겪어내려는 마음

고통 속에서 기꺼이 기쁨을 경험하고자 하는 의지는, 그 고통 자체를 기꺼이 경험하고자 하는 마음으로 완성될 수 있다.

감정적 고통은 두 가지 요소로 이루어진다. 몸으로 경험하는 느낌 그리고 그 느낌에 불꽃을 일으키고 기름을 붓는 연속된 생각들이 그것이다. 우리는 몸으로 감정을 경험하기 때문에 감정을 해결하려면 몸에서 시작해야 한다.

고통스러운 감정은 항상 불쾌한 감각을 유발한다. 예를 들어, 나는 괴로울 때면 얼굴 근육이 긴장하고 금방이라도 울 것 같은 느낌이 들며 가슴과 위가 불편해진다. 심장이 빨리 뛰기 시작하면서 몸이 긴장하고, 더 심해지면 위가 아파오고 가슴이 조여온다. 감정적 고통을 기꺼이 느껴보려는 의지는, 달리 말해 몸에서 느껴지는 이런 극도의 불쾌한 감각을 있는 그대로 느끼겠다는 의도다.

몸에서 느껴지는 고통스러운 감정을 다루는 네 단계가 있다. 첫 단계는 부정적인 감정들이 단지 몸에서 느껴지는 불쾌한 감각일 뿐이라는 걸 명확하게 인지하는 것이다. 얼굴, 목, 어깨, 가슴, 위에서 느껴지는 극도로 불쾌한 감각 말이다. 그것은 치통과 비슷하다. 치통이든 감정적 고통이든 모두 몸에서 느껴지는 극도의 불쾌한 감각인 것이다. 그뿐이다.

두 번째 단계는 자연스럽게 나타나는 혐오감을 인식하는 것이다. 불쾌한 몸의 감각을 경험할 때는 그 감각을 '지각' 하게 되는데, 이는 곧 혐오감을 불러일으키고, 혐오감은 고통으로 이어진다. 우리는 이를 원하지 않으며, 참기 어려워한다. 여기서 가장 중요한 통찰은 혐오가 고통의 가장 가까운 원인이라는 것이다. 따라서 고통을 줄이기 위해서는 혐오를 공략해야 한다. 혐오감이 줄어들수록 감정적 고통을 느끼고 알아차리더라도 고통을 덜 받게 될 것이다. 즉, 고통의 원인에 대해 감각적으로 지각하는 것은 똑같더라도 그 감정에 대한 감정이 달라지는 것이다.

세 번째 단계는 혐오에 첫 번째 해독제인 사랑과 친절을 적용하는 것이다. 고통스러운 감정이 끼치는 영향을 있는 그대로 보고, 사랑과 친절의 마음을 그 감정과 나 자신에게 보내는 것만으로 고통을 줄일 수 있다. 이를 다룬 옛 인도 우화가 있다.

옛날 옛적 화를 먹고 사는 화 괴물이 살고 있었다. 인간 세상에는 늘 그가 먹고살 것이 넘쳐났으므로 그는 잘살고 있었다. 그러던 어느 날, 화 괴물은 신들이 사는 천상으로 휴가를 갔다가 우연히 그들도 화를 낸다는 것을 알아버렸다. 그 화는 천상의 맛이었고, 그는 이제 신들의 화만 먹고 싶어졌다. 그런데 어떻게 신들이 더 많이 화를 내게 할 수 있을까? 마침 신들의 왕인 사크라Sakra가 자리를 비운 것을 알게 된 화 괴물은 냉큼 사크라의 왕좌에 올라가 앉았다. 아니나

다를까. 그것을 알게 된 신들은 사크라의 왕좌로 몰려와 화 괴물에게 마구 화를 내며 즉각 내려오라고 소리를 질렀다. 화 괴물은 이때다 싶어 신들의 화를 넙죽넙죽 주워 먹었다. 영양가가 풍부한 신들의 화를 먹은 즉시 괴물은 점점 자라났는데, 심지어 신들도 손을 댈 수 없을 만큼 너무 커지고 말았다. 얼마 후 왕궁으로 돌아온 사크라는 그의 왕좌 위에 거대한 화 괴물이 앉아 있는 것을 보게 되었다.

자, 사크라는 어떻게 했을까? 다행히도 그는 현명한 왕이었다. 우선 그는 화 괴물이 어떤 존재인지 알아보았고, 그 괴물을 사랑과 친절로 대했다. 그가 친절하고 상냥하게 화 괴물에게 말을 걸기 시작하자, 그의 말 한 마디, 한 마디에 화 괴물이 점점 작아지기 시작했다. 결국 화 괴물은 콩만큼 작아져버렸다. 현명한 왕은 그것을 부드럽게 집어 들어 왕좌에서 내려놓았다.

사랑과 친절을 나 자신에게 혹은 내가 처한 상황에 불러오는 것이 너무 힘들다면, 내가 무조건적인 사랑을 주는 아끼는 누군가를 그 대상으로 해도 좋다. 사랑과 친절의 느낌만으로 어느 정도 고통이 완화되기 때문이다.

몸에 남아 있는 고통스러운 감정을 다루는 마지막 단계는 혐오감에 대한 두 번째 해독제, 즉 평정심을 적용하는 것이다. 사랑과 친절을 품은 채 몸의 감각에 최대한 집중하여 평정심을 불러낸다. 나는 이 연습을 할 때마다 지금 느끼는 이 감정도 단순히 내 몸에서 느끼는 감각일 뿐임을 상기한다. 감정은 내가 아니다. 몸의 감각과 함께 올라오는 생각들도 단순히 생각일 뿐이다. 그 생각도 내가 아니다. 마음은 하늘과 같고, 생각들은 그 하늘 위에 떠 있는 구름과 같다. 구름은 하늘이 아니다. 마찬가지로 생각이 곧 마음은 아니다. 그것들은 곧 내가 아니다.

이런 식으로 감정을 단순히 몸에서 일어나는 감각으로 보고 생각을 정신적 현상의 하나로 보게 되면서, 나는 일어나는 모든 생각과 감정이 내 몸을 차지하는 걸 허용한다. 내 몸에 가능한 한 오래 머물러도 된다고까지 허락한다. 내가 하는 것은 단지 평정심을 가지고 이들을 지켜보는 것이다. 어떤 명상가들은 그것을 '불구덩이 속에 앉아 있기'라고 표현하기도 했다.

앞서 매 시간 한 번씩 마음챙김 호흡을 상기한다고 소개한 구글의 임원 조나단 베렌트는 명상에서 배운 이 평정심이 어떻게 인생에서 가장 힘들었던 순간의 경험을 바꿔놓았는지 들려주었다.

내 인생의 가장 심각하고 어려운 시기가 없었다면, 기쁨에 접속하는 법을 배우는 나의 여정은 아마 시작되지 못했을 것이다. 1년 전 내 아내는 각기 다른 질병을 치료하기 위해 세 번이나 수술을 받아야 한다는 걸 알게 됐다. 한 수술은 아내가 6주간 휴직하고 유동식만 먹어야 하는 큰 수술이었고, 다른 하나는 팔 아래쪽 양성낭종을 제거하는 수술이어서 적어도 한 달 이상 그녀는 운전조차 할 수 없었다.

당시 나는 마음챙김 명상을 6개월 정도 수행한 초보였지만, 그럼에도 마음에 떠오르는 스트레스, 짜증, 두려움을 볼 수 있었다. 나는 이 감정들을 내 마음과 동일시하게 되면, 아내와 진심으로 함께 있어주기 어렵겠다는 걸 깨달았다. 하지만 단순히 이 감정들을 내 마음이라는 하늘의 구름으로 보자, 구름 뒤에 숨겨진 진짜 현실을 볼 수 있었다. 바로 자비였다. 내 두려움이나 생각들, 그러니까 '오, 신이시여… 왜 우리에게 이런 일들이 일어나는 겁니까? 왜 이렇게 한꺼번에 일어나는 거죠?' 같은 생각을 내려놓자, 아내에게 지금껏 주지 못한 깊은 공감과 사랑을 줄 수 있었다.

지금 아내는 세 번의 수술과 회복 기간을 모두 끝냈고, 그 힘들었던 시간은 우리에게 추억으로만 남아 있다. 얼마 전 아내는 이렇게 말했다.

"나는 우리 결혼생활 중에 올해가 최고였던 것 같아요."

맙소사, 그녀의 말에 백 퍼센트 동의한다.[1]

자, 요약해보자. 감정적 고통 속에서도 기쁨을 불러내려는 의지로 시작하는 정서적 단계는 언제라도 기쁨을 표면으로 끌어올릴 수 있다. 그다음에는 감정적 고통을 경험하려는 의지 자체를 계발해야 한다. 감정적 고통을 경험한다는 것은 그것이 느껴지는 정서적 경험의 모든 부분, 즉 몸의 감각, 생각, 올라오는 혐오감을 명료하게 알아차리는 것이다. 그리고 나 자신에게 사랑과 친절의 마음을 아낌없이 보내라. 어떤 몸의 감각이나 생각이 올라오든 그것과 함께 고요하게 앉아라. 어떤 몸의 감각이나 생각이든 그대로 오고 가게 함으로써 그것이 나 자신이 아니라는 것을 알게 될 것이다.

인지적 단계 :
감정적 고통을 다루는 세 번째 걸음

감정적 고통을 다루는 인지적 단계는 그 고통을 야기한 상황 자체를 곱씹어보는 것을 포함한다. 여기에는 우리의 주관적인 정서적·감정적 판단이라는 구름에서 벗어나 큰 그림을 보는 현명한 관점이 필요하다. 그러기 위해서는 객관성과 자비를 가지고 그 상황의 의미를 재인식, 재구성해보아야 한다. 계속 정서적 단계에만 집중할 경우 감정적 고통을 야기한 원인 자체는 여전히 풀리지 않을 가능성이 크므로, 이 단계는 꼭 필요하다. 풀리지 않은 원인들은 대부분 되돌아온다. 이렇게 풀리지 않은 것을 가장 객관적으로 자비를 가지고 대하는 것은 모두에게 이롭다.

인지적 재평가가 중요한 또 다른 이유는 사실 우리가 현실을 인식하는 방식에 심각한 결함이 있어서다. 우선 우리가 가진 정보 그 자체가 불완전하다. 인간이 순간적으로 주의를 기울여 인식할 수 있는 정보의 양에는 심한 한계가 있다. 얼마나 심할까?

가장 유명한 심리학 연구 중 하나는 하버드대학교 연구자들이 실시한 것으로, 이 실험에서 연구자들은 참가자들에게 여섯 명이 농구를 하는 짧은 비디오를 보라고 하면서 그중 하얀 셔츠를 입은 세 명의 사람들끼리 서로에게 몇 번 패스하는지 세어보라고 한다. 사실이 비디오 중간에는 고릴라 탈을 쓴 한 사람이 불쑥 등장해 카메라를 응시했다 사라진다. 재미있는 것은 이 비디오를 본 사람들 중 절반 정도가 하얀 셔츠를 입은 사람들끼리 공을 몇 번 패스했는지는 봤지만, 고릴라는 보지 못했다고 대답했다는 것이다.[2]

더 큰 문제는 우리가 종종 놓친 정보를 무의식중에 상상으로 채우며, 심지어 우리의 뇌가 어떤 것이 진실이고 어떤 것이 상상인지 잘 구분하지 못한다는 것이다. 우리의 뇌는 종종 말도 안 되는 것들을 만들어내고 그것이 진짜라고 믿는다. 게다가 강한 부정편향 성향을 가지고 있어서, 우리에게 부정적 영향을 끼치는 것을 긍정적 영향을 끼치는 것보다 더 강하게 받아들인다.

여러분이 첫 책을 낸 작가이고, 인터넷서점에 그 책의 리뷰가 올라오기 시작했다고 가정해보자. 수백 개의 리뷰 중 75개가 별점 5개 만점에 만점을 주었고, 오직 2개만 별점 하나를 주었다면, 여러분은 어디에 더 신경을 쓰겠는가(음, 내 첫 책 《너의 내면을 검색하라》 얘기는 절대 아니다)?

현실을 잘못 인식하는 것은 불필요한 고통을 너무 많이 야기한다. 첫째, 그것은 인간관계에 악영향을 끼친다. 우리는 행동의 의도가 아닌 그 행동이 나에게 끼친 영향을 가지고 다른 사람을 판단하곤 한다. 그리고 대부분의 경우, 이는 실제 의도가 어떠했든 부정적으로 다가온다. 예를 들어, 누군가에게 상처를 받으면 우리는 그 사람이 나에게 상처를 주려 했다고 짐작하며, '저 사람은 나쁜 사람'이라고 판단해버린다. 이럴 경우, 나에게 상처를 준 그 사람과의 관계가 좋을 리 없다. 설사 그 사람이 나를 기분 나쁘게 할 의도가 전혀 없었고, 오히려 나중에 내가 그에게 상처를 줬다는 것을 알고 나서 소스라치게 놀랄지라도 말이다.

둘째, 우리는 스스로를 실제보다 훨씬 더 부정적으로 평가한다. 나는 내가 스스로에게 얼마나 고통을 주고 있었는지 깨달은 적이 있다. 무언가 중요한 일을 할 때면 나의 일부는 늘 내가 그것을 망쳐버릴 거라고 속삭였다. 어느 날, 중요한 강연을 앞두고 나는 언제나처럼 나의 가장 친한 친구 리치Rich에게 "아, 나 망할 것 같아"라고 말했다. 내게 이런 말을 신물 나게 들어왔던 리치는 마침 엔지니어인 나의 정체성을 일깨워줘야겠다고 결심했던지 이렇게 말했다.

"자, 멩. 데이터를 보여줘. 지금과 비슷한 상황일 때 자네가 정말 망쳐버린 적이 마지막으로 언제였어? 마지막으로 가장 크게 일을 망쳤던 때가 언제냐고."

나는 순간 말문을 잃었다. 그가 옳았다. 실제 데이터는, 대부분의 경우 내가 나 스스로를 실패자로 보는 이 상황을 입증하지 못했다.

셋째, 우리는 현실 인식의 결함 때문에 불행해진다. 삶에서 일어나는 부정적인 일은 확대하고, 긍정적인 것은 축소한다는 것이다.

코미디언 루이스C.K. Louis C.K.가 했던 유명한 말이 있다.

지금 모든 것이 완벽하다. 하지만 그 누구도 행복해하지 않는다. **3**

이와 관련된 재미있는 일화가 있다. 오래전, 싱가포르에서 한 젊은 여성이 그녀의 첫 번째 신용카드를 받았다. 싱가포르에서는 재무 신용도에 대한 심사 기준이 엄격해서, 그녀의 나이에 신용카드를 받았다는 것은 또래들보다 성공했다는 것을 의미하는 대단한 일이었다. 당연히 그녀는 카드 봉투를 받고 매우 흥분했다. 하지만 봉투를 열고 그 흥분이 사라지는 데는 채 몇 초가 걸리지 않았다. 새 신용카드 위에 미세한 흠집이 나 있었던 것이다.

그녀의 뇌는 빠르게 부정적 편향을 가동시켰다. 어렵게 돈을 모아 얻은 신용카드에 대한 자부심은 사라지고, 흠집 있는 카드를 받은 데 대한 불만이 차오르기 시작했다. 자신이 어찌해야 할지 묻는 그녀에게, 나는 이렇게 말했다.

"이 우주가 얼마나 큰지 아세요? 우리에게 가장 가까운 별도 4광년 거리에 떨어져 있죠. 그건 빛의 속도로 여행한다 해도, 그 별에 닿기까지 4년이나 걸린다는 의미에요. 우리 은하계는 지름이 100만 광년이나 돼요. 수백만, 수천만의 별들이 그 안에 있죠. 우리 은하와 가장 가까운 나선형 은하는 250만 광년 떨어져 있는 안드로메다은하인데, 우리 은하계 끝에서 빛의 속도로 날아간다 해도 안드로메다은

하계 끝에 도착하는 데 250만 광년이 걸린다는 의미죠. 인류의 시작인 호모 사피엔스가 존재해왔던 시간보다 25배나 긴 시간이에요. 가는 동안 무궁무진한 공간을 보겠죠. 그런데 그건 가장 가까운 두 은하계 사이의 공간일 뿐이에요. 우주에는 이런 은하계가 수백만 개도 더 있죠. 우주는 정말 상상할 수 없을 만큼 거대하죠. 그런데 이 지구에서 한 여자가 자기 새 신용카드 위에 있는 작은 흠집에 대해 고민하고 있다니……."

그녀는 웃기 시작했고 더는 언짢아하지 않았다.

우리에게 고통을 주는 모든 상황을 인지적으로 재해석해보는 것은 매우 현명한 일이다. 우리 고통의 대부분은 우리 인식의 불완전성에 기인하기 때문이다. 재해석에는 여섯 가지 방법이 있다.

· **타인에 대한 친절과 자비 기억하기_** 다른 사람 때문에 감정적 고통이 촉발됐다면, 그에게 사랑과 친절을 보내라. 그가 다음의 세 가지 면에서 나와 같다는 것을 기억하라. 첫째, 그는 나와 같은 사람이다. 둘째, 그는 나처럼 행복해지길 원한다. 셋째, 그도 나처럼 고통에서 벗어나길 원한다. 이 세 가지를 명심하면서 속는 셈 치고 그를 한번 믿어보자.

· **나 자신에 대한 친절과 자비 불러내기_** 내 가장 친한 친구가 날 바라보는 눈빛으로 나 자신을 바라보라. 내 가장 친한 친구는 생각만큼 내 나쁜 점만 보지는 않을 것이다. 또한 나에 대해 나보다 더 객관적일

것이다. 이를 명심하면서, 스스로를 속이는 셈 치고 한번 믿어보자.

· **내 생각을 모두 믿진 말기**_ 뇌가 상상과 현실을 잘 구별하지 못한다는 것을 기억하라. 내가 틀릴 수도 있다는 것을 늘 명심하라.

· **긴 안목과 큰 그림 갖기**_ 긴 안목으로 보면, 모든 실수는 배움과 성장의 기회다. 우리 모두가 언젠가 죽을 것이란 사실을 기억하는 것도 도움이 된다. 그러면 모든 것을 바른 관점으로 보게 된다.

· **모든 것을 있는 그대로 기적으로 보기**_ 선승 틱낫한Thich Nhat Hanh은 이를 "진짜 기적은 물 위를 걷거나 하늘을 나는 것이 아니다. 땅 위를 걷는 것이 진짜 기적이다. 우리는 매일 알아차리지 못한 채 기적을 마주한다. 파란 하늘, 하얀 구름, 녹색 잎, 아이들의 까맣고 호기심에 가득 찬 눈동자 그리고 우리의 두 눈. 이 모든 것이 기적이다"[4]라고 아름답게 묘사했다. 너무 시적이라고? 그렇다면 좀 더 유머러스하게 표현한 루이스C.K.의 말을 들어보자. 그는 비행기에서 누군가가 불평을 할 때 이렇게 말해준다고 한다. "인간이 날 수 있는 기적을 당연하게 받아들이고 있었나요? 아무것도 안 해도 날고 있는데? 얼마나 멋진 일인가요? 이제 비행기에 타면 모두 '우와, 정말 대단한데, 내가 날고 있다니. 그것도 하늘에 떠 있는 의자 위에 앉아서 말이지'라고 생각해보세요."[5]

· **모든 것을 기쁨과 유머로 대하기**_ 그러지 않을 이유가 무엇이 있겠는가?

감정적 고통을
잘 다루게 되는 법

지금까지 살펴본 감정적 고통을 다루는 세 단계는 차례로 이루어졌을 때 가장 효과가 크다. 마음을 고요하게 하는 주의력 단계 없이 다른 두 단계를 시작하는 것 자체가 불가능하기 때문에, 이는 바로 시작 단계라 할 수 있다. 정서적 단계는 중요하지만, 문제의 원인을 해결해주지는 못한다는 점에서 인지적 단계가 필요하다. 하지만 인지적 단계 역시 반복되는 문제의 원인은 해결해주어도 감정적 고통으로 판단력에 구름이 끼면 아예 시도조차 할 수 없다는 점에서 다른 두 단계가 꼭 선행되어야 한다.

이러한 단계들에 익숙해진다는 것은 어떤 느낌일까? 감정적 고통을 다루는 데 탁월한 두 사람을 통해 알아보자. 둘 다 선 명상가로, 그중 한 명은 내 지인이고 다른 한 명은 역사상 가장 위대한 선 스승으로 불리는 사람이다.

먼저 소류 포럴은 선 명상 수행자이자 선생으로, 내가 깊이 존경하고 사랑하는 친구이기도 한다. 내가 그에게 가장 감명받은 점은 그가 고통에 빠진 사람들을 돕는 방식이다. 명상 선생이다 보니 그는 늘 고통스러운 문제를 가지고 찾아오는 사람들을 대하게 된다. 누군가가 그에게 자신이 얼마나 고통스러운지 얘기할 때마다, 그는 몸과 마음을 약하게 만든 상태에서 상대방의 고통을 향해 활짝 열고 그 고통을 있는 그대로 느낀다. 그러고는 그 고통을 수행을 통해 녹이기 시작한다. 이 과정을 상대에게 보여주면서 그가 이런 원리를 이해하도록 돕는다.

나는 그의 방식에 감탄을 금할 수 없었다. 나는 그것이 다른 사람을 돕는 가장 어렵지만 효과적인 방법이라 여겼는데, 한편 내 훈련 방식과는 상반된 것처럼 보였다. 오래전 나는 상담 훈련을 받았다. 그 훈련에서는 절대 다른 사람들의 고통을 짊어지려 하지 말라고 배웠다. 상대방의 고통이 내게 옮겨오면, 상대방의 기분은 나아질지언정 나는 괴로울 것이기 때문이었다. 이는 세상의 고통 총량을 줄이지 못한다. 그러나 포럴은 고통에 저항하는 대신, 가능한 한 가장 약한 상태로 타인의 고통에 자신을 내맡겼다. 그는 고통이 일어나고 사라지는 데 저항하지 않았다.

그는 왜 이렇게 하는 걸까? 그는 선 수행 중 만난 한 스승과의 대화가 삶을 바꾸어놓았다고 고백했다. 그는 어느 날 스승에게 다음과 같은 순진한 질문을 던졌다고 한다.

"붓다가 슬픔을 느꼈을까요?"

불교도들에게는 이 질문이 어리석은 것처럼 들릴 수도 있다. 불교도라면 그 대답이 "아니다"라는 걸 알고 있을 것이기 때문이다. 붓다는 모든 면에서 완벽하게 마음을 수행한 자이므로, 모든 고통에서 자유롭다. 당연히 슬픔을 느끼지 못할 것이다. 하지만 그의 스승은 놀라운 대답을 했다.

"붓다는 슬픈 사람을 만나는 순간 슬픔이 된다. 왜일까? 그가 그러지 않는다면, 슬픈 사람이 그 순간 붓다를 진정으로 만날 수 없기 때문이다."

그날 이후 포럴은 타인의 고통으로부터 자기 자신을 분리하지 않기로 했다. 그가 타인의 고통을 받아들이고 그들과 함께 고통을 다루는 작업을 하지 않았다면, 그는 그들을 도울 수 없었을 것이다. 그는 스스로에게 물었다고 한다.

"내가 이 고통으로부터 벗어나고자 하는 의지도 없고 벗어나는 방법도 모른다면, 다른 사람들에게 무슨 말을 들려줄 수 있겠는가?"

그는 자비에서 우러나온 용기를 보여주었을 뿐만 아니라, 무엇보다 실생활에서 그것을 행동에 옮겼다. 그는 고통의 바닥으로 내려가는 것을 두려워하지 않았는데, 이는 오랜 수행이 있었기에 가능한 일이었다. 그의 수행법은 이 책의 내용과 비슷한데, 단지 훨씬 오랜 시간을 쏟았다는 차이가 있다. 그의 명상 시간은 내가 이 글을 쓸 당시 이미 2만 5,000시간에 이르렀다. 그는 그 비결을 알려주었다.

고통을 느끼는 것은 사랑을 느끼는 것과 같다. 그렇게 정화된 마음속에서 우러나오는 기쁨이 다시 사랑으로 돌아가는 것이다. [6]

여러분 역시, 명상을 하면 할수록 인생의 괴로운 시기에도 기쁨에 다가갈 수 있다는 것을 깨닫게 될 것이고, 곧이어 포럴와 같은 자신감을 가지게 될 것이다.

감정적 고통을 잘 다루게 된다는 것이 어떤 것인지 보여주는 또 다른 예는 1959년에 나온 명상책의 고전《선육선골Zen Flesh, Zen Bones》에 등장하는 것으로, 이는 내게 큰 감명을 주어 나를 명상 수행으로 이끌었다(난 스물한 살에 처음 명상을 시작했다). 이 이야기는 일본 역사상 가장 위대한 선 스승으로 불리는 하쿠인 에카쿠白隱 慧鶴에게 일어난 중요한 사건에 관한 것이다. 이 일 전에도 하쿠인은 이미 그 지역에서 가장 유명하고 존경받는 선사였다. 하지만 이 일 후 그의 명성은 전국 방방곡곡으로 퍼지게 된다. 이 일화는 〈그렇습니까?Is that so?〉라는 제목으로 소개되었다.

마을에서 식료품 장사를 하는 부모를 둔 아주 아름다운 소녀가 하쿠인 선사의 거처 근처에 살고 있었다. 어느 날, 소녀의 부모는 소녀가 임신한 사실을 알게 되었다. 아이의 아버지가 누구냐는 화난 부모의 추궁에도 입을 떼지 않던 소녀는 결국 성화에 못 이겨 아이의 아버지가 하쿠인 선사라고 말했다. 분노에 사로잡힌 부모가 하쿠인 선사를 찾아와 따져 묻자, 하쿠인 선사는 "그렇습니까?"라고 대답했다. 아이는 태어나자마자 하쿠인 선사에게 버려졌다. 명성과 존경을 모두 잃은 선사는 정성을 다해 아이를 키웠다. 젖동냥을 다녔고 아이에게 필요한 것이라면 도움 구하기를 주저치 않았다. 1년 뒤 참을 수 없던 소녀는 부모에게 사실 아이의 아버지는 생선 시장에서 일하는 청년이라고 고백했다. 소녀의 부모는 다시 하쿠인 선사를 찾아가 용서를 구하며 아이를 돌려달라고 했다. 그러자 하쿠인 선사는 아이를 내어주며 이렇게 말했다.

"그렇습니까?"**7**

실패는 선택이 아니라 필수다

감정적 고통을 다루는 3단계는 대부분의 경우 효과가 있지만, 항상 그렇진 않을 수 있다. 여러분의 연습 수준이 아직 여러분이 직면한 거대한 고통에 맞설 정도로 깊지 않아서 그렇다. 직면한 고통의 크기가 클수록 이를 극복하는 데는 더 깊은 연습이 필요하다. 예를 들어, 진상 손님을 다룰 때 마음을 고요하게 하는 기술을 연마했다고 생각해보자. 전에는 이를 악물고 미소를 지어야 했겠지만, 이제는 이 책 내용을 꾸준히 연습한 덕분에 마음에 여유와 평안함을 가지고 그들을 대할 수 있을 것이다(감사 인사는 접어두시라!). 동료들은 여러분을 경외의 눈으로 바라볼 것이고.

하지만 이런 일에 익숙해졌다고 해서, 속을 뒤집는 일이 다시는 생기지 않을 거라는 건 아니다. 암 진단을 받는 등 더 큰 고통을 야기하는 일들은 여전히 우리를 절망에 빠뜨릴 수 있다. 심지어 암 진단 후에도 마음을 고요하고 기쁘게 유지할 만큼 명상을 수행했다 할지라도, 배우자가 바람을 피운다거나 하는 여전히 다루기 힘든 고통스러운 사건들이 찾아올 수 있다.

이에 관한 재미있는 비유는 바로 '저글링'이다. 공 세 개로 저글링하는 것을 익혔다고 해서 그것이 자동적으로 공 네 개로 저글링할 수 있다는 것을 의미하진 않는다. 공 세 개에서 네 개로 가는 데는 시간이 걸릴 것이고 네 개에서 다섯 개, 그 이상으로 가는 것도 마찬가지다. 공 하나를 더할 때마다 더 높은 수준의 기술이 필요하기 때문이다. 공 세 개만큼의 고통을 다루는 데 익숙해진 명상가에게 공 일곱 개만큼의 고통 앞에서 마음을 고요하게 하도록 기대하는 것은 현실적이지 않다.

더 나쁜 것은 고통의 원인에 대한 알아차림을 계발하는 것과 그 고통을 해결하는 능력을 계발하는 것 사이에는 늘 간극이 있다는 것이다. 예를 들어, 여러분이 어떤 상황에서 상황을 악화시키는 행동을 하는 경향이 있다고 해보자. 처음에 여러분은 그런 사실조차 몰랐다. 그러다 몇 시간의 마음챙김 명상을 하며, 훈련되지 않은 마음이 어떻게 스스로에게 문제를 일으키는 행동을 야기하는지 보게 된다. 이때는 무언가 잘못하고 있다는 것을 인지한다 할지라도 그 행동을 멈출 수가 없다. 마치 브레이크가 말을 듣지 않는 차를 직접 몰고 벽을 향해 돌진하는 것과 같은 느낌이다. 훨씬 많은 연습을 거친 후에야, 마침내 길들여지지 않은 마음의 결을 보고, 그것을 바로 세우고, 행동을 바꿀 수 있다. 하지만 그 시간 동안, 여러분은 비참함을 느낄 것이다. 스스로를 비난하며 자신을 실패자라고 느낄지도 모른다. 가수이자 작곡가, 배우이자 작가인 포르티아 넬슨Portia Nelson은 〈다섯 장의 짧은 자서전Autography in Five Short Chapters〉이라는 아름다운 시에서 이를 이렇게 묘사했다.

첫날. 거리를 걷고 있었다. 인도에 큰 구멍이 나 있었다.
나는 구멍을 보지 못했고, 그만 거기에 빠지고 말았다.

둘째 날. 같은 거리를 걷고 있었다. 이번에는 인도에 난 큰 구멍을
보았다. 그러나 또 빠져버리고 말았다.

셋째 날. 같은 거리를 걸었다. 큰 구멍을 보았다.
그리고 이번에는 그것을 피해서 걸었다.

가장 어려운 날은 둘째 날이다. 둘째 날에는 인도의 큰 구멍을 똑똑히 보고서도 멈출 수가 없어 그 안에 빠지고 만다. 하지만 둘째 날은 셋째 날을 위한 필수 단계다. 내가 어떻게 실패하는지를 똑똑히 알아야만 실패의 원인을 극복할 수 있기 때문이다. 그러므로 둘째 날 같은 상황에 놓였다면, 이는 셋째 날로 가기 위한 자연스러운 진행 과정임을 명심하라. 계속 연습한다면 곧 구멍을 피해 돌아가는 능력을 키울 수 있을 것이다.

저글링 비유로 돌아와보자. 성장하는 모든 고비 고비마다 실패가 자리하고 있을 것이다. 정말 많은 실패 말이다. 공 세 개로 연습할 때는 능숙해질 때까지 수도 없이 공을 떨어뜨릴 것이다. 그러다가 공 세 개 다루는 법을 익히고 네 개에 도전하면 무슨 일이 생길까? 당연하게도 새로운 기술을 습득할 때까지는 또다시 실패, 실패, 실패의 연속일 것이다.

연습이 계속되는데도 여전히 실패하는 것처럼 느껴진다면, 자신이 걸어온 여정 자체를 돌아볼 것을 권한다. 그럼 곧 내가 얼마나 멀리 왔는지 깨달을 것이다. 공 다섯 개로 저글링을 하다 온 사방에 공을 떨어뜨렸을 때, 공을 두 개, 세 개, 네 개로 늘려가던 때를 생각해보라. 모든 단계에서 '공 하나만 더할 수 있으면 얼마나 좋을까' 하고 생각했을 것이다.

그 모든 단계의 마지막은 늘 성공이었다. 실패만 보지 말고 실패의 순간, 성장을 보라. 그렇게 할 때 비로소 성장의 기쁨을 경험할 수 있을 것이다.

고통의 기술은 사랑이다

고통이 너무 강해서 감당할 수 있는 한계를 벗어난다면 어떻게 해야 할까? 그럴 때는 고통의 기술을 배워야 한다.

몇 년 전부터 명상 수행이 깊어져 내면의 평화와 기쁨이 강해지면서, 나는 고통을 극복하는 데 제법 능숙해지기 시작했다. 기초가 단단했기 때문에 고통을 겪을 때마다 마음을 고요히 하고 기쁨을 불러낼 수 있었다. 주의력·정서적·인지적 3단계를 쉽게 활용하게 된 것이다. 하지만 이는 곧 문제가 되었다. 내 수행에 커다란 맹점이 생긴 것이다.

위대한 선승 틱낫한은 고통의 기술이라 불리는 수행을 가르치는데, 나는 그것을 배울 수가 없었다. 마치 쿵푸 선수가 주먹을 너무 잘 막아서 주먹 피하는 법을 배울 기회조차 없는 것 같은 상황이었다. 이런 경우, 너무 강한 주먹이 들어오면 그것을 막다가 쓰러져버리고 만다. 나에게도 그런 일이 일어났다. 고통이 너무 큰 나머지, 마음을 고요하게 하고 기쁨을 불러내는 능력이 무용지물이 되어버린 것이다. 나는 너무나 괴로운 나머지 3단계를 시작할 수조차 없었다. 절망적이었다.

이때 정말 운 좋게도 틱낫한에게 3일간 직접 가르침을 받을 수 있었다. 그는 현명하게 고통 다루는 법을 알려주었다. 고통의 기술을 배운 것이다. 그제야 비로소 이전 수행에서 내가 놓친 것이 무엇인지 깨달을 수 있었다. 틱낫한의 가르침을 내가 이해한 바로는, 고통을 현명하게 다루는 데도 역시 3단계가 필요하다.

· **1단계 생각하지 말고 그냥 느끼기**_ 가능한 한 지금 이 순간의 몸의 감각을 느껴라. 틱낫한의 말을 빌리자면 "집(몸)으로 돌아오라. 그리고 지금 이 순간에 머물러라."

· **2단계 부드럽게 달래기**_ 엄마가 우는 아이를 달래듯 고통 속에 있는 스스로를 달래주어라. 엄마는 아이가 왜 우는지 몰라도 아이가 울면 일단 부드럽게 달랜다. 그것만으로도 아이의 울음소리는 잦아들게 마련이다. 이처럼 고통 속에 있는 나를 사랑으로 부드럽게 아기 어

르듯 달래주어라.

· **3단계 고통으로부터 자비심 함양하기_** 자비심은 고통을 이해하는 것에서 생겨난다. 고통은 진흙, 자비는 연꽃과 같다. 연꽃을 기르려면 진흙이 필요하다. 고통을 이해하고 그 이해가 자비로 변하게 하라. 자비가 마음에 퍼지면, 고통은 저절로 약해지고 결국 언젠가는 사라져버린다.

틱낫한이 알려준 고통의 기술은 내가 고통을 다루는 데 사용하는 연장통에 아주 강력한 도구 하나를 더해준 것과 같았다. 바로 '사랑'이다. 나는 앞서 말한 3단계를 모두 아우르는 말이 바로 사랑이라고 생각한다. 수치심이나 비판하는 마음을 내려놓고 스스로 고통받을 공간을 만들어둔 채 나 자신을 사랑해보라. 고통받는 것은 부끄러운 일이 아니다. 숨길 필요도 없다. 그것은 지극히 자연스러운 인간 본성에서 우러나온 경험일 뿐이다. 그것이 전부다.

인간의 몸을 가지고 인간으로 살아가는 이상 우리에게는 항상 고통이 뒤따른다. 그러니 나 자신을 충분히 사랑하고 스스로 치유될 시간과 여유를 주어라. 고통 속에 놓인 스스로를 사랑으로 달래주고, 부드럽게 친절로 대하라. 모든 지각 있는 존재들이 자비를 계발하도록 그 모두를 사랑하라.

고통의 기술은 사랑이다.

마티유 리카르와 동료 연구원인 타냐 싱어Tania Singer는 뇌와 이타심에 관한 연구를 하던 중 아주 흥미로운 사실을 밝혀냈다. 리카르는 장애아들이 굶주림과 냉대로 죽어가는 장면이 담긴 비디오를 보자, 고통과 관련된 뇌 부위가 활성화되었다. 그러나 그가 이타적 사랑과 자비 명상을 하자, 부정적 감정이나 스트레스와 관련된 대뇌 네트워크가 작동하는 대신 긍정적 감정과 연관된 뇌의 특정 부위, 예를 들어 소속감이나 모성애와 관련된 부위가 활성화되었다.[8] 이들은 이타적 사랑과 자비가 고통의 해독제임을 과학적으로 증명해낸 것이다.

요가 스승인 사드구루 자기 베슈데브Sadhguru Jaggi Vasudev에게 들은 이야기가 떠오른다. 직접 들은 것이라 출처는 잘 모르겠지만, 이 장을 끝마치기에 꼭 맞는 이야기라는 생각이 든다. 아래 내용은 내가 그에게서 들은 내용 그대로다.

옛날 옛적, 30년 동안 수행에만 정진한 한 수행자가 살았다. 그는 위대한 요가 수행자로 불리는 라마크리슈나Ramakrishna를 만나 이런 질문을 던졌다.

"나는 30년간 정말 열심히 수행했지만, 여전히 당신에게는 있고 내게는 없는 것이 있음을 알겠습니다. 당신에게 있는 그 무언가를 얻으려면 어떻게 해야 합니까?"

그러자 라마크리슈나는 물었다.

"수행자로서, 당신은 누군가 혹은 무언가를 사랑한 적이 있습니까?"

수행자는 즉시 불쾌하다는 듯 말했다.

"물론 아니죠. 그럴 리가 없지 않습니까?"

하지만 라마크리슈나가 끈질기게 계속 물어보자, 그는 마지못해 수년 전 키우던 젖소를 아꼈노라고 털어놓았다. 수행에만 전념코자 사람들로부터 멀리 떨어진 숲 속에 혼자 살았던 그 수행자는 우유를 얻을 요량으로 오두막에서 젖소 한 마리를 키웠다. 그리고 얼마 가지 않아 그 젖소를 사랑하고 아끼게 되었다.

그러던 어느 날, 떠돌이 수행자 한 명이 그의 오두막을 지나다 며칠 묵기를 청했다. 그러자 오두막의 주인인 수행자는 두 팔 벌려 손님을 맞이하고, 원하는 만큼 머물다 가라고까지 했다. 그러나 그 손님은 고작 하루도 묵지 않고 인사도 하지 않은 채 야반도주를 하듯 떠나버리고 말았다. 이는 인도 문화에서 매우 드문 일로, 오직 손님이 주인에게 몹시 모욕감을 느꼈을 때만 일어나는 일이었다. 이를 알아차린 수행자는 그 길로 손님을 쫓아가 왜 그렇게 떠났는지 물었다. 그러자 손님은 경멸하는 투로 대답했다.

"당신이 젖소를 사랑하고 아끼는 게 똑똑히 보여서 그랬소. 당신은 진정한 수행자가 아니오."

수행자는 손님의 말이 사실이라는 것을 깨달았다. 그래서 그 길로 그 소를 남에게 주었다.

라마크리슈나는 이 얘기를 듣고 수행자에게 다시 일러주었다.

"자, 내가 해줄 얘기는 이것이오. 지금 가서 젖소 한 마리를 다시 구해오시오. 그리고 1년 동안만 그것을 정성을 다해 돌봐주시오."

수행자는 그의 말에 따라서 1년간 젖소를 사랑하는 법을 배웠다. 하지만 그와 동시에 이번에는 그 젖소를 영원히 데리고 있을 수 없다는 것도 알았다.

1년 후 수행자는 라마크리슈나를 만나 이렇게 말했다.

"이제 당신 안에 있는 그것을 나 역시 가지고 있습니다."

7장

Joy on Demand

위대한 마음은
섹스보다 낫지

—— 세속적인 기쁨 너머 탐색하기 ——

"이제 노력을 버리십시오."

옛날 옛적, 케임브리지대학교에서 이론물리학을 공부하는 피터 Peter란 학생이 있었다. 어느 날, 그는 명상 수행에 나섰는데, 이때 명상의 매우 깊은 경지에 도달했으며, 그 과정에서 깊은 명상의 엄청난 기쁨을 경험했다. 그는 이 기쁨이 섹스의 기쁨보다 훨씬 만족스럽다는 것을 깨달았다. 이는 그가 명상 수행에 나서기 한 주 전 자신의 여자친구와 섹스를 했기 때문에 확실히 알 수 있는 것이었다. 그는 놀라움을 주체할 수 없었다. 그에게 처음 떠오른 생각은 바로 이것이었다.

'왜 그동안 아무도 나에게 이걸 알려주지 않았지?'

그는 불교에 귀의하기로 결정했다.[1] 피터가 바로 오늘날 서양에서 가장 존경받는 뛰어난 수도승 중 하나인 아잔 브람Ajahn Brahm이다.

명상은 스트레스 완화, 집중력 향상, 창의력 증진, 세속적 성공 이상의 효과가 있다. 수련이 심화될수록 명상은 더 광활하고 놀라운 세계로 명상가를 이끌어주는데, 나는 이 세계를 여러분과 함께 탐험해보고 싶다. 앞에서 나는 가이드의 역할을 맡아 내게 익숙한 길을 여러분에게 보여주었다. 이는 내가 여러분보다 어떤 면에서든 낫기 때문이 아니라, 이 길들을 내가 걸어본 적이 있으며 그 지름길도 잘 알 만큼 자주 가봤기 때문이었다. 이번 장에서는 가이드의 역할을 벗어던지고, 여러분에게 동료 여행자로 접근해 내가 새롭게 발견한 혹은 내가 거의 가보지 못한 혹은 나보다 훨씬 멀리까지 가본 숙련된 가이드들로부터 들어만 본 놀라운 공간을 탐험하고자 한다.

깊은 명상 수련과 세속적 기쁨 너머의 공간으로 여행을 해보자.

기쁨이 유일한 길은 아니다

명상에 대해 이야기하기 전에 확실히 해두어야 할 사항이 있다. 기쁨으로 가는 길이 탄탄한 명상 수련과 정신 건강을 위한 유일한 길은 아니며, 사실 매우 다양한 길이 있다는 것이다. 예컨대 불교에서는 불교 신자들이 '법의 문Dharma doors'이라 부르는 가르침으로의 길이 8만 4,000가지는 있다고 알려져 있으며, 각각의 문 뒤에는 똑같은 보상이 기다리고 있다고 한다.

이번에도 신체적으로 건강해지는 법에 비유하는 것이 상당히 도움이 된다. 앞서 이야기했던 쉽고 재미있는 방법을 건강에 적용해보겠다. 쉽고 재미있는 방법이란 횟수를 늘릴 수 있는 쉬운 길을 찾아 정기적인 연습을 재미있게 만드는 것이다. 그러나 이 방법이 분명 유일한 것은 아니다. 예컨대, 순전히 규율을 바탕으로 정기적인 운동을 실천에 옮기도록 할 수도 있다. 해병대에 자원해 다른 이들이 내게 훈련을 하도록 강요하게 하는 것이 그중 하나다. 올림픽 훈련팀에 들어가 큰 포부를 키울 수도 있다. 때때로 환경이 나를 건강해지도록 해주는 경우도 있다. 이를테면 체중 관리를 하지 않으면 곧 죽는다는 진단을 받는 것이 운동에는 훌륭한 동기가 될 수 있는 것이다.

이처럼 정신 수련에서도 기쁨 요법이 좋은 방법이기는 하나 유일한 방법은 아니다. 어떤 이들은 엄격한 규율을 적용하기도 하고, 어떤 이들은 명상을 할 수밖에 없는 상황에 스스로를 가두기도 한다. 명상 대가 신젠 영은 젊을 때 정식 명상 수련을 시작하기 전, 스스로 일본으로 가는 편도 항공권을 끊어 자신이 쉽게 도망 나가지 못할 곳에 위치한 불교 사원에 들어갔다. 이것이 그의 명상수행 입문이었다. 명상 지도자가 되겠다고 결심한 사람이라면 같은 동기부여 방법을 써볼 수 있다. 이런 경우를 특히 많이 보는데, 내면검색 리더십 연구소Search Inside Yourself Leadership Institute, SIYLI에서 내면검색 지도자들을 훈련시킬 때는 최소 2,000시간의 명상 수행을 요구하기 때문이다. 이는 내면검색 프로그램 강사 양성 과정 참가자들에게 훌륭한 동기부여가 된다.

어떤 사람들은 고통의 길을 걷기도 한다. 이를테면, 많은 사람들이 존 카밧-진Jon Kabat-Zin의 '마음챙김에 기반한 스트레스 해소' 수업을 신청했는데, 이는 등록자들이 의사가 해결해줄 수 없는 신체적 고통에 시달리고 있기 때문이었다. 그러니 이들의 초기 마음챙김 수련은 고통에서 시작된 것이라 할 수 있다. 내 명상의 동기는 만성적이고 지속적인 감정적 고통이었다. 내 또래나 나보다 나이 많은 명상가들의 경우, 거의 100퍼센트가 비참한 심정 때문에 명상을 시작한다.

내가 어렸을 때만 해도 명상은 매우 생소한 문화였다. 그 때문에 자진해서 명상을 시작한 사람들은 그만큼 주류 문화에서 멀리 떨어진 이것을 시도해볼 수밖에 없는 강력한 동기가 있었다는 소리다. 그 강력한 동기란 일반적으로 참을 수 없는 고통인 경우가 많았다. 내가 아는 단 한 명의 예외자가 있는데, 그는 매우 유명한 인터넷회사의 공동 창립자다. 그가 명상(그리고 불교)의 길에 들어선 이유는 "불교가 완벽히 논리적이기 때문"이다. 이 한 명을 빼면, 내가 아는 모두가 고통 때문에 명상을 시작했다.

또한 알아야 할 것은 이 길들 중 단 하나만 선택할 수 있는 건 아니라는 사실이다. 예를 들면, 처음에는 기쁨 요법을 활용하다가, 몇 년이 지나 본격적으로 운동을 해보기로 마음먹고서는 올림픽 훈련 팀이나 해병대에 참여하는 방식으로 엄격함과 규율의 길을 택할 수도 있다. 명상 수행 역시 쉽고 즐거운 방법으로 시작할 수 있으며, 명상을 본격적으로 해야겠다고 마음먹었을 때 더 엄격한 접근법으로 바꿀 수도 있다. 서로 다른 길에는 각각의 장단점이 있어서 특정 방법은 수행자의 목표, 의지력, 적성, 삶의 환경 등에 따라 일부 사람들에게 더 적합하기도 하다. 쉽고 즐거운 방법은 다수의 초보 수행자들이 수행 방법을 확립할 수 있도록 도울 수는 있다. 그러나 짧은 시간 내에 심도 있는 수행법을 확립하고자 한다면, 태국행 편도 항공권을 끊어 깨달음을 얻은 명상 대가의 깊은 숲 속 불교 사원에 들어가는 것보다 좋은 방법은 없다. 때로는 주변 상황 때문에 수행과 관련한 선택이 제한을 받기도 한다. 예를 들어, 나의 명상 수련은 기쁨이 중심이지만 감정적 고통이 너무 강렬해 기쁨을 느끼는 능력이 그것에 압도될 때는 고통 속에서 친절과 평정심을 수행하는 수밖에 없다. 게다가 태국행 편도 항공권을 끊어 깊은 숲 속 불교 사원에 들어가는 것을 내 아내가 허락할 리 없으니, 이 옵션은 나에게는 없는 것이나 마찬가지다.

8만 4,000가지나 되는 수련의 길 중에서 왜 하필 나는 다른 8만 3,999가지의 길이 아닌 기쁨을 통한 명상을 가지고 책을 쓰기로 했을까?

일단, 기쁨이 내 수행의 중심이기 때문이다. 나는 쉽고 즐거운 일을 좋아한다. 쉬운 일도, 기쁨도 좋다. 나는 너무 게을러서 꼭 필요하지 않은 이상 어려운 길을 선택하지 않는다. 자진해서 어려운 길을 가는 이들은 마치 사나운 호랑이를 타는 전설 속 영웅들과 같다. 나는 어떤가? 나라면 엉덩이에서 무지개가 나오는, 얌전하게 미소 짓는 유니콘을 선택하겠다.

가장 중요한 두 번째 이유는 최대한 많은 사람들이 혜택 보기를 원하기 때문이다. 많은 사람들이 명상을 시작하고 싶지만 너무 어렵다고 말한다. 일부는 시작조차 힘들다고 느끼며, 대부분은 명상을 지속하기가 어렵다고 말한다. 나는 이러한 과정이 반드시 어렵기만 하진 않다는 것을 안다. 나의 수행 및 지도 경험에 비추어 수행을 시작하고 수행법을 개발하는 것이 쉽고도 즐거울 수 있다는 것을 안다. 이런 접근이 많은 사람들에게 득이 되기를 바란다.

명상에 노력이
필요 없어지는 순간

내가 대화를 나눴던 수많은 숙련된 명상가들처럼, 내 명상 수행 여정 역시 세 단계를 거쳤다.

· 1단계_ 이완
· 2단계_ 주의 안정
· 3단계_ 자연스러움

1단계에서는 힘들이지 않고 안정을 찾아 편안하게 호흡하는 법을 배웠다. 2단계에서는 엄청난 노력을 들여 주의 안정을 확립하는 법을 배웠다(이완과 주의 안정을 확립한 경험에 대해서는 3장에서 다룬 바 있다). 이후에는 전혀 예상치 못한 방법으로 3단계에 도달했다.

나는 주의를 안정시키는 데 많은 노력을 쏟았기 때문에, 편안한 상태에서 두 시간 연속으로 흐트러지지 않고 호흡에 집중하는 능력을 얻었다. 그때까지는 이 진전의 기세가 멈추지 않을 것이라고 생각했다. 그러나 수행이 막다른 곳에 도달하는 순간이 왔다. 당시로서는 이해하기 힘든 이유로, 아무리 노력을 해도 더 이상 진전이 보이지 않았다. 평온함이 깊이를 더하지 않았으며, 명상에 두 시간 이상 집중하기 어려웠다. 이를 어찌할까!

그때 우연히 한국의 선불교 대가 수불 스님을 만났다. 만남이 끝나갈 즈음 나는 스님에게 수행이 더는 진전이 없다며, 어떻게 해야 할지 물었다. 그러자 그는 매우 간단한 조언을 해주었다.

"이제 노력을 버리십시오."

그러고는 선불교 시와 같은 가르침에 대해 설파했다.

"지식을 얻는 것은 어려운 일이나, 그것을 포기하는 것은 더 어렵습니다. 당신은 큰 지혜를 얻었으며, 그 덕분에 지금의 자리까지 왔고, 그것은 바람직한 일입니다. 하지만 이 이상 나아가기를 원한다면, 그 지식을 포기해야 합니다."

이 말을 듣자마자 나는 이 조언이 내가 틀을 깨기 위해 필요한 가르침이었음을 알 수 있었다. 이와 같은 선불교의 가르침은 낯선 것이 아니었다. 나는 이러한 가르침들을 오랫동안 접해왔으나, 이제는 이 가르침들을 활용할 수 있게 됐다. 이것이 바로 선불교에서 이야기하는 적시적절한 가르침이다. 지식과 노력을 버리라는 가르침을 내가 주의 안정 확립 단계에서 접했다면 그것은 전혀 쓸모없는 것이었겠지만, 이것들을 버릴 수 있는 단계에 접어든 상황에서 그것은 내게 필요한 것이었다.

내 명상 수련의 중심 교리이기도 한 초기 불교에 따르면, 붓다는 가르침을 네 가지로 분류했다. 참되며 유용한 가르침, 참되지 않으나 유용한 가르침, 참되나 유용하지 않은 가르침, 참되지도 않고 유용하지도 않은 가르침. 붓다는 제자들에게 참되며 유용한 가르침만을 전하라고 했다. 그러나 나는 "참되나 유용하지 않다"고 분류된 가르침이 실은 대부분, 사실 모두 타이밍의 문제로 그렇게 분류된 것임을 깨달았다. 지식과 노력을 버리라는 가르침은 늘 참된 것이었으나, 어떤 수련 단계에서는 쓸모없었으며, 다른 수련 단계에서는 가장 중요한 가르침이 됐다. 이런 변화는 순전히 내 수련 타이밍 때문이었다. 명상을 지도하려는 사람이라면 이를 반드시 명심해야 한다. 굉장히 중요한 부분이다.

수불 스님의 말이 끝나자, 한 행자가 수불 스님이 처리해야 할 서류를 들고 들어왔다. 나는 막간을 이용해 명상을 했다. 명상 상태에 들어간 나는 모든 노력을 멈췄다. 그리고 몇 초 후, 깊은 차분함, 안정감, 생생함을 느꼈는데, 이 모든 것이 노력 없이 이뤄졌다. 몇 분 후, 수불 스님이 볼일을 마치자 나는 눈을 뜨고 방금 있던 일을 이야기했다. 그러자 스님이 말했다.

"바로 그것입니다."

결국 나의 진전을 막고 있던 것은 내 노력이었음을 깨달았다. 내 진전에 속도를 더했던 바로 그 노력이 내가 성장의 다음 단계로 나아가지 못하게 막고 있었던 것이다. 주의 안정 단계가 확실히 자리 잡은 그때 필요한 것은 모든 정신적 활동이 잦아드는 것이었다. 노력이란 종합적인 정신적 활동이어서 오히려 방해가 됐던 셈이다. 보조추진로켓이 없으면 우주 왕복선이 이륙하지 못하나, 로켓 연료가 다 소모되면 이 로켓이 왕복선을 둔화시키는 짐이 되는 것처럼 말이다. 우주 왕복선이 더 높이 가려면 보조추진로켓은 떨어져야 하는데, 바로 내가 이 단계에 접어든 것이었다.

주의 안정 단계 이후에는 자연스러움이 온다. 안정을 확립함으로써 명상가는 마음이 깨어 있으면서도 편안한 명상 단계에 들어간다. 그렇게 되면 모든 정신적 노력을 멈춰 명상이 자발적으로 이루어지도록 놓아둔다. 카트를 강하게 밀면 계속 밀지 않아도 저절로 굴러가는 것처럼 말이다. 명상가에게 다시 노력이 필요한 때는 주의 안정이 감소할 때뿐이며, 안정이 돌아오면 곧 다시 노력을 멈춰야 한다. 노력이 사라지면 다시 마음이 차분하고 조용한 상태에 들어간다. 배경에는 호흡에 두는 주의가 있으나, 그 전경에는 주의 집중의 대상이 없다. 그저 그대로의 모습이 있다. 그렇기 때문에 그러하고, 그러할 것이다. 더 중요한 것은 이를 통해 기쁨이 더 강해진다는 것이다. 배경의 편안함에서 올라온 미묘하고도 지속되는 기쁨이 전경으로 오게 된다. 마음이 자연스럽게 안정적인 상태가 되면, 기쁨이 더 생생하게 느껴진다.

초보 명상가 시절, 나는 수많은 명상 대가들이 "명상은 자연스럽게 스스로 이뤄져야 한다"고 했던 말이 무슨 뜻이지 당시에는 몰랐다. 이제는 이해가 된다. 그리고 나 자신이 그런 자연스러운 상태가 되기까지는 매우 많은 노력이 필요했다.

이와 비슷한 재미있는 말이 있다.

> "하루아침에 성공하기 위해서는 매우 오랜 시간이 걸린다."

이후 소류 포럴은 내게 이런 전개를 이해시켜줄 〈화엄경〉에 나온 아름다운 우화를 이야기해주었다. 이 우화는 바다로 배를 끌고 가는 사람의 이야기다. 배가 바다에 닿으려면, 많은 노력을 들여 끌고 가야 한다. 그러나 배가 바다에 도달하면, 밀고 가는 행위는 전혀 쓸모없어진다. 물 위에서는 배가 자연스럽게 바람의 영향을 받아 앞으로 나아간다. 이 배가 바다 위에서 하루에 나아가는 거리는 육지에서 100년간 나아가는 거리보다 크다.[2]

배 이야기에는 두 가지 중요한 교훈이 있다. 첫 번째는 노력을 멈추기 전까지 상당한 노력을 쏟아 부어야 한다는 것이다. 바다에 닿기 전까지 배를 미는 노력을 하는 대신, 바보같이 배에 앉아서 배가 별다른 노력 없이 바람에 의해 앞으로 나아가기를 바란다면, 우리는 아무데도 갈 수 없을 것이다. 명상에서 자연스러움은 주의 안정을 바탕으로 확립돼야 한다. 그렇지 않으면 그저 마음이 방황하는 상태가 된다. 시간낭비일 뿐이다.

두 번째는 노력하는 단계가 중요하긴 하지만, 이 단계의 역할은 자연스러움을 준비하는 것이라는 점이다. 이를 이해하지 못하는 명상가는 물 위에 뜬 배를 계속해서 밀고 가는 사람과 같다. 더 최악은 육지에 있는 배를 물에 띄울 때까지가 아니라 목적지까지 끌고 가는 사람이다. 그는 소중한 시간과 노력을 낭비하고 있는 것이다.

나는 항해하는 쪽을 선택하겠다.

명상에 숙련된다는 것의 의미

명상은 '사마타^{Samatha} (고요한 상태로 머물기)' '위빠사나^{Vipassana} (통찰)' '브라마비하라'의 세 가지 축으로 생각할 수 있다. 튼튼한 스툴(등받이와 팔걸이가 없는 의자 - 옮긴이)에 최소한 세 다리가 필요한 것처럼, 숙련된 명상가는 명상 수련의 세 가지 축이 모두 잘 훈련돼 있어야 한다.

사마타 수련은 마음을 차분한 상태로 만들어 안정시켜주는 것으로, 이를 할 때는 주의가 집중되며 생생해진다. 위빠사나 수련에서는 마음을 갈고 닦아 현상, 특히 세 가지 과정을 분명하게 인식할 수 있게 된다. 세 가지 과정은 감정의 과정, 인지의 과정, 자아의 과정이다. 생각과 감각적 경험들이 발생하고 존재하고 멈추는 것을 느끼고 보는 수련들이 위빠사나 수련이다. 브라마비하라는 우리가 5장에서 다룬 사랑과 친절, 자비심, 이타적 기쁨, 평정심을 뜻한다. 우리는 이 책에서 이미 이 세 가지 축을 모두 다뤘다. 일례로, 3장에서 나온 마음 안정시키기는 사마타, 4장의 기쁨 발견하기, 끝 주목하기 훈련은 위빠사나, 5장의 모든 내용은 브라마비하라 수련에 속한다.

이쯤 되면 두 가지 의문이 생긴다. 각 축의 수련이 성숙한 단계에 이른다는 것은 어떤 것인가? 그리고 이를 완전히 익히는 것은 무슨 의미인가?

사마타 수련이 성숙기에 이르면

사마타 수련이 성숙 단계에 도달하면 그리고 삶에서 특별히 나쁜 일, 예컨대 실직이나 평생 저축을 날린 투자 실수나 지독한 이혼 공방이 있지 않다면, 마음을 평온한 상태로 만드는 시도는 95퍼센트 이상 성공할 것이다. 이런 마음 상태에서는 이완, 기쁨, 주의 안정, 뚜렷한 인지 등 네 가지 성질이 매우 강하게 나타난다. 마음은 유쾌하게 이완되고 그 어느 것에도 집착하지 않는 상태가 되면서, 숨과 같은 특정 대상에 대한 주의가 매우 안정된다. 그리고 인지 능력이 생생해지는데, 이는 마음이 깨어 있기 때문이다. 이완되어 있고, 편안하고, 열려 있고, 거의 노력 없이 이뤄질 수 있는 것이 바로 명상에서 말하는 집중의 특징이다. 이 상태를 어려움 없이 최소 1시간 연속으로 유지할 수 있다.

삶이 어려운 와중에 사마타 수련이 성숙기에 이르면, 삶이 엉망이 되는 상황이나 사람들이 나에게 소리를 지를 때나 직장에서 해고됐을 때 등 대부분의 경우 마음을 안정시킬 수 있게 된다. 이와 동시에 마음은 이처럼 어려운 상황에서도 차분함, 안정감, 편안함, 심지어는 기쁨까지 유지할 수 있게 된다. 물론 늘 가능한 것은 아니다. 하지만 최소한 절반 이상은 가능하다.

사마타를 마스터하면

나 자신도 사마타를 완전히 수련한 것은 아니나 고대 문헌과 내가 아는 명상 지도자들에 따르면, 사마타를 완전히 익힌 사람은 깊은 명상 집중 상태인 '선정 상태'에 이르게 된다. 이 상태에서 마음은 주의의 방향을 설정하고 안정시키며 기쁨, 특히 동적인 기쁨(피티)과 정적인 기쁨(수카)을 일으키고, 주의 집중 대상과의 합일이 일어나 완벽한 상태가 된다. 한 명상 지도자는 선정을 일컬어, 최소한 네 시간 동안 마음이 기쁨에 둘러싸여 완벽하게 정적인 상태로 유지되며, 특정 대상에 완벽히 집중하면서도 주의가 흐트러지거나 사념이 떠오르지 않으며, 이러한 강렬한 집중력에서 이완감을 느껴 "진짜 작업"에 들어갈 준비가 되는 상태로 묘사했다.

한 뇌신경학 연구에서는 숙련된 명상가가 여러 단계의 선정에 도달했을 때 그의 뇌를 스캔했는데, 그 결과가 매우 놀라웠다.[3] 가장 흥미로웠던 부분은 연구팀이 선정에서 심오한 기쁨을 느끼는 현상을 찾아내려 사용한 방법이었다. 이를 위해 연구팀은 뇌의 도파민 보상 시스템 활성화를 측정했는데, 정말 이 논문에서는 이를 "섹스를 통한 오르가슴보다 더 낫다"고 묘사했다. 선정이 섹스를 통한 오르가슴보다 더 낫다면, 선정은 도파민 보상 시스템을 과열시키는 것일까? 만약 그렇다면, 선정은 약물 남용(전문 용어로는 약물유발도파민경로과다자극)과 유사한 것이 아닐까?

그런데 이 연구에서는 또다시 놀라운 점이 발견됐다. 뇌 데이터에 따르면 선정 상태에서 보상 시스템 활성화가 차지하는 부분은 매우 작았다. 대뇌피질 활동 역시 감소했다. 따라서 작은 보상 신호라 할지라도 훨씬 더 강렬하게 지각될 수 있었다. 즉, 선정 상태에서 활성화되는 뇌의 보상시스템은 매우 작지만, 뇌가 고요한 상태에 있어서 작은 자극으로도 강렬한 기쁨을 느낄 수 있다는 것이다. 명상 지도자들은 늘 고요한 상태를 유지하는 것이 마음을 기쁘게 하는 방법이라고 가르쳐왔는데, 이 연구가 이런 가르침의 뇌신경학적 근거를 제공한 것이다. 와우.

위빠사나 수련이 성숙기에 도달하면

정식 명상에서 위빠사나 수련이 성숙기에 달하면, 감각적 데이터는 훨씬 생생하게 느껴진다. 미세한 감각적 현상이 발생하고 사라지는 것을 1초에 두 번 이상 느끼게 된다. 위빠사나 수련이 성숙기에 도달했음을 측정하는 주요 지표는 강한 심장박동 내부감각인데, 이는 원할 때마다 심장박동을 느낄 수 있는 능력이다. 이 능력은 '뇌도insula'라는 뇌 부위 활동과 관련이 깊으며, 뇌도는 자기 인식, 공감 능력과 밀접한 관계가 있다.[4]

위빠사나 훈련이 성숙기에 도달하면, 일상생활은 물론 힘든 상황에서도 마음챙김 상태를 완전히 놓지 않게 된다. 감정이 격해질 때도 감정을 조절할 수 있게 되며, 어떤 사건이 발생하는 순간 마치 제삼자처럼 사물을 명확하게 보는 마음챙김의 상태를 잃지 않게 된다. 그리고 이런 통찰의 끈을 놓지 않게 된다.

"내 생각은 나 자신이 아니며, 생각은 생각일 뿐이다. 내 감정은 나 자신이 아니며, 감정은 감정일 뿐이다."

위빠사나 수련과 사마타 수련이 모두 경지에 이르렀을 때 나타나는 가장 중요한 현상 중 하나는 고통, 특히 정신적·감정적 고통 앞에서도 평정심을 유지할 수 있다는 것이다. 모든 감각적 현상은 동일한 패턴을 따른다. 일단 감각 기관과 감각 대상의 접촉이 시발점이 되며, 감각이 발생하고, 이를 인지하고, 이 감각에 집착하거나 이를 혐오하게 된다. 이때 집착이란 즐거운 경험에 필사적으로 매달리며 이것이 사라지지 않길 바라는 상태다. 반대로 혐오는 불쾌한 경험을 멈추려고 하며 이것이 당장 끝나기를 바라는 상태다. 모든 생각은 이와 비슷한 패턴을 따른다. 일단 특정한 생각이 떠오르고, 이에 대한 감정적 반응이 발생하고, 집착이나 혐오가 따르는 순이다.

6장에서 다뤘던 바와 같이 고통의 직접적인 원인은 생각이나 감각이 아닌 집착과 혐오다. 때문에 마음이 감각적 현상이나 생각을 집착이나 혐오 없이 받아들이게 되면, 고통도 줄어들게 된다. 위빠사나 수련이 성숙기에 이르면, 접촉과 발생에서 집착이나 혐오까지의 전 과정을 인식하고, 집착이나 혐오를 고통의 직접적인 원인으로 보게 된다. 이에 더해 사마타 수련이 어느 정도 경지에 이르면, 집착이나 혐오 없는 평온한 상태를 유지할 수 있게 되어 고통 없이 혹은 최소한의 고통만 느끼며 고통을 경험할 수 있는 가능성이 열린다. 이 두 가지 수련이 성숙기에 달하면, 평온함을 느낄 수 있는 조건이 형성되는 것이다. 그리고 수행 수준이 높아질수록 여덟 가지의 세속적인 환경, 즉 득과 실, 영광과 불명예, 칭찬과 질책, 쾌락과 고통에 직면해도 평온한, 심지어는 아무런 영향을 받지 않는 상태가 될 수 있다.

나의 좋은 벗이자 티베트 불교의 대가이며 부활한 라마들 중 처음으로 하버드대학교에서 박사학위를 취득한 트룽람 걀트룰 림포체 4세the Fourth Trungram Gyaltrul Rinpoche는 전통적인 관점에서 성숙한 위빠사나 수련을 가장 잘 표현했다. 그의 표현은 나마 루파nama-rupa(이름과 형식)라는 불교 개념을 기반으로 하는데, 이는 경험의 두 가지 과정을 말한다. 나마, 즉 이름이란 경험의 정신적 측면이며 루파, 즉 형식은 경험의 물리적 측면이다. 림포체는 티베트 불교에서 나마 루파가 두 가지 측면으로 해석된다고 말하며, 나마는 y축, 루파는 x축이라고 설명했다. 루파는 공간 개념으로, 모든 루파는 공간에 귀속된다. 나마는 시간 개념이며, 모든 나마는 과거, 현재, 미래에 담겨 있다. 나마와 관련된 수행은 과거와 미래, 즉 y축의 바닥과 꼭대기 부분을 경험에서 잘라내어 나마가 매우 얇아지게 만드는 것이다. 반면 루파 수련은 루파를 지속적으로 확장해 루파가 감각이 인지할 수 있는 모든 공간을 덮도록 만든다. 즉, 경험을 과거나 미래 대신 현재에 집중시키고, 발생 중인 모든 일들을 포함할 때까지 현재의 경험을 넓히는 것이다.

내게는 이 프레임이 수련에 매우 유용했다. 이 방법을 시도하자 인식이 갑작스럽게 변하는 것을 느꼈다. 시작 단계에서는 호흡이 호흡으로 느껴졌으며, 몸의 감각이 체내의 감각으로 인식됐다. 나마의 경험이 충분히 얇아지자, 다음 단계로 넘어갔다. 갑자기 마음이 아주 작은 사건의 불협화음을 느끼기 시작했다. 여기저기가 간질거리고, 여기서 소리가 들리는가 하면 저기서 진동이 느껴지고, 여기는 팽창되고 저기는 수축되고. 그렇게 수많은 감각이 느껴졌으며, 너무나 시끄러웠다. 그리고 든 생각이 '수많은 순간을 거쳐 여러 감각들이 호흡이라는 경험으로 합쳐지는 것'이란 사실이었다.

또한, 인식할 수 있는 현상의 수가 1초에 한 가지에서 열 가지 정도로 크게 늘어남을 느꼈다. 성숙기에 도달한 위빠사나 수련의 특징 중 하나가 우리가 작동시키는 의식과, 정신이 감각 데이터와 생각의 흐름을 작동 가능한 개념으로 통합시키는 전前 의식, 이 두 가지를 자유롭게 오갈 수 있는 능력이라는 점도 깨달았다. 바꿔 말해, 사물을 두 가지 이상의 방식으로 볼 수 있게 되는 것이다. 이는 내가 새롭게 탐구하는 영역이다.

위빠사나를 마스터하면

나는 아직 위빠사나 마스터 단계에 이르지 못했다. 때문에 지금부터 하는 설명은 명상 대가들에게 배운 내용이다. 내가 아는 한, 위빠사나 수련을 마스터하는 것에 관해서는 합의된 개념이 없다. 다만, 이를 위한 최소한의 자격이 무엇인지는 알고 있는데, 이는 신젠 영이 "내 안에는 애초 자아라는 것이 없었다는 깨달음"이라고 묘사한 것이다. 그는 고맙게도 이 깨달음을 사람마다 다르게 이해한다고 이야기하며, 이 이해가 종파에 따라 달라진다고도 덧붙였다.

예컨대, 불교 신자들은 위빠사나를 마스터했을 때, 이를 자아의 부재로 경험하는 경향이 있다. 도교 신자들은 사물과의 합일로 이해하며, 아브라함 계통 종교(유대교, 기독교, 이슬람교 등)의 명상가들은 영혼을 신과 일치시키는 것으로 이해한다. 어쨌든 이 개념의 공통점은 '나'라는 작고, 고정되고, 경계가 뚜렷한 감각이 사라진다는 것이다. 다른 대가들은 이런 상태를 "몸과 마음의 정체성이 완전히 분리되는 것으로 이어지는 깨달음" "나와 다른 사물 사이의 경계나 분리가 전혀 없음을 깨닫는 것" 등으로 묘사하기도 했다.

이것이 일상적인 흔한 경험이 아니다 보니 이 상태를 묘사하는 것은 사실 매우 어렵다. 그러니 위빠사나를 마스터하는 것에 대한 설명들을 근사치 정도로 이해하기 바란다. 고대의 가르침들은 심오한 명상의 깨달음을 묘사하는 걸 '평생 단 맛을 본 적 없는 사람이 꿀을 맛보는 것'에 비유했다. 그 어떤 설명도 그 경험을 완전히 묘사할 수는 없다는 것이다.

고대 팔리어에서는 이런 깨달음을 '소타파티sotapatti (흐름에 들어서는 것)'로, 일본어에서는 '켄쇼kensho (본질을 보는 것)' '사토리satori (이해하는 것, 깨달음 주는 것)'로 표현한다. 신젠은 이 깨달음을 과학 역사에서 정기적으로 발생하는 패러다임 변화에 비교했다. 지구가 달에 그림자를 드리우며 발생하는 현상이 월식이라는 깨달음을 예로 들어보자. 이런 깨달음을 얻으면, 월식이 천국의 개가 달을 삼키려 하는 것이라는 중국 신화를 다시는 믿지 않게 될 것이며, 월식 때마다 우리 할아버지가 하셨던 것처럼 천국의 개를 쫓기 위해 큰 소리를 내지 않아도 될 것이다. 이처럼 과학에서의 패러다임 변화는 우리가 현실을 바라보는 관점을 영구히 바꿔, 우리의 정신 상태와 행동까지 바꾼다.

마찬가지로, '나'라고 하는 불변의 사물이란 존재하지 않는다는 깨달음은 사람의 자아에 대한 인식을 완전히 바꾸어, '나'라는 것이 대상이 아닌 과정임을 알게 한다. 월식을 보면 여전히 괴물이 달을 삼키려 하는 것처럼 보이지만 이제 그렇게 믿는 사람은 없듯이, 깨달음의 단계에 들어서면 머릿속에 일어나는 생각이나 발생하고 사라지는 감정의 신체 감각 모두 그것이 '나' 자체라고 해석되지는 않는 것이다.

이는 고통에 매우 중요한 함의를 가진다. 우리가 느끼는 고통의 대부분이 실은 나, 나 자신, 나의 것이라는 감각에서 오며, 이 감각은 나라는 개념이 확립되고 확장되어 생기는 것이므로, 나라는 개념이 마음이 만들어낸 과정일 뿐임을 깨닫고 나면 많은 고통이 사라지거나 크게 감소한다.

한번은 소류 포럴에게 소타파티가 고통을 얼마나 감소시키는지 물어본 적이 있다. 이에 대해 그는 이를 양으로 잴 수는 없다고 대답하며, 다만 고대 문헌에 따르면 소타파티 이전의 고통이 대양과 같다면, 소타파티 이후의 고통은 눈물 한 방울과도 같다고 말했다. 아이구, 세상에.

여러분과 같은 모험가로서, 무無자아에 대한 내 경험을 공유해보려 한다. 이 경험은 대가들의 것에는 비교도 할 수 없으나, 어쨌든 일상에서의 세속적 경험에 더 가까운 만큼 여러분에게 도움이 될 것으로 믿는다.

내가 경험한 무자아는 최소 두 가지 색이었다. 하나는 비교적 옅고, 하나는 비교적 강하다. 더 옅은 쪽에는 관찰자만이 존재하며, 이 관찰자는 정체성이 없다. 이 개념은 사마타와 위빠사나 수련이 잘 되어 있는 사람에게는 상당히 와 닿는 개념이다. 잘 때 꿈을 꾸면, 꿈속에서 우리는 현실과 완전히 다른 사람이 되기도 한다. 즉, 꿈속에서는 깨어 있을 때의 모습과 완전히 다른 정체성을 갖고 있다. 잠들고

274

꿈꾸는 과정에서, 정신은 기존의 정체성을 버리고 새로운 정체성을 취한다. 내가 경험한 무자아의 첫 번째 색이 바로 이 과정을 거쳤다.

한번은 깊이 명상 중이었는데 묘하게 꿈꾸는 것 같은 정신 상태에 접어들었으나, 의식은 생생히 살아 있었다. 내 정신은 새로운 정체성을 취하기 전, 기존 정체성을 버린 상태에 도달했다. 그 상태에서는 오직 관찰자만 존재했고, 이 관찰자는 그 어떤 정체성도 가지고 있지 않았다. '멩'은 없었다. 멩은 완전히 사라졌으며, 오직 관찰자만이 존재했다. 그 상태에 약 30분간 머물렀는데, 이 경험은 가히 삶을 변화시키는 것이었다.

내가 겪었던 고통은 대부분 내 정체성과 관련된 문제에서 발생하곤 했다("어떻게 나를 이렇게 대할 수 있지?" "나를 뭘로 보는 거지?" "나는 왜 사랑스럽질 않지?" "어떻게 나를 이렇게 무능한 사람으로 취급하지?"). 관찰자에게 정체성이 없으니, 정체성이란 완전히 인공적이라는 경험적 깨달음에 이르게 된 것이다. 정체성은 실체가 없다. 그저 마음이 만들어낸 것에 지나지 않는다.

이런 깨달음을 얻고 나서 현실 세계로 돌아오면, 고통은 현저히 감소한다. 내가 쓸모없거나 하찮은 존재인 것처럼 대접받는 등의 정체성 관련 문제들은 여전히 가슴 아프지만, 정체성에 실체가 없다는 것을 마음이 알기 때문이다.

한편 내가 경험한 더 강한 색의 무자아는 관찰자란 없으며 오직 관찰만이 존재한다는 것이었다. 이는 내가 아직도 개척 중인 부분이다

(그렇다, 몇 년 후 이와 관련해 또 다른 책이 나올 수도 있다!). 내가 이 영역을 경험한 것은 몇 번 되지 않으며, 이를 안정적으로 경험할 수 있는 능력은 아직 개발하지 못했다.

처음으로 무자아의 강한 색을 경험한 것은 소리에 집중하고 있을 때였다. 이 때문에 선의 대가들은 소리를 명상 대상 중 최고로 여긴다는 말을 들은 적이 있다. 소리를 대상으로 명상을 하게 되면 호흡이나 신체와 달리 마음이 소리를 일체화된 경험으로 인식하지 않고 외부의 경험으로 여긴다. 이렇게 소리가 일체화 개념에서 떨어져 있어서, 관찰자가 나타나지 않은 상태에서 소리를 경험하는 것이 훨씬 쉽다. 이 경험에서 마음은 소리를 관찰하나, 관찰자는 존재하지 않는다. 그리고 나면, 마음은 관찰자를 만들어내 이전 관찰자의 부재 상태를 인지하도록 한다. 이 개념이 어렵게 느껴질 것이라는 걸 나도 안다. 그러나 관찰자의 부재를 경험하는 능력을 내가 자발적으로 조절할 수 있게 되면 소타파티에 이르게 될 것이라는 멘토들의 이야기를 우선 전한다. 이에 대해 내가 더 경험하게 되면, 다시 이야기하겠다(그러나 내가 이야기하는 버전에서는 관찰자가 정체성을 가지고 있다는 것을 명심하시라).

브라마비하라 수련이 성숙기에 도달하면

브라마비하라 수련이 성숙기에 도달하면, 사랑과 친절, 자비, 이타적 기쁨을 필요에 따라 느낄 수 있으며, 정좌 명상 중 상당히 오랜 시간 동안 이를 유지할 수 있게 된다. 나에게 소리를 지르거나 나를 막 대하는 사람이 없는 정상적인 상황에서는 마주치는 사람 대부분에 게 사랑과 친절을 느낄 수 있다. 누군가가 심하게 상처를 주는 등 어려운 상황에서도 그 사람을 친절과 자비를 가지고 대할 수 있게 된다. 그 사람의 고통이 보이고, 그 고통이 어떻게 미숙한 행동을 일으키는지 보이게 되어서 그렇다. 이것이 가능해지면, 어려운 상황을 해결하는 데 사랑과 친절, 자비를 활용할 수 있게 된다.

그러나 모든 어려운 상황을 사랑과 친절, 자비로 해결할 수 있게 되더라도, 매번 어려운 상황을 성공적으로 해결하리란 보장은 없음을 이해하는 것 역시 중요하다. 사랑과 친절, 자비의 역할은 문제 해결 가능성을 높이며, 이 정도만으로도 삶을 변화시킬 수 있다.

야구의 타율을 한번 생각해보자. 야구에서 타율은 타수를 타석으로 나눠 계산하는데, 이는 타자가 야구방망이를 휘둘러 공을 맞히는 확률을 의미한다. 메이저리그 정규 시즌의 평균타율은 약 2할6푼 (2007년에는 2할6푼8리, 2014년에는 2할5푼1리였다)에 이르는데, 이는 메이저리그 선수들이 타석에 서면 그중 26퍼센트 정도의 확률로 공을 맞힌다는 뜻이다. 한 시즌 타율이 3할을 넘기면, 평균보다 약 4퍼센트포인트 높은 것으로 이는 매우 훌륭한 수준으로 평가된다. 전무후무한 야구선수 베이브 루스Babe Ruth의 통산타율은 3할4푼2리로, 그와 메이저리그 선수들의 평균 타율은 약 8퍼센트포인트밖에 차이 나지 않는다.

여기서 알 수 있는 첫 번째 사실은 베이브 루스조차 매번 공을 치지는 못했을 뿐만 아니라, 사실 공을 칠 확률이 치지 못할 확률보다 낮다는 것이다. 두 번째 사실은 훌륭한 수준과 평균 수준이 불과 4퍼센트포인트밖에 차이 나지 않는다는 것이다. 사랑과 친절, 자비 수행이 실생활에 적용되는 방식도 이와 비슷하다.

사랑과 친절, 자비로 어려운 상황을 해결한다는 것이 배우자, 배우자의 가족, 상사, 고객 들과의 모든 갈등을 해결할 수 있다는 의미는 아니다. 상사를 친절하게 대한다 한들, 그가 나를 같은 방식으로 대해줄 것이란 보장은 없다. 그러나 사랑과 친절, 자비는 상황을 개선할 가능성을 높여주며, 이 가능성이 향상되는 것만으로도 삶은 변화될 수 있다.

사랑과 친절, 자비로 어려움을 해결하는 상황이 곧 배우자 등 가족이 나의 친절함에 감화돼 나를 인정하는 순간이 될 수도 있으며, 이 경우 삶이 영원히 변할 수 있는 것이다. 때문에 사랑과 친절, 자비가 늘 효과가 있는 것은 아니라는 사실에 낙담하지 않도록 이를 인지하는 것은 매우 중요하다. 장기적으로, 사랑과 친절, 자비를 수련하는 것은 삶을 좋은 방향으로 바꿀 것이다.

브라마비하라 마스터하기

나는 앞서 언급한 네 가지 브라마비하라 중 그 어느 것도 마스터하지 못했다. 다행히도 이 분야 대가들을 알기 때문에 이들의 이야기를 소개할까 한다.

브라마비하라를 마스터했다는 지표 중 하나는 이를 선정에 도달하기 위한 매개로 사용할 수 있는 능력이다. 아잔 브람은 마음이 사랑과 친절에 완전히 집중될 정도로 마음속의 사랑과 친절을 이끌어낼 수 있게 되면 충분히 선정 상태에 들어갈 수 있게 된다고 말한다. 또 다른 지표는 브라마비하라 상태에서 명상할 때 뇌에서 눈에 띄는 변화를 일으킬 수 있는 능력이다. 마치 마티유 리카르가 자비 상태에서 명상할 때처럼 말이다.

무엇보다도 브라마비하라를 마스터하게 되면 실생활에서 가장 빛을 발한다. 이와 관련해 내가 듣고 입이 떡 벌어졌던 놀라운 이야기 두 편을 소개한다.

첫 번째는 달라이 라마에게 들은 것이다. 한 티베트 불교 고승이 비밀경찰에게 체포되어 수십 년간 감옥에서 고문을 당했다. 달라이 라마는 이후 출소한 그 고승을 만나 고문당할 때 기분이 어떠했느냐고 질문했다. 고승은 종종 큰 위험에 처했다고 답했다. 무슨 위험이었느냐고 재차 묻자, 고승은 이렇게 답했다.

"고문관에 대한 자비심을 잃을 뻔했습니다."

나는 할 말을 잃었다. 어떻게 고문당하는 사람이 고문하는 사람에 대한 자비심을 잃는 걸 걱정할 수 있단 말인가.

두 번째는 그를 아는 사람들 사이에서는 '아리 박사 Dr. Ari'라는 애칭으로 불리는 A. T. 아리야라트네 A. T. Ariyaratne라는 작고 성스러운 사람의 이야기다. 고등학교 영어 교사인 아리 박사는 스리랑카에서 '사르보다야 쉬라마다나 운동Sarvodaya Shramadana Movement' 설립자로 잘 알려져 있다. 이 기구는 아리 박사가 마흔 명의 고등학생과 열두 명의 동료 교사들을 소외 계층이 사는 마을로 데리고 가 마을을 재건하면서 시작됐는데, 현재는 스리랑카에서 가장 큰 비정부기구로 성장했다. 지금까지 1만 5,000개 마을의 1,100만 명의 사람들이 이 기구의 혜택을 받았다. 이 기구의 근본 원칙 중 하나가 바로 브라마비하라다.

아리 박사가 교사였던 1960년대에 있던 일이다. 아리 박사가 수백 명의 학생들과 비폭력 저항 운동인 '사티아그라하satyagraha'에 돌입하기 하루 전날, 초페Choppe라는 이름의 암흑가 보스가 다음 날 그를 폭탄으로 암살하려 한다는 정보가 그에게 입수됐다. 이 소식을 들은 그는 동료 교사 한 명과 초페의 집에 찾아갔다. 그는 일단 초페에게 다음 날 무엇을 할 것인지 물었다. 그리고는 자신의 신분을 밝히며 초페에게 자신을 그 자리에서 죽여달라고 말했다.

"우리의 사티아그라하 운동은 불교에 근거한 것입니다. 성스러운 불교인들의 자리를 더럽히지 마시고, 저를 죽이려거든 여기서 지금 죽이십시오."

이 말을 듣고 초페는 울며 말했다.

"저에게 당신과 같은 스승이 있었다면, 이런 일을 하고 있지 않을 것입니다."

그러고는 부하들에게 암살 계획을 취소시켰다. 이후 초페와 아리 박사는 가장 친한 친구가 됐다.

아, 기왕이면 이 이야기도 꼭 하고 싶다. 내 친구이자 아리 박사의 오랜 친구이며 다큐멘터리 제작자인 비시누 바수^{Vishnu Vasu}는 내게 아리 박사 집안에 흐르는 자비에서 우러나온 용기에 대해 이야기해 준 적이 있다. 이는 신할라족과 타밀족 사이에 벌어진 스리랑카 내전 당시의 이야기다.

1983년 소수 민족이던 타밀족을 겨냥한 잔혹한 폭력사태가 발생했다. 신할라족인 아리 박사는 타밀족을 자신의 집에 숨겨, 분노한 신할라 군중들로부터 이들을 보호했다. 군중들은 이를 알아내고는 아리 박사의 집을 찾아가 세차게 문을 두드렸다. 그때 아리 박사와 그의 부인은 수많은 타밀족을 숨겨둔 사르보다야 중앙 캠퍼스에 가 있었다. 그리고 집에 있던 아리 박사의 어린 딸 사디바^{Sadeeva}가 문을 열었다. 성난 군중은 사디바에게 타밀족을 넘기라고 요구했고, 사디바는 이렇게 대답했다.

"지금 아버지가 안 계시지만, 아버지였다면 '나를 먼저 죽이라'고 말씀하셨을 거예요. 어머니도 여기 안 계시지만, 어머니도 역시 '나를 먼저 죽이라'고 말씀하셨겠지요. 그러니 저도 말하겠습니다. 저를 먼저 죽이십시오."

군중은 그 말을 듣고 조용히 집을 떠났다.

최선을 다해
놓아라

사마타, 위빠사나, 브라마비하라 마스터를 위해 노력하면서 우리는 무엇을 이루려는 것일까? 이는 성취를 위한 것이 아니다. 명상은 성취를 위한 것이 아닌, 집착을 놓기 위한 것임을 이해해야 한다. 20여 년간의 내 명상 수행을 단 두 글자로 표현하자면 바로 '놓기'다. 내가 했던 수련은 바로 집념을 놓는 방법을 배우는 것이었다. 초기에는 지속적인 감각적·정신적 자극에 대한 중독을 놓았다. 그 다음으로 정좌 명상을 통해 부산스러움과 산만함을 놓는 법을 배웠다. 그 다음에는 욕심, 증오, 초조함, 파괴적 자아를 놓는 법을 배웠으며, 이제 집착, 혐오, 악의, 감각적 쾌락에 대한 의존, 자아와 정체성을 과장하고 싶어 하는 욕구 등을 놓게 되었다. 이 모든 과정이 그저 집착을 놓는 과정이었다.

집착을 놓는 초기 단계에서는 건전한 기쁨의 새로운 근원으로 보상을 받았다. 감각적 쾌락을 통해 지속적으로 자극을 추구하려는 욕구를 버리자, 편안함의 기쁨이 찾아왔다. 그저 편안하게 앉아 있는 것만으로 기쁨을 느낄 수 있는 능력을 얻게 된 것이다. 분노와 반감을 일정 부분 놓자, 선의의 기쁨을 경험했다. 실패와 관련된 불쾌한 감정을 피하려는 강박관념을 버리자, 자신감의 기쁨을 누릴 수 있었다. 모든 과정에서 나는 해방의 기쁨을 느꼈다. 지루함, 욕구, 초조함, 자아, 반감 등으로부터 자유로워지는 기쁨 말이다.

나는 늘 감각과 자아의 쾌락에 대한 집착, 감각과 자아에 불쾌함을 주는 모든 것들에 대한 혐오, 이 두 가지 감정에 지배됐다. 집착 괴물과 혐오 괴물의 노예였던 셈이다. 집착을 조금씩 놓을 때마다 나는 이 구속에서 조금씩 해방되었고, 거기에는 어마어마한 기쁨이 도사리고 있었다.

그런데 잠깐. 놓아버리는 것이 명상의 전부라면, 상당히 쉬운 일 아닌가? 몇몇 명상 지도자들이 자주 하는 말들 중 나를 끝도 없이 괴롭히던 것이 있었는데, 그것은 바로 놓아버리는 것이 쉬운 일이라는 가르침이었다. 욕심, 증오, 초조함, 두려움, 욕정과 같은 부정적인 정신 상태로 고통받는 사람은 마치 손에 뜨거운 석탄을 들고 있는 것과 같다. 해결책은? 그저 손을 펴서 뜨거운 석탄을 놓으면 된다. 같은 방식으로 그저 욕심, 증오, 초조함, 두려움, 욕정 같은 감정을 놓기만 하면 되는 것이다. 참 쉽게 들린다. 그렇지 않은가?

하지만 전혀 쉽지 않다! 최소한 나는 그랬다. 놓아버리는 것은 특정 능력을 전제로 하기 때문이다. 지글지글 타고 있는 뜨거운 석탄을 쥐고 있는 사람이 이 석탄을 놓기 위해서는 손을 펼 수 있는 능력이 있어야 한다. 손에 쥐가 났다거나 심각한 신경질환을 앓고 있으면 혹은 독사에 물려 손이 마비됐다면, 손을 펼 수 없어 석탄을 놓는 것도 불가능해진다. 결국 무언가를 놓는다는 것은 이에 전제되는 능력이 갖춰져 있는 상황에서나 쉬운 것이다.

이런 이유로 집념을 놓기 위한 내 여정에는 더 많은 노력과 수련이 필요했으며, 이는 모두 집념을 놓기 위한 능력을 계발하는 데 들어갔다. 이를테면 마음챙김 수련의 모든 훈련은 전전두엽 피질을 강화해 산만함을 놓는 능력을 계발하는 것이다. 사마타와 위빠사나 수련 역시 감각적 욕망에 대한 중독을 놓기 위한 것이다. 브라마비하라 훈련은 악의를 놓기 위한 것이다.

결국 모든 수련은 놓기 위한 능력을 키우는 엄청난 노력과 놓는 행위 그 자체, 두 부분으로 나뉘는 셈이다. 노력과 놓아버리기 모두 필요한 것이다. 아잔 브람의 놀라운 저서 《놓아버리기*Mindfulness, Bliss and Beyond*》에서는 이를 당나귀가 나오는 재미있는 비유를 사용해 설명했다.

옛날에는 당나귀가 수레를 끄는 데 사용되었다. 당나귀의 머리 앞으로 오도록 긴 막대를 수레에 매달고, 막대 앞쪽에는 크고 싱싱한 당근을 끈에 묶어 매달아둔다. 이 당근에 눈독을 들인 당나귀가 앞으로 나아가면 수레도 앞으로 나아간다. 그러나 불교 신자 당나귀는 이 당근 먹는 방법을 알고 있다! 이들은 최대한의 노력(비리야viriya)과 집중력(사마디samadhi)을 들여 미친 듯이 달린다. 물론 수레가 빨리 움직이는 만큼 당근도 똑같이 빨리 움직이며, 늘 당나귀의 입 바로 앞에 당근이 있다. 그러다 당나귀는 갑자기 멈춘다! 그러면 당근에 가해진 속도 때문에 당근은 당나귀로부터 더 멀리 떨어지게 된다. 그러나 이 당나귀는 신념(사다saddha)과 지혜(파나panna)를 갖추고 있어 무념(사티sati) 상태로 참을성 있게 기다리는데 이는 노력과 집중력이 작용하기 때문이다. 참을성 있게 기다린 이 당나귀는 멀어졌던 당근이 가까이 오는 것을 보게 된다. 다시 한 번 인내심을 갈고 닦는 자세로 당나귀는 아무것도 하지 않는다. 움직이는 것은 당근뿐이며, 당근은 점점 가까이 온다. 적절한 순간이 되면 이 당나귀는 입을 연다. 그러면 크고 싱싱한 당근이 저절로 입에 들어온다. 바삭! 으적! 음!5

이 제
해 방 이 다 !

내가 읽은 명상 관련 글 중에서 가장 놀라웠던 것은 요리사를 위해 쓰인 지침서였다. 이 책은 선불교의 대가 도겐 젠지道元 禪師가 1237년 쓴 책이다. 참고로 도겐 젠지는 소토 젠 창시자이자 일본 역사상 가장 위대한 선종 대가 중 한 사람이다. 글의 제목은 〈요리 담당 승려를 위한 지침Instructions for the Monk in Charge of Cooking Meals〉이다. 선불교에서는 명상 수련이 명상 방석과 일상생활의 모든 활동에서 발생한다고 가르치는데, 이에 부합하게 이 글은 "하루분의 죽이 바닥나면, 냄비를 닦고, 쌀을 찌고, 죽을 준비하라"와 같은 평범한 지시 사항을 심오한 명상의 가르침과 연결시켜 전달한다. 가장 중요한 부분은 기쁜 마음, 아끼는 마음, 위대한 마음, 이렇게 세 마음을 수련하라는 도겐의 가르침이다.

도겐의 세 가지 마음에 대해 알게 된 것은 이 책을 25퍼센트가량 썼을 때였다. 놀랍게도 그 내용이 내가 쓰려던 내용과 직접적인 관련이 있으며, 도겐의 가르침의 순서와 완전히 일치한다는 것을 알게 됐다.

일단, 기쁜 마음을 명상과 일상생활에서 확립해야 한다. 흥미로운 것은 "아끼는 마음"으로 번역된 도겐의 말을 영어로 직역하면 "오랜 마음old mind"이라는 점이다. 도겐은 오랜 마음이란 "부모의 마음"이라고 설명했다. 자식을 아끼는 애정 가득한 부모들의 마음, 사랑과 친절, 자비, 이타적 기쁨의 마음인 것이다.

한편 기쁜 마음과 아끼는 마음 뒤에는 위대한 마음이 확립돼야 한다. 위대한 마음이란 무엇인가? 바로 해방의 마음이다. 〈요리 담당 승려를 위한 지침〉에서 도겐은 위대한 마음에 대해 이 책에서 설명하는 것 이상으로 다루고 있다. 도겐이 이야기하는 해방의 중요한 측면 중 이 책에서도 다루는 부분은 바로 고통의 근원으로부터의 해방이다.

궁극적으로 명상을 수련하고 마스터하는 이유는 모든 고통과 그 근원으로부터 나 자신과 다른 이들을 해방시키기 위한 것이다. 명상은 스트레스 해소, 창의력, 자신감을 위한 것이 아니다. 음식을 제대로 즐기기 위한 것도 아니다. 명상은 모든 곳의 고통을 줄이고 더 나아가 없애기 위한 것이며, 이는 나에게 내재된 고통을 줄이거나 없애는 것, 내면의 평화, 내면의 기쁨, 자비를 자신 안에서 기르는 것에서 시작된다. 평화는 모든 고통이 끝날 때 시작되는 셈이다.

나는 여러분이 사마타, 위빠사나, 브라마비하라 등 명상 수련의 세 개 축을 강화하고, 이중 최소 한 가지를 마스터하길 바란다. 그 과정에서 여러분이 내면의 평화, 내면의 기쁨, 자비를 실현해, 궁극적으로 이 세계의 고통이 줄어들거나 없어지기를 간절히 바란다.

멈추지도,
애쓰지도 마라

사실 나는 첫 책을 쓰기 시작했을 때만 해도, 책 쓰려는 마음이 전혀 없었다. 그냥 노트에 메모를 끄적거리는 정도였다. 구글 엔지니어 시절이던 2007년, 나는 마음챙김에 기반한 정서지능 향상 프로그램 인 내면검색의 개발을 주도했다. 이 프로그램은 곧바로 구글에서 가장 높은 점수를 받은 직원 교육 코스가 됐고, 지금 이 문장을 쓰는 이 순간까지도 그 명성은 이어지고 있다(참고로 오늘은 2016년의 어느 금 요일이다. 혹시나 궁금하시다면).

 2010년 강사가 점점 더 많이 필요한 상황이 되자, 나는 강사를 양 성하기로 결심하고 그 과정에 쓰기 위해 내가 수업에서 가르치는 것 들을 자세히 적어 가기 시작했다. 그리고 얼마 지나지 않아, 실제로 는 내가 책을 쓰고 있다는 것을 깨달았다! 곧 나는 이를 '책 쓰기 프 로젝트'로 바꿔야겠다고 결심하고, 당시 내 매니저였던 카렌 메이

Karen May를 찾아가 책을 쓰기 위한 13주간의 무급 휴가를 요청했다. 그러자 카렌은 평소 자신의 무한한 지지를 나타내는 친절하고 관심 어린 태도로 나를 바라보며 물었다.

"멩, 정말로 책 한 권을 13주 동안에 쓸 수 있다고 생각하나요?"

나는 답했다.

"잘 모르겠네요. 하지만 그것을 알아낼 방법은 한 가지 알아요."

이후 나의 휴가 요청은 승인되었다.

카렌은 옳았다. 13주 동안 책을 쓰는 것은 불가능했다. 14주가 걸렸기 때문이다. 하지만 내게는 카렌에게 둘러댈 좋은 변명거리가 있었다. 휴가 기간 동안 내가 사는 지역에 달라이 라마가 방문해 거의 일주일을 머물렀다. 나는 그 일주일 동안 대부분의 시간을 그와 함께 보냈다. 그렇다. 달라이 라마가 내 지각에 대한 변명거리인 셈이다.

두 번째 책을 쓰는 것은 완전히 다른 경험이었다. 나의 출판 에이전트인 스테파니Stephanie는 내게 두 번째 책을 쓰는 것이 첫 번째 책을 쓰는 것보다 보통 훨씬 더 어렵다고 경고했다. 그녀에 따르면, 보통 첫 번째 책의 내용은 머릿속에서 오래 묵었던 것인 반면 두 번째 책의 내용은 그렇지 않다는 것이다. 그녀가 옳았다. 이 책을 쓰는 과정은 많은 작가들이 상투적으로 겪는 바로 그것, 즉 스트레스와 더딘 진행, 그 자체였다. 내 삶의 다른 문제들과 씨름하고 낮에는 회사에서 일하면서, 장장 9개월에 걸쳐 수백 시간 동안 치열하게 글을 쓰고, 조사하고, 검토하고, 고치는 작업을 반복했던 것이다. 이 책을 다

쓸 때쯤, 다시는 회사를 다니면서 책을 쓰지 않겠다고 다짐했다. 그러자 몇몇 작가 친구들은 내게 책을 쓴다는 것이 마치 임신하는 것과 같다며, 산달이 다가오면 절대로 다신 임신하지 않겠다고 다짐하지만 막상 몇 달 혹은 몇 년이 지난 후 생각을 바꾸게 마련이라고 얘기해주었다.

이 책을 쓰는 동안 매우 큰 스트레스를 경험하면서 마음 편안하게 하기, 기쁨을 향해 마음 기울이기, 고통의 순간에 기쁨으로 마음 고양시키기 등 내가 이 책에서 이야기한 모든 연습들을 다 해볼 수 있었던 것은 좋은 기회였다. 그 모든 연습들이 실제로 큰 도움이 됐다. 게다가 그 전 과정을 통해, 나는 그 모든 연습들을 이 책을 쓰는 일뿐만이 아니라 인생에서 맞닥뜨리는 모든 길고 지루한 고통스러운 순간에 적용할 수 있다는 것을 깨달았다. 어쩌면 그 모든 것이 이 한 마디 원칙으로 정리될 수 있을 것 같다.

"멈추지도, 애쓰지도 마라."

늘 그렇듯이, 나는 이 중요한 교훈을 고대 불교 경전에서 배웠다. 누군가가 붓다에게 어떻게 해탈의 경지에 다다랐는지를 시적으로 물었다.

"세존世尊이시여, 어떻게 홍수를 건너셨습니까?"[1]

그러자 붓다가 답했다.

"멈추지 않음으로써 그리고 지나치게 애쓰지 않음으로써, 나는 그 홍수를 건넜다."

붓다는 만약 자신이 지나치게 애썼다면 물에 휩쓸려갔을 것이고, 멈췄다면 가라앉았을 것이라고 말했다. 그는 멈추지도, 지나치게 애쓰지도 않았던 것이다. 이것은 내게 정말로 중요한 교훈이었다. 어떤 어렵고 고통스러운 경우라도, 특히 무엇인가가 지루하게 발목을 잡고 있는 것처럼 느껴진다 해도, 나는 포기하지 않는 결단력과 내면의 평화, 기쁨, 자비를 지닌 채 마음을 고요하게 할 수 있길 열망한다.

나는 이것이 여러분에게도 유용한 교훈이 되길 바란다. 지금 여러분이 처한 주변 상황이나 인생의 단계 속에서, 아침에 눈 뜰 때 행복을 느끼든 슬픔을 느끼든, 쉽게 분노하든 두려움에 맞서지 못하든, 무언가를 이루려고 하는데 그 끝이 보이지 않는다면, 이 원칙과 내가 이 책에서 공유한 연습들을 기억하라. 그것들이 좀 더 기쁘게 그 길을 헤쳐나갈 방법을 알려줄 것이다.

나의 친구여, 당신이 내면의 위대함으로 가는 길을 멈추지 않기를. 그리고 지나치게 애쓰지 않기를.

당신이 내면의 위대함으로 가는 길을
멈추지 않기를.
그리고 지나치게 애쓰지 않기를.

그리고
행복할 것

"한 권의 책이 인생을 바꾼다."

누구나 이 말을 머리로는 안다. 나도 그랬다. 하지만 나의 경우, 이 말은 단 이틀 만에 현실이 되었다.

5년 전 어느 날, 서점에서 한 권의 책을 집어 들고, 그 책을 밤 새워 읽고, 구글 홈페이지를 뒤져 그 책의 저자에게 이메일을 보내고 답장을 받는 데까지 걸린 시간이 단 이틀이었다. 그 책은 바로 이 책의 저자 차드 맹 탄의 첫 책 《너의 내면을 검색하라》였다.

당시 조직과 회사에 필요한 리더십 교육 프로그램을 개발하기 위해 조직심리학 박사 과정에 있던 나는 그 방법론에 회의를 품고 있던 참이었다. 심리학은 이론을 이야기해주었지만, 실제로 사람을 어떻게 하면 바꿀 수 있는지에 대한 방법을 가르쳐주지는 않았다. 그런데 우연히 집어 든 그 책은 구글 직원들이 명상을 배움으로써 자신의 내면에서 시작해 주변 사람들과의 관계까지 바꾸고 있음을 생생히 보여주었다.

명상이라니! 어릴 때 교회를 다녔던 나에게 명상은 특정 종교나 신비주의적인 것을 연상시키는 단어였다. 그런데《너의 내면을 검색하라》를 읽으며 나의 생각은 완전히 바뀌었다. 명상은 인류의 정신적 유산 중 가장 오래된 것이며, 우리가 건강해지기 위해 하는 운동과 마찬가지로 마음을 건강하게 하는 정신훈련의 수단이었던 것이다! 게다가 21세기 뇌과학자들과 긍정심리학자들이 앞 다투어 권유하는 과학적인 방법이기도 하다!

나는 멩에게 바로 이 프로그램이 OECD 국가 중 가장 자살률이 높으며 행복하지 않기로 유명한 우리나라 사람들에게 꼭 필요한 프로그램이라는 내용으로 장문의 이메일을 보냈다. 그리고 이틀 후 기적적으로 멩에게 직접 답장을 받았고, 그로부터 3개월 후 그 유명한 구글 본사 카페테리아에서 멩을 처음 만났다. 그날 멩이 낯선 내게 보여준 그 무한한 신뢰와 자비 덕분에 나는 지금 멩이 구글에서 개발한 바로 그 '내면검색 프로그램'을 한국 기업에 전파하는 일을 하고 있다. 그리고 더 많은 사람들에게 마음챙김 명상을 알리기 위해 국내 최초 마음챙김 명상앱 '마보마음보기연습' 애플리케이션을 만들었다. 5년이라는 시간 동안 명상을 통해 사람들을 돕는다는, 정말로 나를 가장 가슴 뛰게 하는 일을 하게 된 것이다.

그러나 무엇보다 멩은 명상을 통해 내 인생을 바꾸어주었다. 마음챙김 명상을 통해 나는 매일 나와 세상이 관계 맺는 방식을 새롭게 배우고 있다. 그 결과, 멩이 이 책에서 말하는 기쁨과 행복이 실제로 내 삶에도 흘러들어오기 시작했다.

5년 전 멩이 나에게 보여준 무한한 신뢰와 자비에 조금이나마 보답하는 마음으로 이 책의 번역을 자청했다. 멩이 이 책을 쓰기 시작하면서부터 초고를 보내주었기 때문에 얼마나 정성 들여 진실하게 이 책을 썼는지 알고 있었기 때문이다. 지난 5년 동안 멩은 나에게 때로는 최고의 스승으로, 때로는 친구로, 때로는 든든한 지원군으로 인간적인 모습과 진실함을 보여주었다. 명상을 통해 완벽한 사람이 되는 것이 아니라, 실수투성이에 자괴감 심하고 늘 불안해하는 우리 같이 평범한 사람이 어떻게 있는 그대로의 자기 자신을 더 사랑할 수 있을지, 더 나아가 다른 사람들에게 자비를 베풀 수 있을지 그는 말과 행동으로 직접 보여주었다. 여러분도 이 책에서 그런 그의 진솔한 모습을 접할 수 있을 것이라 확신한다.

멩의 첫 책이 나에게 마음챙김 명상이라는 인생 최고의 선물을 선사했듯, 지금 이 두 번째 책을 집어 든 여러분의 인생도 바뀔 수 있기를 진심으로 바란다. 바로 그것이 5년 전 멩이 나를 도와 준 이유이기도 한다. 한 사람, 한 사람에게 마음챙김 명상의 씨앗을 퍼트리는 것, 그 한 사람, 한 사람의 내면의 평화를 통해 궁극적으로 세계의 평화를 이루는 것. 그리고 행복할 것!

그 시작은 바로 당신이다.

주

들어가는 글

1. Steve Lohr, "Hey, Who's He? With Gwyneth? The Google Guy" *New York Times*, September 1, 2007.

2. Chade-Meng Tan, "Everyday Compassion at Google," TED Talk, November 2010, http://on.ted.com/Meng.

3. Anderson Cooper interviewing Chade-Meng Tan, "Mindfulness," *60 Minutes*, CBS News, December14, 2014.

4. David G. Allan, "Google's Algorithm for Happiness," CNN, 2015, http://www.cnn.com/2015/09/30/health/google-happiness/index.html.

5. Philip Brickman, Dan Coates, and Ronnie Janoff – Bulman, "Lottery Winners and Accident Victims: Is Happiness Relative?" *Journal of Personality and Social Psychology* 36, no. 8 (1978): 917-27.

6. David Lykken and Auke Tellegen, "Happiness Is a Stochastic Phenomenon," *Psychological Science* 7, no. 3 (1996): 186-89.

7. J. A. Brefczynski-Lewis, et al., "Neural Correlates of Attentional Expertise in Long-Term Meditation Practitioners," *Proceedings of the National Academy of Sciences of the United States of America* 104, no. 27 (2007): 11483-88.

8. Jon Kabat-Zinn, *Wherever You Go, There You Are: Mindfulness Meditation in Everyday Life* (New York: Hyperion, 1994).

9. 나중에 알게 되었지만, 내가 그에게 배웠던 것은 위빠사나 혹은 통찰 명상이라 불리는 명상의 일종이었으며, 이것은 서구에서 '마음챙김 명상'으로 더 널리 알려져 있다.

10. Anthony Barnes, "The Happiest Man in the World?" *The Independent*, January 20, 2007, http://www.independent.co.uk/news/uk/this-britain/the-happiest-man-

in-the-world?433063.html.

11. Yongey Mingyur Rinpoche, *The Joy of Living: Unlocking the Secret and Science of Happiness* (New York: Three Rivers Press, 2008).

12. Richard Davidson, et al., "Alterations in Brain and Immune Function Produced by Mindfulness Meditation," *Psychosomatic Medicine* 65, no. 4 (2003): 564-70.

13. http://www.amazon.com/Happiness-Guide-Developing-Lifes-Important/dp/0316167258.

14. Shawn Achor, *The Happiness Advantage: The Seven Principles of Positive Psychology that Fuel Success and Performance at Work* (New York: Crown Business, 2010).

15. Shawn Achor, "The Happiness Dividend," *Harvard Business Review*, June 23, 2011, https://hbr.org/2011/06/the-happiness-dividend/.

1장 당신에게는 기쁨이 어울려요

1. 개인적으로 주고받은 이메일 내용에서 발췌.

2. Walter Isaacson, *Steve Jobs* (New York: Simon & Schuster, 2013).

3. 이 이야기는 조나 레러Jonah Lehrer의 〈뉴요커*The New Yorker*〉 기사인 "The Eureka Hunt" (July 2008)에서 나왔고 나중에 실제로 존 커니어스에게 확인한 것이다.

4. Sigal G. Barsade and Donald E. Gibson, "Why Does Affect Matter in Organizations?" *Academy of Management Perspectives 21* (February 2007): 36-59.

5. Teresa M. Amabile, et al., "Affect and Creativity at Work," *Administrative Science Quarterly 50*, no. 3 (2005): 367-403.

6. Shinzen Young, "Shinzen, the Mindful Math Geek," YouTube, December 6, 2009, https://www.youtube.com/watch?v=-cVBohQ2x1c, and personal communications.

7. Elaine Hatfield and Susan Sprecher, "Men's and Women's Preferences in Marital Partners in the United States, Russia, and Japan," *Journal of Cross-Cultural Psychology* 26, no. 6 (1995): 728-50.

8. Olivia Fox Cabane, *The Charisma Myth: How Anyone Can Master the Art and Science of Personal Magnetism* (London: Portfolio, 2013).

9. Landon Thomas Jr., "A $31 Billion Gift Between Friends," *New York Times*, June 27, 2006, http://www.nytimes.com/2006/06/27/business/27friends.html.

2장 단지 한 호흡으로? 농담이시겠죠

1. Y. Y. Tang, et al., "Short-Term Meditation Training Improves Attention and Self-Regulation," *Proceedings of the National Academy of Sciences of the United States of America 104*, no. 43 (2007): 17152-56.

2. Michael D. Mrazek, et al., "Mindfulness Training Improves Working Memory Capacity and GRE Performance While Reducing Mind Wandering," *Psychological Science 24*, no. 5 (2013): 776-81.

3. A. C. Hafenbrack, Z. Kinias, and S. G. Barsade, "Debiasing the Mind Through Meditation: Mindfulness and the Sunk-Cost Bias," *Psychological Science 25*, no. 2 (2014): 369-76.

4. P. Kaliman, et al., "Rapid Changes in Histone Deacetylases and Inflammatory Gene Expression in Expert Meditators," *Psychoneuroendocrinology 40* (2014): 96-107.

5. Michael Mosley, "The Truth About Exercise," *Horizon*, directed by Toby MacDonald, BBC Two, aired February 28, 2012.

6. Charles Duhigg, *The Power of Habit: Why We Do What We Do in Life and Business* (New York: Random House, 2012).

3장 한 호흡에서 수많은 호흡까지

1. *Nimitta Sutta* (The Discourse on Meditation Signs), Anguttara Nikaya 3:103.

4장 제가 행복해진다고요?

1. Malcolm Gladwell, "The Naked Face," *The New Yorker* (August 5, 2002).

2. *Upanisa Sutta* (The Discourse on Proximate Causes), Samyutta Nikaya 12:23. 비구 보니 스님의 〈기반경〉 초기 번역은 다음에서 볼 수 있다: www.accesstoinsight.org/ tipitaka/sn/sn12/sn12.023.bodh.html. 이에 따르면 "행복(수카)은 집중을 지지하는 기반이다." 그는 후에 우파니사를 "근인(근접한 원인)"이라고 번역했다.

3. 이 주제에 대해 많은 논문들이 있지만, 다른 학자들에 의해 많이 인용된 좋은 논문 은 바로 이것이다. Kennon M. Sheldon and Sonja Lyubomirsky, "How to Increase and Sustain Positive Emotion: The Effects of Expressing Gratitude and Visualizing Best Possible Selves," *The Journal of Positive Psychology* 1, no. 2 (2006): 73-82.

4. 감사의 힘에 관한 좋은 논문은 다음과 같다. Robert A. Emmons and Michael E. McCullough, "Counting Blessings Versus Burdens: An Experimental Investigation of Gratitude and Subjective Well-Being in Daily Life," *Journal of Personality and Social Psychology* 84, no. 2 (2003): 377-89.

5. Brigid Schulte, "To Achieve Happiness: 5 habits, 2 minutes," *The Columbus Dispatch*, July 14, 2015.

6. Akira Kasamatsu and Tomio Hirai, "An Electroencephalographic Study on the Zen Meditation (Zazen)," *Folia Psychiatrica et Neurologica Japonica* 20, no. 4 (1966): 315-36.

7. Amit Bhattacharjee and Cassie Mogilner, "Happiness from Ordinary and Extraordinary Experiences," *Journal of Consumer Research* 41, no. 1 (2014): 1-17.

8. Eric Weiner, "Bhutan's Dark Secret to Happiness," BBC, April 8, 2015, http:// www.bbc.com/travel/story/20150408-bhutans-dark-secret-to-happiness.

9. C. N. DeWall and R. F. Baumeister, "From Terror to Joy: Automatic Tuning to Positive Affective Information Following Mortality Salience," *Psychological Science* 18, no. 11 (2007): 984-90.

10. Shinzen Young, "The Power of Gone," *Tricycle*, Fall 2012.

11. 개인적으로 주고받은 이메일 내용에서 발췌.

5장 마음 수행의 기쁨을 느끼고 싶은데…

1. Mat Smith, "Life Lessons from the World's Happiest Man," *Esquire* (December 15,

2015), http://joyondemand.com/r/matthieu_learned.

2. Nyanaponika Thera, et al., "Mudita : The Buddha's Teaching on Unselfish Joy," *Access to Insight* (2013), http://www.accesstoinsight.org/lib/authors/various/wheel170.html.

3. H. H. Dalai Lama, *Beyond Religion : Ethics for a Whole World* (Boston : Mariner Books, 2012).

4. Anguttara Nikaya 5 : 35.

5. Barbara L. Fredrickson, et al., "Open Hearts Build Lives : Positive Emotions, Induced Through Loving- Kindness Meditation, Build Consequential Personal Resources," *Journal of Personality and Social Psychology 95*, no. 5 (2008): 1045-62.

6. 5세기경 발간된《청정도론*Visuddhimagga*》에서는 이타적 기쁨의 가까운 적을 당혹스럽게도 "가정의 일상에서 오는 기쁨"이라고 정의하며, 건전하지 못한 기쁨으로 묘사한다. 하지만 다른 숭고한 상태의 가까운 적은 비교적 덜 혼란스러운데, 바로 탐욕, 후회, 무지가 그것이다. 나는 그것을 이번 장에서 좀 더 분명한 용어로 설명했는데, 현대의 많은 명상 스승들 역시 사무량심의 먼 적과 가까운 적에 대해서는 조금씩 다르게 번역하고 있다. 나의 경우에는 최대한《청정도론》의 초기 번역본에 가깝게 해석하려고 노력한 점을 밝혀둔다.

7. 이 주제에 관심이 있다면 제임스 히서의 〈미주신경에 대한 소개〉라는 짧은 소개글이 도움이 될 것이다. "Introduction to Vagal Tone," http://mirrors.pdp-11.ru/www.psych.usyd.edu.au/staff/jamesh/intro_to_vagal_tone.pdf.

8. Bethany E. Kok, et al., "How Positive Emotions Build Physical Health : Perceived Positive Social Connections Account for the Upward Spiral Between Positive Emotions and Vagal Tone," *Psychological Science 24*, no. 7 (2013): 1123-32.

9. Dacher Keltner, "The Compassionate Instinct : A Darwinian Tale of Survival of the Kindest," Meng Wu Lecture, Stanford School of Medicine, Palo Alto, CA, September 29, 2011, http://ccare.stanford.edu/videos/meng-wu-lecture-dacher-keltner-ph-d/.

10. Bethany E. Kok and Barbara L. Fredrickson, "Upward Spirals of the Heart : Autonomic Flexibility, as Indexed by Vagal Tone, Reciprocally and Prospectively Predicts Positive Emotions and Social Connectedness," *Biological Psychology 85*, no. 3 (2010): 432-36.

6장 행복이라니, 그런 헛소리를!

1. 개인적으로 주고받은 이메일 내용에서 발췌.
2. Christopher Chabris and Daniel Simons, *The Invisible Gorilla: How Our Intuitions Deceive Us* (New York: Harmony, 2010).
3. Louis C. K. on *Late Night with Conan O'Brien*, NBC, October 1, 2008.
4. Thich Nhat Hanh, *The Miracle of Mindfulness* (Boston: Beacon Press, 1999).
5. Louis C. K. on *Late Night with Conan O'Brien*.
6. 개인적으로 주고받은 이메일 내용에서 발췌.
7. Paul Reps and Nyogen Senzaki, *Zen Flesh, Zen Bones: A Collection of Zen and Pre-Zen Writings* (Boston: Tuttle Publishing, 1998).
8. Matthieu Ricard, *Altruism: The Power of Compassion to Change Yourself and the World* (New York: Little, Brown, 2015): 56-57.

7장 위대한 마음은 섹스보다 낫지

1. Ajahn Brahm, "Life Moments with Ajahn Brahmavamso (Ajahn Brahm)," YouTube, February 5, 2013, https://www.youtube.com/watch?v=KD2rrNVywOc.
2. 이 우화는 《화엄경》에 묘사된 열 단계 중 일곱 번째 단계 중 일부이다.
3. Michael R. Hagerty, et al., "Case Study of Ecstatic Meditation: fMRI and EEG Evidence of Self-Stimulating a Reward System," *Neural Plasticity* 2013 (2013), article ID 653572.
4. 상당히 많은 연구들이 정서지각, 자비, 뇌섬엽의 관계를 다른 각도에서 조명하고 있다. 크래그와 허버트는 강력하게 고동치는 심장 등을 느끼는 뇌섬엽의 지각 능력이 강력한 정서지각 능력과 상관이 있다고 말했으며, 징거 교수 역시 뇌섬엽과 자비의 상관관계를 보여주는 많은 연구들을 인용했다. 루츠는 이러한 모든 능력이 명상을 통해 훈련될 수 있음을 시사했다. A. D. Craig, "Human Feelings: Why Are Some More Aware Than Others?" *Trends in Cognitive Sciences* 8, no. 6 (2004): 239-41; Beate Herbert, Olga Pollatos, and Rainer Schandry, "Interoceptive Sensitivity and Emotion Processing: An EEG Study," *International Journal of Psychophysiology* 65,

no. 3 (2007): 214-27; Antione Lutz, et al., "Regulation of the Neural Circuitry of Emotion by Compassion Meditation: Effects of Meditative Expertise," *PLoS One 3*, no. 3 (2008): e1897; Tania Singer, "Understanding Others: Brain Mechanisms of Theory of Mind and Empathy" in *Neuroeconomics:Decision Making and the Brain*, 2nd ed., eds. P. W. Glimcher, et al. (London: Academic Press, 2009): 251-68.

5. Ajahn Brahm, *Mindfulness,Bliss,and Beyond:A Meditator's Handbook* (Somerville, MA: Wisdom Publications, 2006).

마치는 글

1. *Samyutta Nikaya* 1:1. 사실 이 부분은 매우 방대한 《상윳따 니까야》의 도입부에 불과하다. 정말 중요한 《상윳따 니까야》의 영역본을 보고 싶다면, 다음을 참고하라. Bhikkhu Bodhi, *The Connected Discourses of the Buddha:A Translation of the Samyutta Nikaya,2nd ed.* (Somerville, MA: Wisdom Publications, 2003).

기쁨에 접속하라

2017년 3월 20일 초판 1쇄 발행
2017년 6월 15일 초판 4쇄 발행

지은이 | 차드 멩 탄
옮긴이 | 유정은
발행인 | 이원주
책임편집 | 김효선
책임마케팅 | 조아라

발행처 | (주)시공사
출판등록 | 1989년 5월 10일(제3-248호)
브랜드 | 알키

주소 | 서울시 서초구 사임당로 82(우편번호 06641)
진화 | 편집(02)2046-2864·마케팅(02)2046-2883
팩스 | 편집·마케팅(02)585-1755
홈페이지 | www.sigongsa.com

ISBN   978-89-527-7804-8   03320